LE CANARIEN.

ROUEN. — IMPRIMERIE DE E. CAGNIARD.
Rues Jeanne-Darc, 88, et des Barnage, 5.

LE CANARIEN

LIVRE

DE LA CONQUÊTE ET CONVERSION DES CANARIES

(1402—1422)

Par Jean DE BETHENCOURT

GENTILHOMME CAUCHOIS

PUBLIÉ D'APRÈS LE MANUSCRIT ORIGINAL

Avec introduction et notes

PAR

GABRIEL GRAVIER

Membre de la Société de Géographie de Paris, de la Société
des Antiquaires de Normandie, etc., etc.

ROUEN

CHEZ CH. MÉTÉRIE

LIBRAIRE DE LA SOCIÉTÉ DE L'HISTOIRE DE NORMANDIE

RUE JEANNE-DARC, N° 11.

M DCCC LXXIV.

EXTRAIT DU RÈGLEMENT.

Art 16. — Aucun volume ou fascicule ne peut être livré à l'impression qu'en vertu d'une délibération du Conseil, prise au vu de la déclaration du Commissaire délégué et, lorsqu'il y a lieu, de l'avis du Comité intéressé portant que le travail *est digne d'être publié*. Cette délibération est imprimée au verso de la feuille de titre du premier volume de chaque ouvrage.

Le Conseil, vu la déclaration de M. Ch. de Robillard de Beaurepaire, *commissaire délégué, portant que l'édition du* Canarien, *préparée par* M. Gabriel Gravier, *lui a paru digne d'être publiée par la* Société de l'Histoire de Normandie, *après en avoir délibéré, décide que cet ouvrage sera livré à l'impression.*

Fait à Rouen, le 5 janvier 1874.

Certifié :

Le Secrétaire de la Société,

C. LORMIER.

INTRODUCTION

La conquête des Canaries, éternel honneur de Jean de Béthencourt et des navigateurs normands, ouvrit l'ère de la grande navigation. Elle sollicita nos hommes de mer à sonder les mystères de l'Atlantique et détermina peu à peu le grand mouvement maritime qui devait aboutir aux exploits de Christophe Colomb.

Mais si l'œuvre de Béthencourt se détache vigoureusement sur le fond de l'histoire, elle n'est pas un fait isolé, le résultat d'un hasard de mer ou d'une heureuse témérité : elle est le couronnement de nombreuses excursions faites, sur les côtes africaines, depuis l'origine des temps historiques.

Les Canaries avaient reçu des colonies phéniciennes ; les Grecs et les Romains les avaient connues. Perdues au commencement du moyen-âge, elles furent visitées de nouveau par les Arabes, — par les marins-missionnaires que la pieuse Irlande envoyait à travers l'Océan, dès le vɪᵉ siècle, à la recherche de nouveaux peuples à convertir, — peut-être aussi par les évêques espagnols que Martin Behaim[1] crut retrouver dans la fameuse île *Antilia* ou *Septe Citade* (les Sept Cités).

[1] Behaim a consigné cette légende, en vieil allemand, sur son fameux globe de 1492 : « Quand on se reporte à l'année 734 après la » naissance du Christ, alors que toute l'Espagne fut envahie par les

L'Italie conservait un souvenir plus ou moins vague des découvertes anciennes et croyait à la possibilité de contourner l'Afrique et même d'aller aux Indes par l'Occident.

Dès 1275 ses navires se hasardèrent sur l'Océan.

D'après les chapelains de Béthencourt [1] il y avait dans l'île Lancelot « vng viel chastel que Lancelot Maloesel auoit iadiz fait faire, celon ce que l'en dit ».

C'est de ce personnage, selon toute apparence, que l'île tient son nom. « Cette hypothèse devient même une certitude, dit M. d'Avezac, dès qu'on fait quelque attention à une particularité digne de remarque et qui est trop longtemps restée inaperçue, à savoir, que tout à côté, ou dans un voisinage plus ou moins immédiat du nom bien connu d'*Insula di Lanciloto* ou *Lansaroto*, inscrit sur tous les portulans des quatorzième et quinzième siècles, sans exception, on aperçoit souvent cet autre nom, *Maloxelo*, *Maloxeli*, *Marogelo* ou *Maroxello*, qui complète ainsi le nom entier de *Lanciloto Maloxelo* [2], forme italienne qui correspond incontestablement à la forme française *Lancelot Maloisel* ».

» mécréants d'Afrique, alors aussi l'île *Antilia*, nommée *Sept Cités*
» (les Sept Cités), ci-dessus figurée, fut peuplée par un archevêque de
» Porto en Portugal, avec six autres évêques, et d'autres chrétiens
» hommes et femmes, lesquels s'étant enfuis d'Espagne sur des vais-
» seaux, y vinrent avec leurs bestiaux et leur fortune. C'est par hasard
» qu'en l'année 1414 un navire d'Espagne s'en approcha de très-près ».
(M. D'Avezac, *Les Iles de l'Afrique*, 1re partie, p. 24. Collection de l'*Univers*.)

[1] *Le Canarien*, chap. xxxii, p. 50.
[2] Sur la première carte hydrographique de l'Atlas catalan de 1375, on lit : *Insula de Lensaroto*, et, au-dessus : *Maloxelo*. Sur le portulan de Viladestes, de 1413, on lit, d'un côté : *Insola de Lensarot*; de l'autre : *Maloxelo*.

L'éminent écrivain à qui nous empruntons ces détails fait encore observer que toutes les cartes des quatorzième et quinzième siècles peignent constamment Lancelot d'*argent à la croix de gueules*, c'est-à-dire aux armes de Gênes, ce qui indique un droit de possession d'ailleurs constaté par le portulan médicéen de 1351.

La date et la nature de l'expédition de Lancelot Maloisel se déduisent de ce passage souvent cité de Pétrarque : *Eò siquidem patrum memoriâ Januensium armata classis penetravit* [1].

Pétrarque étant né en 1304, un âge d'homme avant lui (*patrum memoriâ*) reporte l'expédition aux environs de l'an 1275.

Les nobiliaires génois nous apprennent que la famille Maloisel était d'origine française [2]. Du commencement du XIIe siècle à la fin du XVIe, cette noble famille figure sur la liste des premiers magistrats de la république de Gênes. Trois de ses membres : Manfroy, Anthoine-Jude et Charlot Maloisel eurent l'honneur, sous Philippe de Valois, de commander des galères génoises au service de la France.

D'après les chroniqueurs, il était de tradition que le vieux château utilisé par les compagnons de Béthencourt était l'œuvre du hardi marin dont Lancelot porte encore le nom [3].

[1] Francisci Petrarchæ, *de Vitâ solitariâ*, lib. II, sect. VI, cap. III, p. 277, Basileæ per Sebastianum Henricpetri cIɔ.Iɔ.xxci mense martis.

[2] Li Marucelli, nobili et antichi cittadini genovesi, hanno origine di Francia. (*Note de M. d'Avezac.*)

[3] M. d'Avezac, *Notice des Découvertes faites au moyen-âge dans l'Océan Atlantique, antérieurement aux grandes explorations portugaises du xve siècle*, Paris, 1845, pp. 47-53. — M. Major, *The Canarian, or book of the conquest and conversion of the Canarians in the year 1402 by messire Jean de Bethencourt, K*; London, printed for the Hakluyt Society, 1872, p. 55, note 1.

Une dizaine d'années plus tard, vers 1285, Tedisio Doria et Ugolino Vivaldo, avec un sien frère et plusieurs autres, tentèrent un voyage nouveau et inusité, celui d'aller aux Indes par l'Occident. A cet effet, ils armèrent à Gênes, à leurs frais, deux galères (*privatis consiliis, duabus triremibus privatim comparatis et instructis*), prirent avec eux deux moines de l'ordre de Saint-François, passèrent le détroit de Gibraltar et naviguèrent vers l'Inde. L'une des galères s'échoua dans la mer de Guinée, sur des bas-fonds. L'autre continua sa route jusqu'à Mena, ville éthiopienne, située sur le Gion et soumise au Prêtre Jean. Tout son équipage fut fait prisonnier. Cent soixante-dix ans après, Antoniotto Usodimare rencontra dans ces parages un homme qui lui dit être le dernier descendant des compagnons des frères Vivaldi [1].

D'autres navires, conduits probablement par les hasards de la navigation, touchèrent aux Canaries. L'histoire n'a pas conservé le souvenir de leurs voyages, mais ils n'en sont pas moins certains, puisque, dès 1341, la cour de Lisbonne connaissait le gisement de l'archipel.

En cette année 1341, Alphonse IV, roi de Portugal, prince très-éclairé, résolut une exploration de ces îles et fit armer dans ce but trois caravelles dont il donna le commandement au florentin Angiolino del Tegghia de Corbizzi.

La flottille partit de Lisbonne le 17 des kalendes de décembre et cingla droit sur les Canaries.

---

[1] Agostino Giustiniano, *Castigatissimi Annali di Genova*, lib. III, fol. cxj verso. — Uberti Folieta, *Historia Genuensium*, lib. XII, lib. V, fol. 110 verso. — Graberg, *Annali di Geografia e di Statistica*, tom. II, pp. 287, 290, 291. — M. d'Avezac, op. cit., pp. 52-55.

Angiolino reconnut tout l'archipel, aborda dans quelques îles et en rapporta quatre hommes, des peaux, du suif, de l'huile, du bois de teinture, de la terre rouge et beaucoup d'autres choses dont la vente ne put, toutefois, couvrir les frais d'armement.

Le récit de l'expédition, fait par l'un des pilotes d'Angiolino, fut transcrit par Boccace dans une espèce de mémorial sur lequel il consignait les choses les plus notables de son temps et les extraits de certains ouvrages qui devaient servir à son étude. Ce précieux recueil a été découvert et publié en 1827 par Sébastien Ciampi[1].

M. Major semble attribuer à la marine portugaise l'honneur de l'expédition.

Cette appréciation ne semble pas justifiée.

Les navires étaient portugais et armés par le roi de Portugal, mais l'entreprise était dirigée par un florentin, Angiolino del Tegghia de Corbizzi; la relation ne cite qu'un seul nom d'homme, et c'est celui d'un génois, le pilote Niccoloso de Recco. Les équipages se composaient de Florentins, de Génois, de Castillans et autres Espagnols. A ces mots : *et aliorum Hispanorum*, M. Major ajoute entre parenthèses : *Hispani, including Portuguese*. Il semble que si les marins portugais avaient pris part à cette expédition, l'auteur de la relation les aurait désignés d'une manière plus précise. Si l'on admet néanmoins qu'ils y participèrent, on conviendra qu'ils s'y

---

[1] *Monumenti d'un manuscritto autografo di messer Gio. Boccacci da Certaldo trovati et illustrati da S. Ciampi*; Firenze, 1827. — La relation du voyage d'Angiolino a pour titre : *De Canaria et de insulis reliquis ultra Hispaniam in Oceano noviter repertis*. Cette pièce a été reproduite *in extenso* dans le tome 1ᵉʳ de l'*Histoire naturelle des Canaries* de Barker-Webb et Sabin-Berthelot.

devaient trouver en bien petit nombre. Dès lors, comme l'observe M. d'Avezac, on ne peut pas sérieusement faire honneur de l'expédition à l'habileté nautique des Portugais.

« Nous ajouterons occasionnellement, dit encore l'éminent écrivain, que dans la carte vénitienne des Pizzigani, de 1367, où sont peints, voguant sur l'Océan, plusieurs navires portant au mât et à la poupe le pavillon génois, vénitien ou catalan, nulle part on ne découvre le pavillon portugais ; et par le travers du détroit qui sépare Lancelote de Fortaventure, à l'ouest de ces îles, où l'on voit figurer un navire faisant voile vers le sud, ce navire porte double pavillon génois [1] ».

En 1344, le roi de Portugal se faisait cependant un titre de l'expédition d'Angiolino pour s'opposer aux projets de Louis de la Cerda.

Louis de la Cerda, descendant d'Alphonse le Sage, roi de Castille, et petit-neveu de saint Louis, avait sollicité de Clément VI la couronne des Canaries. Le pape fit droit à sa demande par bulle du 17 décembre 1344, mais à la condition qu'il paierait annuellement à l'Eglise romaine quatre cents florins d'or *bons et purs, du poids et au coin de Florence.*

Les îles ainsi données portent dans la bulle les noms de *Canaria, Ningraria, Pluviaria, Capraria, Junonia, Embronea, Atlantica, Hesperida, Cernent, Gorgonas* et *Gauleta.* Par cette liste, qui réunit des noms appartenant à toutes les périodes géographiques et à tous les groupes d'îles de la côte d'Afrique, on voit que le pape avait des Canaries une connaissance très-vague ; il les

---

[1] M. D'AVEZAC, *op. cit.*, p. 67.

connaissait, cependant, et c'est un point de grande importance.

Le pontife remit solennellement à la Cerda un sceptre et une couronne d'or, en lui disant : *Faciam principem super gentem magnam*. Le nouveau roi quitta dès lors son titre d'infant d'Espagne pour prendre celui de prince de la Fortune (*princeps Fortunæ*)[1].

On raconte, à ce sujet, que l'ambassadeur d'Angleterre auprès du Saint-Siège crut reconnaître sa patrie dans les îles Fortunées, et qu'il écrivit aussitôt à son souverain que le pape venait de disposer du royaume d'Albion[2].

Le jour même de son investiture, la Cerda parcourut Avignon avec le sceptre et la couronne. Une pluie violente, de mauvais présage, le força de rentrer avec toute sa suite[3].

A cette occasion, Clément VI écrivit aux souverains don Alphonse XI de Castille, don Pedro d'Aragon, don Alphonse de Portugal, Philippe de Valois, André et Jeanne de Sicile, Humbert, dauphin de Vienne, et au doge de Gênes[4].

Le roi de Portugal répondit, sous la date du 12 février 1345, qu'il avait fait explorer les Canaries et qu'il se réservait d'en faire la conquête[5].

---

[1] FLEURY, *Histoire ecclésiastique*, liv. XCV, ch. XXV; Paris, 1858; tom. VI, pp. 146, 147. — BORY DE SAINT-VINCENT, *Essai sur les isles Fortunées et l'antique Atlantide, ou Précis de l'Histoire générale de l'archipel des Canaries*; Paris, Baudouin, germinal an XII, pp. 126, 127. — BARKER-WEBB et SABIN BERTHELOT, *Histoire naturelle des Canaries*, tom. I, part. 1, p. X.

[2] Heylin's Cosmography, cité par George Glas.

[3] F. PETRARCHÆ, *de Vitâ solitariâ*, lib. II, sect. VI, cap. III, p. 277.

[4] ODERIC. RAYNALDI, *Annal.*, ann. 1344.

[5] ODERIC. RAYNALDI, *Annal.*, ann. 1344, n° 39.

Le roi d'Espagne promit son concours, mais il fit secrètement son possible pour empêcher l'expédition que le prince de la Fortune préparait avec le secours de don Pedro.

Sur ces entrefaites, les Anglais portèrent la désolation dans le nord de la France, et Philippe VI appela près de lui le prince de la Fortune.

Tandis que le prince faisait bravement son devoir, Jacques Ferrer partait pour le fleuve de l'Or.

Sur l'atlas catalan et sur le portulan de Viladestes, on voit un navire qui vogue à pleine voile au sud du cap Bajador. On lit sur l'atlas, à côté du navire, la légende suivante :

Partich luxer dñ Jac. Ferer per anar
Al riu del or al gorn de sen lorens quj
Es a X de agost e fo en lany M.CCC.XLVI.

« Le vaisseau de Jacques Ferrer partit pour aller au fleuve de l'Or le jour de saint Laurent, qui est le 10 août, et ce fut en l'année 1346 ».

La légende du portulan de Viladestes est ainsi conçue :

Partich luxer dñ Jaym Ferrer p anar alriu de lor al gorn de sen Lorens q e ∴ a X de agost y fo lany M.CCC.XLVI [1].

---

[1] Cette légende, très-effacée sur l'original, est tout-à-fait illisible sur la photographie que nous avons fait faire. Nous en devons la restitution à M. Eugène Cortambert, l'obligeant et savant conservateur du département des cartes à la Bibliothèque nationale.

Dans un manuscrit plus récent, qui appartient aux archives secrètes de Gênes, on lit :

« Jean Ferne, catalan, partit de la cité des Majorquins, avec une petite galéace, le jour de la fête de saint Laurent, qui est le dixième jour du mois d'août, l'an 1346, pour aller au rio de l'Or, et de cette galeace on n'a jamais eu de nouvelles. Ce fleuve est appelé, à cause de sa longueur, Vedamel ; il est aussi appelé rio de l'Or, parce qu'on y ramasse de l'or en paillettes. Il faut savoir que la plus grande partie des gens qui habitent la contrée sont occupés à ramasser de l'or dans ce fleuve qui, large d'une lieue, est assez profond pour les plus grands navires du monde [1] ».

On ignore si Jacques Ferrer atteignit son but ; mais de ce qu'il partait à destination du fleuve de l'Or, il est certain que cette partie de la côte africaine était plus ou moins connue. Ainsi que l'observe M. d'Avezac : « On ne fait point un armement à destination fixe quand on ne connaît pas, approximativement au moins, le but que l'on doit atteindre [2] ».

Les chapelains de Béthencourt nous apprennent d'ailleurs, au chapitre LVIII du *Canarien*, qu'un frère mendiant se rendit au fleuve de l'Or [3], qu'ils disent éloigné du

---

[1] Texte latin recueilli par GRABERG, *Annali di Geografia e di Statistica*, tom. II, p. 290.

[2] M. D'AVEZAC, *op. cit.*, pp. 20, 21.

[3] M. Major rejette le récit du Frère mendiant. « La possibilité pour un
» Européen de traverser ainsi le continent africain et d'échapper aux
» dangers que raconte le Frère, pourrait, » dit-il, « laisser des doutes ;
» mais le lecteur ne doit voir dans ce récit qu'un *réchauffé* (sic) de la
» confuse géographie d'Edrisi, et ne pas perdre de vue l'erreur
» (*stumble*, faux pas) du bon frère, touchant l'Euphrate, pour apprécier
» soit la crainte du narrateur, soit le degré de confiance qu'il convient

cap Bugeder « de c et chincante lieus françoises ». Ils ajoutent cette remarque : « Ainsi l'a monstré la carte, ce » n'est singlure que pour trois iours pour naves et pour » bargez ; car galées, qui vont terre à terre, prennent » plus lonc chemin ; et quant pour y aler d'icy (de For- » taventure) nous n'en tenons pas grant compte ».

En 1360, deux autres navires, s'aventurant sur la même voie, abordèrent à Canaria par la baie de Gando.

D'après les récits et les chansons des anciens Guanches, ces navires, montés par des Catalans et des Majorquins, venaient des ports du royaume d'Aragon. Quelques auteurs prétendent qu'ils faisaient partie de la flotte équipée par Pedro IV pour Louis de la Cerda. Cela semble fort douteux. Outre que l'armement avait déjà quinze ans de

---

» de lui accorder ». (M. R.-H. MAJOR, *The life of prince Henry of Portugal surnamed the navigator*, etc. London, A. Asher, 1868, pp. 116-117).

M. Codine a réfuté avec autorité cette appréciation du savant écrivain. (*Bulletin de la Société de Géographie* du mois d'avril 1873.) Voir *infrà*, pp. 95-97, les passages que nous avons empruntés à ce remarquable travail.

En ce qui concerne l'Euphrate, que le frère mendiant fait venir du Paradis Terrestre, nous renvoyons à notre note 3 de la p. 97.

Quant à la longueur de ses voyages, il ne faut pas plus s'en étonner que de la longueur des voyages faits, notamment par Marco Polo, de l'occident à l'orient de l'Asie. Aux treizième et quatorzième siècles, ces voyages offraient moins de dangers qu'aujourd'hui, parce que les populations africaines n'avaient pas encore souffert de l'avidité et de la cruauté des Européens. Cependant, le rabbin Mardoché, que nous avons eu le plaisir de rencontrer à la Société de Géographie de Paris, les 17 mai et 17 juin 1874, et dont M. Duverrier a raconté les voyages qu'il a faits seul, sans aucun secours étranger, n'a pas vu moins de pays que le Frère mendiant.

En résumé, malgré la haute estime que nous avons pour les travaux de M. Major, nous ne pouvons ici partager l'avis du savant écrivain.

date, le prince de la Fortune était mort depuis plusieurs années.

A cette époque, 1360, les Canariens ne voyaient jamais d'étrangers, et vivaient encore, sans défiance, assez loin des côtes. Les Catalans et les Majorquins, trouvant le rivage désert, s'avancèrent imprudemment, comme en pays inhabité, jusqu'aux environs de Telde. Les Guanches les aperçurent alors. Etonnés de la présence de ces hommes d'apparence étrangère, ils les attaquèrent avec vigueur et les firent tous prisonniers. Au bruit du combat, les deux navires, qui étaient à l'ancre près de la côte, prirent la fuite et ne revinrent plus.

Les Canariens distribuèrent les prisonniers dans toute l'île « et les traitèrent très-bien, selon leur coutume, car ils surpassaient peut-être tous les autres hommes en générosité à l'égard de leurs ennemis vaincus ».

Les prisonniers furent reconnaissants : ils apprirent à leurs hôtes l'art de la bâtisse et la culture du figuier.

Cependant, au bout de quelques années, le conseil de la nation les condamna secrètement à mort. « Cette cruelle et barbare résolution, dit Abreu de Galindo, fut en partie déterminée par leur conduite scandaleuse. Mes auteurs semblent insinuer qu'ils avaient fait sur quelques naturels des tentatives odieuses et contre nature qui les rendirent d'autant plus insupportables que les insulaires étaient étrangers à de telles abominations ».

La décision du conseil reçut son exécution. Deux prêtres, d'après Galindo, cinq moines, d'après Viera y Clavijo, furent précipités dans le gouffre de Ginnamar, genre de supplice réservé aux traîtres et aux adultères. « Lorsque l'on considère les services rendus aux naturels par les chrétiens, il faut croire que, chez ces derniers, les vices surpassaient les vertus ».

Cependant, les Franciscains de Canaria ont accordé aux cinq moines les honneurs du martyre et bâti, sur l'emplacement de leurs ermitages, deux chapelles dédiées à sainte Catherine et à saint Nicolas [1].

L'ordre chronologique nous amène à parler des navigations faites, de 1364 à 1410, sur les côtes de Guinée, par les marins du port de Dieppe.

George Glas, qui vécut à Palma et traduisit le précieux manuscrit de Juan Abreu de Galindo, s'exprime ainsi dans son introduction : « Labat, dans son histoire des côtes occidentales de l'Afrique, nous informe que les Normands trafiquèrent sur les côtes d'Afrique, jusqu'à Sierra Leone, dès l'an 1364 ; pour preuve de cela, il cite un acte d'association, daté de 1365, entre les marchands de Dieppe et ceux de Rouen [2]. Il dit que tous leurs établissements africains tombèrent en ruines bientôt après et que le commerce fut entièrement annihilé par les guerres civiles qui

---

[1] ABREU DE GALINDO, in GEORGE GLAS, *The History of the discovery and conquest of the Canary islands, translated from a spanish manuscript* (of Juan Abreu de Galindo) *lately found in the Island of Palma*, etc.; London, 1764, pp. 79-81. — VIERA Y CLAVIJO, *Noticias de la Historia general de las islas de Canaria;* Madrid, imp. Blas Roman, 1773, tom. I, p. 299.

[2] Voici ce que dit le P. Labat : « Une preuve évidente que le com-
» merce des Diépois étoit étably aux côtes d'Afrique en 1364, c'est qu'ils
» y associerent les Marchands de Rouën en 1365. Cet acte est du mois
» de Septembre. L'incendie de la ville de Dieppe en 1694 est cause que
» je ne rapporte pas icy l'acte tout entier, mais la date et d'autres cir-
» constances qui vont être rapportées sont tirées des Annales manus-
» crites de Dieppe, dont l'ancienneté et la vérité ne peuvent être revo-
» quées en doute ». (*Nouvelle Relation de l'Afrique Occidentale*, etc.;
Paris, Théodore Legras, 1728, tome I, p. 8).

survinrent en France, vers 1422, à la mort de Charles VI. Cependant il est certain que les Normands furent les premiers Européens qui découvrirent les îles Canaries, comme on le verra dans le cours de l'histoire suivante [1] ».

Un écrivain espagnol d'une autorité considérable, don Martin Fernandez de Navarrete, croit, comme George Glas, à la réalité des expéditions rappelées par le P. Labat. « Le plus remarquable, dit-il, est que les côtes d'Afrique, visitées antérieurement par les aventuriers normands, jusqu'au cap de Sierra Leone, fixèrent l'attention de Béthencourt avant même qu'il ait terminé la conquête des îles [2] ».

Un savant portugais, M. Antonio Ribeiro dos Santos, a dit, devant l'Académie royale de Lisbonne : « Nous apprenons que les peuples sortis de la Norvège ou Scandinavie, qui s'établirent en Normandie, principalement à Dieppa ou Dieppe...., passèrent en 1364, en cabotant, sur la mer Atlantique, près des côtes occidentales du continent africain, jusqu'à ce qu'ils arrivassent, suivant l'opinion de Huet et de Murillo, à faire en Guinée plusieurs établissements qu'ils baptisèrent de noms français.

» Il se peut que les navigations des Dieppois se soient étendues jusqu'à la côte de Guinée ; cela ne nous paraît pas improbable, bien qu'il reste à savoir jusqu'à quel point de cette côte ils s'avancèrent [3] ».

---

[1] GEORGE GLAS, *op. cit.*, p. VI.

[2] Lo mas notable es que las costas de Africa, visitadas ya anteriormente por los aventureros normandos hasta el cabo de Sierra Leona, fijaron la atencion de Betancourt, aun antes de conclui la conquista de las islas. (NAVARRETE, *Coleccion de los viages y descubrimientos, que hicieron por mas los Espanoles desde del siglo XV*; Madrid, Imprenta real, 1825, tome I, p. XXV).

[3] *Memoria sobre dois antigos mappas geographicos do Infant*

D'autres auteurs étrangers qui, pas plus que ceux précédemment cités, n'avaient intérêt à nous attribuer faussement des découvertes en Afrique, se chargent de résoudre les doutes de M. Ribeiro sur la limite de nos expéditions.

Le docteur Olivier Dapper, qui fit plusieurs voyages en Guinée, écrivait en 1668, en hollandais, à Amsterdam : « Le château de la Mine est un très-vieil édifice, comme démontrent différentes dates à divers endroits. A une batterie en ruines restaurée par les nôtres, il y a quelques années, et nommée la Batterie Française (parce qu'elle était de construction française et que les Français, suivant ce que disent les indigènes, étaient établis en ce lieu avant l'arrivée des Portugais), nos gens trouvèrent le millésime de l'an treize cent, mais les deux caractères suivants ne purent être déchiffrés. Sur la petite place intérieure existe aussi une inscription gravée sur pierre, entre deux pilastres, mais presque entièrement effacée par l'érosion des pluies, et conséquemment illisible. Tandis qu'au magasin ou bâtiment des vivres, on voit tout d'abord qu'il a été bâti en l'année 1484, sous Jean II, roi de Portugal, comme le manifeste le millésime placé au-dessus de la porte, lequel est encore aussi net et aussi entier que s'il remontait seulement à quelques années ; d'où il faut conclure que les autres dates mentionnées ci-dessus doivent être très-anciennes [1] ».

Les récits indigènes, simplement indiqués par le hol-

D. Pedro e do cartorio de Alcobaça, por Antonio RIBEIRO DOS SANTOS, nas *Memorias de litteratura portugueza publicadas pela Academia real das Sciencias de Lisboa*, tomo VII, part. II, p. 292, 293. (Cité par M. d'Avezac).

[1] Dr O. DAPPER, *Naukerige Beschrijvinge des Afrikaensche gewesten*, p. 439. La traduction que nous donnons est empruntée à M. d'Avezac.

landais Dapper se trouvent avec plus de détails dans la relation de l'allemand Samuel Braun, qui vécut à la Côte-d'Or, au fort de Nassau, de 1617 à 1620.

« En ce fort, aussi bien qu'à Accara, dit-il, j'ai vu des gens qui étaient âgés de cent trente ans, lesquels m'ont dit que, déjà bien des années auparavant, le comptoir de la Mine avait été fondé par les Français qui venaient trafiquer en cet endroit. Comme chaque année, trois mois durant, il régnait une pluie mêlée de bourrasque (que nous appelons Travada), telle que beaucoup de marchandises en étaient endommagées, ils demandèrent aux habitants la permission de bâtir un magasin ou entrepôt, ce que les Nègres, qui étaient avec eux en très-bonne intelligence, leur accordèrent volontiers. Ils construisirent donc un assez grand magasin et transportèrent leurs marchandises à terre. Ils établirent ainsi un commerce d'autant plus avantageux qu'alors les habitants du pays échangeaient l'or contre des marchandises, sans le mesurer autrement qu'à l'œil.

« Quand les Portugais eurent appris que les Français faisaient avec les Nègres un si bon commerce, ils vinrent les surprendre à l'improviste, et s'emparèrent du magasin, donnèrent les marchandises aux habitants, et assurèrent qu'ils traiteraient avec eux à de meilleures conditions que les Français. Ces pauvres gens le crurent bonnement, et aidèrent au massacre de ceux qui vinrent ensuite. Finalement, le magasin fut transformé en une église, qui maintenant est très-bien fortifiée et ne sert qu'à leur grand dommage[1] ».

[1] *Fünf Schiffarten* Samuel BRAUN, *burgers und wundartzt zu Basel : Die dritte Reyss*, p. 27. Cette relation a été publiée en allemand et en latin, en 1625, par Jean-Théodore de Bry, en appendice à sa

Les faits reconnus par des étrangers dont la véracité ne peut être suspectée, par cela seul qu'ils sont étrangers et qu'ils parlent *de visu*, sont confirmés par des géographes également étrangers et n'ayant aucun intérêt à fausser leurs cartes par des indications contraires à la vérité.

Dans l'atlas de Guillaume et Jean Blaeu (seconde partie de la première, Amsterdam, 1643), la carte de *Guinea*, du docteur D. Nicolao Tulp, d'Amsterdam, mentionne *Petit-Dieppe*, *Cormentin*, *Accara* et beaucoup d'autres lieux dont le nom est français.

Coroneili, cosmographe de la république de Venise, porte, sur sa carte de 1687, le *Grand Sestre dit Paris* et donne à la mer voisine le nom normand de *Maleguette*[1].

---

collection des Petits Voyages. Nous avons emprunté l'excellente traduction faite par M. d'Avezac sur le texte allemand.

[1] Pour diminuer l'importance que ce mot *Malaguette* ou *Maleguette* peut avoir au point de vue des prétentions normandes, M. Major observe, d'après le traité *Della decima* de Balducci Pegolotti, qu'au milieu du XIV⁰ siècle le poivre Malaguette, provenant des côtes de Guinée, est indiqué parmi les articles importés à Nîmes et à Montpellier; d'après Barros, que la Malaguette importée en Italie avant le temps du prince Henri, était apportée de Guinée, par les Mores, à travers le vaste empire de Mandingo et les déserts de la Lybie. (*The life of prince Henry of Portugal*, etc., p. 114.)

Nous répondrons à cela que, d'après le *Coutumier d'Harfleur et de Leure*, le poivre long et rond entrait en Seine, dès la même époque, par les ports de Leure et d'Harfleur; que, d'après le *Coutumier de la Vicomté de l'eau de Rouen*, dont les plus anciennes copies sont de la fin du XIII⁰ siècle, cette marchandise arrivait à Rouen en quantité considérable, puisqu'elle était taxée au cent pesant. (M. Ch. DE BEAUREPAIRE, *De la Vicomté de l'eau de Rouen et de ses coutumes au XIII⁰ et au XIV⁰ siècle*, Paris, Durant, 1856, pp. 271 et 289.) Il est bien permis de croire que ce n'est pas à Nîmes et à Montpellier que les marins normands allaient chercher le poivre. En tous cas, le nom de Malaguette est français et son application à la côte de Guinée, par un géographe étranger, donne à nos prétentions un appui considérable.

Nos vieux chroniqueurs dieppois ont certainement ignoré les relations et cartes qui viennent d'être citées. Ils ont également ignoré le livre de Villault de Bellefond, puisqu'aucun d'eux ne le cite ni ne le mentionne. Tous cependant soutiennent énergiquement que les côtes de Guinée furent découvertes au quatorzième siècle par les navigateurs de Normandie.

La plus ancienne des chroniques qui nous restent est celle de David Asseline, prêtre de l'église Saint-Jacques de Dieppe, né en 1619 et mort le 27 septembre 1703.

Asseline, dit M. l'abbé Cochet, était faible paléographe et consultait plus volontiers les imprimés que les manuscrits [1]. Il eut à sa disposition les archives de l'Amirauté du port de Dieppe, qui ne furent incendiées que douze ans après l'achèvement de son travail; il ne sut malheureusement pas en tirer parti. Il en prit seulement quelques mots, mais ces quelques mots sont précieux parce qu'ils ont nécessairement une origine authentique. Les voici :

Le dommage causé aux Dieppois par les Flamands, en 1339, fut aisément réparé « surtout s'il est vray (ainsi
« qu'vn memoire témoigne) que trois grands navires qui
« avoient esté envoyez auparavant aux Indes retournerent
« à Dieppe chargez d'or et d'argent et d'autres precieuses
« marchandises, qui aiderent bien (ce sont ses propres
« termes) à remettre Dieppe sur pied, et à attirer beaucoup
« de marchands pour s'y establir et y faire negoce [2] ».

[1] M. l'abbé Cochet, *Galerie dieppoise*; Dieppe, Delevoye, 1862, pp. 240-253.

[2] *Les Antiquites et chroniques de la ville de Dieppe* par David Asseline, publiées pour la première fois avec une introduction et des notes historiques par MM. Michel Hardy, Guérillon et l'abbé Sauvage; tom. 1, p. 109. Ce beau travail est sur le point de paraître. Nous devons à l'amitié de MM. Hardy, Guérillon et Sauvage d'avoir pu consulter un exemplaire d'épreuve.

Croisé, qui vivait à la fin du xvii° siècle et au commencement du xviii°, dit la même chose et presque dans les mêmes termes [1].

Un historien dieppois, dont on ignore le nom, qui écrivait au commencement du xviii° siècle et dut consulter les archives, ce qui donne à ses dires un très grand poids, s'exprime un peu moins brièvement qu'Asseline et Croisé.

« Toutes ces grandes entreprises », dit-il, « n'empes-
» choient pas les Dieppois d'en faire d'autres sur mer ; car
» l'an 1364, quelques vaisseaux marchands de Dieppe en-
» treprirent de penetrer vers le midy de l'ocean Atlantique,
» quoique cette mer et les terres de ce costé là fussent
» alors entierement inconnües à ceux de l'Europe. Ils s'a-
» vancerent si loing qu'ils passerent le Tropique et le cap
» Vert, et qu'après avoir fait 1800 lieues de chemin
» ils arriverent heureusement dans la Guinée qui est une
» région d'Afrique scituée vers la ligne equinoxiale et
» habitée par des Negres idolastres. Ils imposerent le nom
» de Dieppe à un lieu qui l'a toujours conservé, malgré
» les colonies portugaises et hollandaises qui s'y sont de-
» puis establies. Ils en rapporterent une si grande quan-
» tité d'ivoire que les habitans de Dieppe se mirent à le
» travailler, et à force de s'y appliquer ils s'acquirent la
» réputation de surpasser ceux de toutes les autres villes
» du monde pour la delicatesse des ouvrages d'yvoire [2] ».

[1] *Histoire abrégée et chronologique de la ville, chateau et citadelle de Dieppe et du fort du Pollet, depuis leur origine ; avec tous les priviléges accordés aux habitans de cette ville*, 1757. Transcrit sur une autre copie par Letestu, trésorier des Invalides de la Marine, et par lui continué sous forme de journal jusqu'en 1814. Ms. de la Bibliothèque de Rouen, Y 28, 5, p. 17.

[2] *Histoire de la ville de Dieppe depuis son origine jusqu'au bombardement de 1694 ; accompagnée de notes et de supplements rédi-

Michel-Claude Guibert, né à Dieppe l'année qui suivit le bombardement, fut aussi prêtre et donna, comme Asseline, tous ses loisirs à la composition d'une histoire de sa ville natale. C'était un homme instruit et consciencieux. Son œuvre est très-remarquable. Elle est restée manuscrite, dit M. l'abbé Cochet, parce que le bon prêtre était pauvre et que, de son temps, les petites villes de provinces n'imprimaient guère [1].

Il n'a pu, comme le prêtre de Saint-Jacques et l'anonyme, consulter les archives de l'Amirauté, mais il dit avoir eu en mains d'anciens manuscrits. Trop honnête pour imaginer des faits, il ne parla que d'après des pièces qui lui paraissaient digne de foi,

On voit par son récit qu'il a puisé à d'autres sources qu'Asseline et l'anonyme. Il considère comme très-avantageux à la ville le voyage fait, en 1340, aux Indes-Orientales. En ce qui concerne les expéditions des côtes de Guinée, il rapporte littéralement les paroles de l'anonyme, puis il ajoute : « Ils (les Normands) donnèrent le
» nom de Petit-Dieppe à une place qui l'a conservé jus-
» qu'à présent, comme on le voit par les cartes géogra-
» phiques. Ils laissèrent plusieurs marques de leur éta-
» blissement sur les bords de cette côte qu'ils n'ont
» abandonnée qu'en 1410. Les naturels du pays en
» conservent le souvenir, et ont longtemps regretté la
» douceur de leur société. Ils en raportèrent l'ivoire
» dont on a fait de très-beaux ouvrages, qui ont été
» d'un grand commerce dans cette ville, comme il est dit

gés vers le milieu du XVIIIe siècle. Transcrite à Rouen par C.-L. R. (Renard) de Dieppe, MDCCCXXXVII. Bibliothèque de Rouen, ms. Y 28, 4, p. 29.

[1] M. l'abbé Cochet, *Galerie dieppoise,* pp. 39-48.

» page 97. Ainsi les Portugais ne doivent point s'attribuer
» la découverte de la Guinée, puisque l'expédition de
» Vasco de Gama est de 1498, c'est-à-dire plus d'un siècle
» après la découverte que les Dieppois et les Normands
» avoient fait de ce pays [1] ».

Aux documents dieppois vient s'ajouter le témoignage de Gabriel Ducasse, qui, deux ans avant sa nomination au gouvernement de Saint-Domingue, fit un voyage en Guinée. Nous empruntons à M. Margry les passages suivants extraits de sa relation inédite.

» L'opinion commune des gens originaires du pays,
» dit-il, est que ce sont les Français qui l'ont basti (le
» fort de la Mine) et ont fait les premiers la découverte
» de cette coste avec quatre vaisseaux. Ils en racontent
» des particularités qui paroissent fabuleuses et que les
» François ont séjourné longtemps sur les lieux, que cette
» forteresse a été donnée par une fille de France en ma-
» riage à un infant de Portugal. Ce qui est certain, c'est
» qu'il y a une batterie appelée de France de temps im-
» mémorial, et qu'après la conqueste (1637), les Hollan-
» dais voulant relever des travaux, on trouva des pierres
» où il y avoit escrit dessus *année 13*, le reste se trouvant
» miné, et comme il n'y a que la nation françoise qui
» prononce *année*, cela confirma les gens dans l'opinion
» des nègres. *Outre ce que disent les nègres de la Mine*
» *au sujet des François, ceux* de Commendo assurent
» que les premiers blancs qu'ils ont vus sont eux et qu'ils

---

[1] *Mémoires pour servir à l'histoire de la ville de Dieppe composés en 1761 par Michel-Claude* Guibert, *prêtre de la paroisse* Saint-Remy de Dieppe. Revus et transcrits en 1764 par l'auteur. Présentés à l'Académie royale des Sciences, Belles-Lettres et Arts de Rouen. Manuscrit de la Bibliothèque de Dieppe.

» ont resté dans leur pays très-longtemps, et y sont tous
» morts dans la suite, et montrent le lieu où ils ont esté
» inhumez, disant mesme en avoir conservé des titres
» pendant la succession des divers roys, mais que leur
» pays ayant esté saccagé et bruslé, et leur roy tué par
» une guerre qu'ils eurent contre le roy d'Addomey, ils
» se sont perdus ».— « Cette antiquité, ajoute Ducasse, ne
» s'accorde pas avec l'histoire du Portugal, portant qu'en
» l'année 1441 le nommé Tristan, envoyé à la découverte,
» n'alla que par vingt degrés, d'où l'on doit inférer que
» la Guinée estoit découverte auparavant, et que ce qui
» estoit inconnu aux Portugais ne l'estoit pas aux
» François ».

Le traité du 15 décembre 1687, par lequel le roi de Commendo cédait à Ducasse, pour les Français, le village d'Aguitagny, rappelait en ces termes nos anciennes relations avec la Côte-d'Or :

« Amoysy, par la divine Providence, roy et souverain
» de Commendo, fils et légitime héritier de feu Asyfy, roy
» et souverain du même royaume.

« La tradition s'étant toujours conservée depuis plu-
» sieurs siècles de l'amour et de l'affection que les roys
» mes prédécesseurs ont eus pour la nation françoise, et
» les témoignages que tous mes sujets rendent de la dou-
» ceur que leurs ancêtres ont goutée pendant le séjour
» des François sur cette coste, qui a esté de plus d'un
» siècle..., avons donné, cédé à perpertuité, en faveur
» de Sa Majesté, le village d'Aguitagny au bord de la
» mer...

» La présente cession ayant esté acceptée par le sieur
» Ducasse, un des officiers de Sa Majesté estant à présent

» sur ceste coste de Guinée avec un vaisseau de guerre[1] ».

Cette attestation du roi de Commendo est assurément d'une grande importance. Il est impossible d'attribuer aux hasard la conformité avec les traditions dieppoises de tant d'indices et de souvenirs recueillis sur les côtes d'Afrique par des hommes de nationalités diverses et souvent rivales. Tous ces indices, toutes ces traditions confirment l'exactitude du récit de Villault de Bellefond dont nous allons maintenant parler[2].

En 1666 et 1667, Nicolas Villault, écuyer, sieur de Bellefond, explora, par l'ordre de Colbert, les côtes de Guinée. Il était agent du ministre pour le rétablissement du commerce en France[3]. C'était une mission officielle et de confiance qui nécessitait certaines aptitudes et des connaissances spéciales.

Son récit est régulier, parfaitement d'accord avec les chroniques dieppoises, les cartes et les relations étrangères, ainsi qu'avec les faits historiques généraux et particuliers qui pesèrent sur la France de 1364 à 1410.

[1] M. Pierre Margry, *Les Navigations françaises et la révolution maritime du XIV° au XVI° siècle*; Paris. Tross, 1867, pp. 23-25.

[2] Nous ne ferons pas usage de la pièce publiée par M. Margry, dans *les Navigations françaises* pp. 56, 61, d'après une copie que M. Lucien de Rosny aurait prise en Angleterre sur un ms. appartenant à M. William Carter. M. Major (*the life of p. ... ce Henry of Portugal*, pp. XXIV-LI) en nie formellement l'authenticité. Les lettres que lui écrivirent MM. Margry et de Rosny ne détruisent pas ses arguments. Nous avons consulté plusieurs savants et même M. Major : tous voient dans cette pièce une mystification. Ne serait-elle pas tout simplement l'œuvre d'un homme qui ne connaissait ni sa langue, ni l'histoire, ni les priviléges du chapitre de Notre-Dame de Rouen et qui aura bénévolement orné de contes une histoire véritable?

[3] Fréville, *Mémoire sur le commerce maritime de Rouen depuis les temps les plus reculés jusqu'à la fin du seizième siècle*; Rouen, Le Brument, 1857, tom. I. p. 310.

Comme le remarque le savant et consciencieux Fréville, le sieur de Bellefond ne cite malheureusement pas ses autorités, mais cette négligence s'explique par la forme de son récit et les usages du temps. D'un autre côté, le personnage auquel il s'adresse est une garantie de véracité. « On ne vient point faire des histoires à un ministre
» tout-puissant qui vous emploie, qui peut faire vérifier
» vos assertions et vous envoyer à la Bastille pour l'avoir
» trompé [1] ».

Par le commencement de son épître dédicatoire, on voit d'ailleurs que Villault de Bellefond comprenait parfaitement les devoirs de sa position et les dangers d'un récit fantaisiste. « Monseigneur », dit-il, « i'apporte à vos
» pieds un discours mal poly, mais tres-veritable, et c'est
» aussi par où je cherche un azile contre tous les reproches
» que l'on pourroit faire à ma temerité, de vous offrir si
» peu de chose. Mais scachant que vous ne considerez que
» la verité, à laquelle vous ne pouvez souffrir que l'on
» donne la moindre alteration; la disant que dois-je
» craindre? Si vous approuvez cette relation que je vous
» présente, y a-t-il de François qui ne seconde vos glo-
» rieux desseins, et qui ne tâche de se retablir dans ces
» Terres qu'ils ont autresfois possedées; puisque vous
» n'épargnez rien pour les y remettre et ramener le Siècle
» d'or en France [2] ».

Ce qu'il avait appris à Dieppe et dans ses voyages lui donnait le droit de parler avec cette assurance.

A *Rio-Fresca*, au cap Vert, il vit des cases semblables

---

[1] Fréville, *op. cit.*, tom. 1, p. 312.

[2] Villault de Bellefond, *Relation des Costes d'Afrique, appelées Guinée*, etc., Paris, Denys Thierry, rüe Saint Jacques à l'Enseigne de la Ville de Paris, 1669.

aux chaumières de Normandie ¹. Une baie de la pointe de Sierra Leone portait encore le nom de la France ².

La belle-fille d'un prince indigène dont il avait porté la santé lui dit en français : « *Monsieur, je vous remercie* ». Elle ajouta en portugais que son mari n'avait pas quitté les Français tout le temps de leur séjour dans le pays ³.

Il trouva que le Grand-Sestre portait encore le nom de Paris et que le peu de langage que l'on pouvait y entendre était français. Les indigènes, dit-il, « n'appellent pas le
» poivre Sextos à la Portugaise, ny grain à la Hollan-
» daise, mais Malaguette, et lors qu'un vaisseau aborde,
» s'ils en ont, après le salut ils crient, *Malaguette, tout*
» *plein, tout plein, tant à terre, de Malaguette*,
» qui est le peu de langage qu'ils ont retenu de nous ⁴ ».

On voyait encore à Commendo les quatre murailles de la case bâtie par les Français. Le roi, qui demeurait à quatre lieues de la côte, au grand Commendo, envoya des présents et des rafraîchissements au navire de Bellefond. Il « nous fit offrir sa terre pour y demeurer, et nous manda
» qu'il avoit refusé la bannière que Walkenbourg Général
» d'Hollande à la Mine luy avoit envoyé, luy ayant
» répondu, que de tout temps cette terre avoit été possedée
» des François et qu'ils y seroient toûjours les bien
» venus ⁵ ». Il observa qu'à la Mine les Hollandais faisaient leurs prêches dans une ancienne église bâtie par les Français ⁶ ».

---

[1] VILLAULT DE BELLEFOND, op. cit., p. 55.
[2] *Ibid.*, pp. 74-75.
[3] *Ibid.*, pp. 108-109.
[4] *Ibid.*, pp. 159-160.
[5] *Ibid.*, pp. 192-193.
[6] VILLAULT DE BELLEFOND, op. cit. pp. 5 et 424.

Ces indices d'une occupation française antérieure aux découvertes des Portugais confirmèrent les renseignements qu'il avait recueillis à Dieppe, dans les archives de l'Amirauté, le déterminèrent à faire suivre la relation de son voyage de *Remarques sur les costes d'Afrique; et notamment sur la Coste d'Or, pour justifier que les François y ont esté long-temps auparavant les autres Nations.*

On a souvent cité ces *Remarques*, les uns pour les contredire, les autres pour les approuver ; nous croyons devoir néanmoins les résumer ici de nouveau, car nous pensons avec Estancelin, Vitet, Fréville, MM. d'Avezac, Margry et Vivien de Saint-Martin, contre le vicomte de Santarem et M. Major, qu'elles sont l'expression de la vérité.

La France commençant à se relever, sous Charles V, des malheurs du règne de Jean 1ᵉʳ, les Dieppois, dit Bellefond, de tout temps adonnés au commerce, résolurent des voyages de long cours sur les côtes d'Afrique. A cet effet, au mois de novembre 1364, ils équipèrent deux navires d'environ cent tonneaux chacun, « qui firent voile
» vers les Canaries, et arriverent vers Noël au Cap-
» Verd, et moüilerent devant *Rio Fresca* dans la baye,
» qui conserve encore le nom de Baye de France [1] ».

Bien reçus des indigènes, les Dieppois échangèrent avec eux, contre des bagatelles, du morphi (ivoire), des cuirs et de l'ambre gris [2].

Du cap Vert, ils cinglèrent au sud-est et arrivèrent à *Boulombel* surnommé par les Portugais Sierra Leone.

---

[1] *Ibid.*, pp. 410-411.
[2] *Ibid.*, pp. 412-413.

Continuant leur route, ils passèrent devant le cap de *Moulé*, dont les habitants croyaient tous les hommes noirs, et s'arrêtèrent à l'embouchure d'une petite rivière, près de *Rio Sexto*, où se trouve un village qu'ils nommèrent Petit-Dieppe à cause de son Havre et de sa situation entre deux côteaux. Ils prirent encore du morphi et complétèrent leur chargement avec de la malaguette ou poivre.

Au mois de mai 1365, après six mois de navigation, ils revinrent à Dieppe avec un riche chargement.

» La quantité d'ivoire qu'ils apporterent de ces costes,
» donna cœur aux Dieppois d'y travailler, qui depuis ce
» temps y ont si bien reüssi, qu'aujourd'huy ils se
» peuvent vanter d'estre les meilleurs Tourneurs du monde
» en fait d'yvoire [1] ».

« Au mois de septembre ensuivant, les marchands de
» Rouen s'associerent avec ceux de Dieppe, et au lieu de
» deux vaisseaux en firent partir quatre, desquels deux
» devoient traiter depuis le *Cap-Verd* jusques au *Petit-*
» *Dieppe*, et les deux autres aller plus avant découvrir
» les costes ».

L'un de ces vaisseaux se chargea de malaguette au grand *Sestre*, qui fut nommé *Paris* à cause de sa rivière et de l'aménité de ses habitants. Les autres s'avancèrent un peu plus loin, sur les côtes déjà vues, et deux revinrent richement chargés après un voyage de sept mois.

Le quatrième passa la côte des Dents et parvint à celle de l'Or. Il y recueillit un peu d'or et beaucoup d'ivoire.

Comme les peuples de cette région « ne leur avoient pas
» fait si grand accueil que les autres, sur tout ceux de la
» Coste des Dents, qui sont tres-méchans, les Marchands

---

[1] VILLAULT DE BELLEFOND, op. cit., pp. 413-415.

» sur le rapport de leurs commis, se bornerent au Petit-
» Dieppe, et au grand Sestre ou Paris, où ils continuerent
» d'y envoyer les années suivantes, et mesme une colonie.
» D'où vient qu'encore aujourd'huy le peu de langage que
» l'on entend de ces peuples, est François [1] ».

Les profits commençant à diminuer par suite de l'abondance des marchandises importées, les armateurs de Dieppe et de Rouen résolurent d'envoyer à la Côte d'Or. Au mois de septembre 1380, un navire d'environ 150 tonneaux, nommé *Nostre-Dame de Bon Voyage*, mit à la voile du port de Rouen. Au mois de décembre il était à destination. Les indigènes firent cette fois bon accueil aux Normands et prirent leurs marchandises en échange d'une grande quantité d'or. Le voyage dura neuf mois. « Ce
» fut ce qui commença de faire fleurir le commerce à
» Rouen [2] ».

Le 28 septembre de l'année suivante, ils firent partir de Dieppe trois vaisseaux : *La Vierge*, *Le Saint-Nicolas* et *L'Espérance*. *La Vierge* attérit à la Mine, *Le Saint-Nicolas* à Cap-Corse et à Mouré, *L'Espérance* à Tantin, Sabou et Cormentin. Le voyage dura dix mois. Les négociants se décidèrent alors à fonder sur ces côtes de petites colonies normandes [3].

En 1382 ils envoyèrent deux grands vaisseaux et un petit qui devait dépasser Akara.

Les deux grands étaient lestés de matériaux qui servirent à construire à la Mine une loge pour dix ou douze hommes. Ils revinrent à Dieppe, avec une riche cargaison, après dix mois d'absence.

[1] Villault de Bellefond, *op. cit.* pp. 415-418.
[2] *Ibid.*, pp. 419-421.
[3] *Ibid.*, pp. 422-423.

Le plus petit, qui devait passer Akara, fut emporté par les marées et revint trois mois avant les autres avec la moitié de sa cargaison [1]. On le fit repartir de suite pour porter des rafraîchissements à la Mine. Cette colonie prit rapidement de l'importance et bâtit, quatre ans après sa fondation, une église « que l'on y voit encore aujourd'huy [2] ».

« Ces commençemens » dit encore Villault de Bellefond, « estoient trop heureux, et les profits trop grands
» pour avoir de longues suites. Les guerres civiles ayant
» commencé en mil quatre cens dix, le commerce deperit
» avec la mort de quantité de marchands, et au lieu de
» trois et quatre vaisseaux, qui partoient tous les ans du
» Port de Dieppe, c'estoit beaucoup quand pendant deux
» ans, ils pouvoient en mettre un à la mer pour la coste
» d'or, et un autre pour le grand Sestre. Enfin les guerres
» augmentant ce commerce se perdit tout à fait [3] ».

Quand, au commencement du règne de Henri III, nos marins revinrent dans le golfe de Guinée, ils trouvèrent toute la côte au pouvoir des Portugais. Ils soutinrent quelque temps la lutte, mais les guerres civiles qui marquèrent la fin du règne de Henri III et le commencement de celui de Henri IV ne leur permirent pas de la continuer et les déterminèrent à renoncer au commerce de ces contrées.

« Or par ce que dessus », dit Villault de Bellefond,
« je conclus que les François ont les premiers habité ces
» terres, qu'ils les ont connües avant les Portugais, et
» que les Dieppois doivent avoir cet avantage, qui leur

---

[1] Villault de Bellefond, op. cit., pp. 423-424.
[2] Ibid., p. 424.
[3] Ibid., p. 425.

» est justement deu, d'avoir esté les premiers Naviga-
» teurs d'Europe¹ ».

Villault de Bellefond termine son livre par une invitation formelle à la reprise des affaires sur les côtes de Guinée. « Les Mores », dit-il, « nous aiment,
» nous sommes les premiers qui avons connu ces
» terres, allons y faire revivre le nom et la gloire des
» François, secondons les desseins de nostre glorieux
» Monarque et de son illustre Ministre, qui ne tâche qu'à
» ramener l'âge d'or en France, rien n'est plus loüable²».

Un pareil langage tenu devant Colbert, confirmé par le hollandais O. Dapper, par l'allemand Braun, par Asseline, Croisé, l'anonyme, Guibert et Ducasse; par les géographes Tulp, Coronelli; reconnu pour exact par Glas, Navarrete, Ribeiro, Estancelin, Vitet, Freville, d'Avezac, Margry, Vivien de Saint-Martin ne peut être que l'expression de la vérité et nous admettons dès lors comme incontestable les navigations faites par les Normands, de 1364 à 1410, sur les côtes de Guinée³.

Tandis que les Normands trafiquaient pacifiquement

---

¹ VILLAULT DE BELLEFOND, op. cit. p. 454.
² *Ibid.*, p. 438.
³ M. Major rejette le récit de Villault de Bellefond comme les récits de toutes les navigations faites, sur les côtes d'Afrique, avant le temps du prince Henri. Il ne fait exception que pour Béthencourt, et encore ne veut-il pas admettre qu'il ait doublé le cap Bajador.

Le livre de Villault de Bellefond contient, dit le savant auteur, une étonnante prétention *(astonishing pretension).*

La prétention est étonnante, nous en convenons ; mais elle est fondée, comme nous pensons l'avoir démontré. On va voir que les objections faites à l'encontre par M. Major sont bien loin de l'infirmer.

Bellefond dit que l'île Saint-Thomas a été découverte par les Portugais en 1405, le 23 décembre. Ce qui suit ne permet pas de supposer un *lapsus*. L'auteur a dit ce qu'il voulait dire. Selon M. Major, il commet

dans ces parages, les Espagnols et les Portugais, quand les hasard de la mer les jetaient sur les Canaries, dépouillaient les Guanches de leurs biens et les enlevaient pour les exposer dans leurs marchés à esclaves.

En 1377, Martin Ruiz de Avendaño, capitaine biscayen, fut porté par les vents sur l'île Lancelôte. Il y prit terre. L'équipage fut bien reçu par les naturels et Martin Ruiz eut pour résidence la demeure du roi Zonzamas. En

---

une erreur grossière, qui impose la défiance : l'île Saint-Thomas n'ayant été découverte qu'en 1471.

Cette observation, vue de près, perd toute sa gravité.

Villault de Bellefond n'ignorait pas, sans doute, que les Portugais n'ont doublé le cap Bajador qu'en 1433, vingt-huit ans après Béthencourt ; qu'en 1463, à la mort du prince Henri, le cap Mesurado (6° lat. N.) marquait la limite extrême des navigations lusiades. — Mais il s'agit là des découvertes officielles, les seules que veulent reconnaître les diplomates et que connaissaient les historiens. Est-ce à dire que des marchands portugais n'ont pu suivre les vaisseaux normands ? Est-ce que les marchands portugais ne gardaient pas aussi le secret sur les pays inconnus qui leur donnaient un trafic avantageux ? Est-ce que l'appât de gros profits n'a jamais entraîné les Portugais à d'audacieuses entreprises ? Ne les a-t-on pas vus courir aux Canaries en 1341, dès qu'ils eurent quelques indications sur leur gisement ? Il est donc infiniment probable que Villault de Bellefond a voulu parler d'entreprises privées et non des découvertes officielles.

« Secondement, dit M. Major, Villault de Bellefond veut que le mot Malaguette, nom de l'épice importée des côtes occidentales d'Afrique, soit *français*, et il en tire un argument en faveur de ses prétentions ».

Nous avons répondu à cette objection p. xvi, n. 1. Nous ajouterons seulement cette observation : il suffit de regarder le mot *Malaguette* pour reconnaître qu'il ne peut être que français ; ni les Italiens, ni les Portugais, ni les Hollandais, ni les Anglais n'ont donné au poivre le nom de Malaguette ; ce mot ne s'est jamais trouvé que dans un seul vocabulaire, et c'est celui de la France. (Le *Malagueta* portugais est d'origine récente et traduit de *Malaguette*). Quand donc Villault de Bellefond trouvait que, antérieurement à l'arrivée des Portugais, certaine partie de

reconnaissance de la généreuse conduite de Zonzamas, Ruiz séduisit la reine Fayna. Cette lâche conduite eut dans la suite des conséquences funestes [1].

D'après don Pedro del Castillo, un autre débarquement aurait eu lieu en 1382, le 5 juin, à la Gran Canaria, à l'embouchure du ravin de Guinaguada. C'était Francisco Lopez qui, se rendant de Séville en Galice, n'avait pu résister à la tourmente.

Lopez et ses compagnons furent d'abord bien traités par le guanartème et les habitants de cette partie de l'île. Pendant sept années ils vécurent paisiblement du soin des troupeaux qu'on leur avait donnés, enseignèrent aux jeunes Canariens la religion chrétienne et la langue castillanne. Les insulaires s'aperçurent alors que leurs prison-

---

la côte de Guinée portait un nom qui ne peut être que français, il avait raison de le citer à l'appui de ses prétentions.

Si les marchands de Rouen, dit encore M. Major, ont navigué de concert avec les Dieppois, on doit en trouver la preuve dans les archives de Rouen, qui n'ont pas été détruites, comme celles de Dieppe, par un bombardement.

Les archives de Rouen n'ont pas été détruites par un bombardement, c'est vrai ; mais après la révolte dite de *la Harelle*, de 1382, Charles VI les a brûlées, ce qui revient au même.

Quand à la preuve négative que M. Major prétend tirer de la date relativement récente de celles de nos cartes qui mentionnent le Petit-Dieppe et autres lieux français sur les côtes de Guinée, il nous suffira de faire remarquer que toutes nos cartes n'ont pas été conservées, que les plus anciennes, celles qui seraient aujourd'hui les plus précieuses, sont précisément celles qui ont dû disparaître les premières. L'absence de cartes ne prouve rien.

(M. R.-H. Major, *The life of prince Henry of Portugal, surnamed the Navigator*, etc. ; London, Asher, 1868, pp. 120-122. — Ce travail est très-remarquable par la forme et par l'étendue des recherches. Il est justement apprécié du monde savant.

[1] Abreu de Galindo in George Glas, *op. cit.*, pp. 10-11.—V. *infrà*, note 1 de la p. 45.

niers s'entendaient avec les aventuriers qui fréquentaient ces parages pour attirer dans le pays les Espagnols. Ce fut leur mort. Ils rédigèrent, sous forme de testament, un récit de leurs aventures, que Gadiffer de la Salle trouva, en 1404, la première fois qu'il vint à la Gran Canaria [1].

Quatre ans plus tard, en 1386, don Fernando Ormel, comte d'Ureña et d'Andeyro (d'autres disent Fernando de Castro) atterrit à la Gomère, près de l'endroit où vivait le frère du roi Amalahuije. Les naturels attaquèrent les Espagnols, mais il furent vaincus et le frère du roi perdit la vie dans l'affaire.

Don Fernando profita de son succès pour pénétrer dans l'île. A la nouvelle de l'invasion et de la mort de son frère, Amalahuije réunit ses guerriers, attaqua vigoureusement les Espagnols, les vainquit, les cerna dans les rochers d'Argodey, les força de se rendre à discrétion. Le prince barbare eut pitié de leur misère, et montra une générosité que les Européens ne surent point imiter. Il délivra les prisonniers, leur donna l'hospitalité dans sa demeure, leur permit ensuite de retourner en Espagne.

Au moment de son départ, Fernando fit don à ce prince d'épées, de boucliers et d'autres pièces d'équipement que les insulaires tenaient en grande estime. Amalahuije et plusieurs de ses compatriotes ayant reçu le baptême, le capitaine Castillan laissa dans l'île un prêtre pour continuer la conversion des habitants. Ce prêtre se fit beaucoup aimer. C'est à son souvenir et au souvenir de Fernando que Béthencourt dut le bon accueil que lui firent les Gomerytes [2].

[1] CASTILLO ms., cap. 5 et 9, cité par Barker-Webb et Sabin Berthelot — V. infrà, note 1 de la page 66.

[2] ABREU DE GALINDO, in GEORGE GLAS, op. cit., pp. 20, 21. — VIERA Y CLAVIJO, Noticias, tom. I, p. 278.

Tenesor Semidan, guanartème de Galdar, eut pour Diego de Silva, qui ravageait son pays, la même générosité qu'Amalahuije pour don Fernando Ormel [1].

En 1385, quelques Biscayens équipèrent à Cadix cinq caravelles destinées à pirater aux Canaries et sur les côtes occidentales du Maroc. Elles étaient commandées par Fernando Peraza Martel, seigneur d'Almonaster.

Après avoir parcouru les côtes d'Afriques, Peraza mit le cap à l'ouest. Il vit Ténérife, mais n'osa pas en approcher parce que le pic était en éruption. On prétend qu'il changea son nom Catalan de *Insula Lanserano* contre celui d'*Isla del Infierno* que Viladestes traduisit par *Insola del Inferno*.

Il se jeta de l'île d'Enfer sur Lancelote. Les habitants accoururent en foule au-devant de lui. Il répondit à leur empressement par une volée de flèches qui en tua quelques-uns, en blessa plusieurs et mit en fuite le reste. Il courut ensuite au village, le mit à sac et enleva, pour les réduire en esclavage, cent soixante-dix personnes parmi lesquelles se trouvaient le guanartème et sa femme. De retour en Espagne, son butin, hommes et choses, fut déclaré de bonne prise [2]. Plus tard, son fils se fit un titre de cet acte de brigandage pour obtenir le gouvernement des Canaries.

En 1393, une nouvelle expédition partit de Seville pour Lancelote. Elle ne fit aucune tentative pour subjuguer l'île et revint dès qu'elle eut fait assez de captifs et de butin. Cela prouve, dit Galindo, que, dans ces expéditions,

---

[1] V. *infrà*, p. 167, suite de la note 1 de la p. 166.

[2] With these they returned on board their ships, and sailed back to Spain; where, in those days, their plunder was reckoned to be very valuable. (ABREU DE GALINDO, in GLAS, *op. cit.*, p. 2).

les Espagnols ne cherchaient qu'à s'enrichir par le vol et le pillage [1].

L'histoire n'a gardé le souvenir que de ces quelques expéditions, mais il y en eut beaucoup d'autres. Les chapelains de Béthencourt rappellent plusieurs fois que les Espagnols venaient souvent aux Canaries pour piller et enlever des hommes. Quand Béthencourt demanda au roi de Castille un évêque pour son nouveau domaine, on trouva de suite, selon son désir, un prêtre digne de la mîtreet parlant couramment le guanche. Cette expansion de la langue des Canaries prouve évidemment de fréquentes relations.

Les Normands ne pouvaient côtoyer incessamment les côtes d'Afrique sans toucher aux Canaries. Pour ces excursions, comme pour les autres, ils ont observé cette devise de Jacques Cœur : *Bouche close. Neutre. Entendre dire. Faire. Taire.* Cependant un écho de leurs prouesses est parvenu jusqu'à nous.

Un poëte canarien, Antonio de Viana, dit que la *première* expédition faite par les Français dans cet archipel fut commandée par un nommé Servant.

Dans le procès-verbal de l'enquête ordonnée en 1476, par Isabelle de Castille, il est formellement déclaré que « Jean de Béthencourt avait reçu, en Normandie, des » informations sur ces îles, de la bouche de quelques » aventuriers français, de deux surtout qui y avaient » fait des incursions en compagnie de l'Espagnol Alvaro » Becerra, ce qui inspira au baron normand la résolution » de les aller conquérir [2] ».

[1] By which it appeared that the design of the Spaniards, in those expeditions, was only to enrich themselves by robbery and plunder. (ABREU DE GALINDO, in GLAS, *op. cit.* p. 3).

[2] M. d'Avezac, *les Iles de l'Afrique*, IIe part. p. 154. Le document officiel est conservé à l'Escurial.

Il résulte de ce qui précède que les Italiens reprirent les premiers les traditions carthaginoises, égyptiennes, grecques et romaines sur le péiple de la péninsule africaine ; que l'archipel des Canaries fut souvent visité, pillé, décimé par les Espagnols ; que le mouvement religieux, maritime, commercial et scientifique poussait à l'extension du monde connu ; que l'honneur d'avoir conçu, puis exécuté, en grande partie, la conquête des anciennes Fortunées revient à Jean de Béthencourt dont nous allons maintenant parler.

II

Jean IV de Béthencourt, *conquesteur* des Canaries, était d'une très-ancienne famille normande.

Un Buttecourt [1] ou Buttencourt [2] figure au nombre des seigneurs qui prirent part à la conquête de l'Angleterre. Mais comme il y a dans la Haute-Normandie beaucoup de fiefs du nom de Béthencourt, on ne peut pas affirmer que le compagnon de Guillaume le Bâtard soit un ancêtre du conquérant des Canaries.

C'est seulement à partir du règne de Louis VIII qu'on a sur nos Béthencourt des renseignements à peu près certains.

A cette époque, le chevalier Philippe, seigneur de Béthencourt et de Saint-Vincent-du-Rouvray, fut enterré dans l'église du prieuré de Sigy. Sa tombe, dit Bergeron, « a esté veuë de plusieurs encore vivans, et il y en avoit

---

[1] DUCHESNE, *Historiæ Normannorum scriptores antiqui*, etc.; Lutetiæ Parisiorum, 1619, p. 1023.

[2] Liste de LELAND, ap. *Colectanea de rebus britannicis*, édit. Hearne, vol. I, p. 206.

« encore d'autres de ceste maison enterrez là de plus grande
« ancienneté : mais tout a esté demoly durant les guerres
« civiles[1] ».

Philippe eut pour successeur, peut-être pour fils, Regnauld, aussi chevalier, qui « regnoit » en 1282[2] et fut père de Jean Ier [3].

Jean épousa dame Nicole, qui lui donna la seigneurie de Grainville-la-Teinturière. En 1337, dame Nicole était veuve et renonçait au patronage de l'église de la Bienheureuse Marie de Grainville-la-Teinturière[4].

Jean Ier eut pour fils Jean II, qui fut aussi chevalier[5].

Jean II épousa Isabeau, dame de Saint-Martin-le-Gaillard, au comté d'Eu.

La dame Isabeau descendait du chevalier Gautier de Saint-Martin, frère de Guillaume Martel[6], fils de Guillaume de Baqueville[7] et de la seconde fille de Hersaud, frère de la duchesse Gonnor.

Cette Gonnor, si belle, si intelligente, qui sert de trait-d'union entre la famille ducale et celle de Béthencourt,

---

[1] BERGERON, *Traicté de la Navigation et des Voyages de découvertes et conquestes modernes, et principalement des François, etc.*; Paris, Heuqueville et Soly, 1629, pp. 290, 291.

[2] *Bibliothèque nationale*, FF. ms. 18629. — *Collection de M. Mario de la Quesnerie*. App. I.

[3] *Collection de M. Mario de la Quesnerie*, App. I.

[4] Charte latine des *Archives de la Seine-Inférieure*, F. de Saint-Wandrille. (*Communication de M. de Beaurepaire*). App. II.

[5] Charte du fond de Saint-Wandrille, de 1339. *Archives de la Seine-Inférieure*. (Communication de M. de Beaurepaire).

[6] Dans les *Feoda normanniæ* (DUCHESNE, op. cit., p. 1039), on trouve cette mention : « Guillelmus Martel tenet medietatem de Auffay, » unde debet domino Regi pro servitio II mil. et dim).

[7] En faisant le dénombrement des vainqueurs d'Hastings, Robert Wace dit : « de Baqueville y fut Martels ». (*Roman de Rou*, tom. II, p. 250; édit. Pluquet; Rouen, E. Frère, 1827).

mériterait une mention particulière. Sa romanesque histoire ne peut malheureusement trouver place ici et nous renvoyons au récit de Guillaume de Jumiéges [1]. Nous dirons, toutefois, qu'elle fut maîtresse puis femme de Richard I*er* et mère de Richard II, qui porta le double surnom de *Sans-peur* et de *Gonnoride* [2].

Jean II eut d'Isabeau de Saint-Martin un fils et plusieurs filles. Il mourut dans Harfleur, au service du roi de France, vers 1352, s'il est vrai, comme le dit Bergeron, qu'il se trouvait alors sous les ordres du maréchal de Clermont [3]. Tout ce qu'on peut assurer, c'est qu'il mourut à la guerre, dans le parti du roi de France [4].

---

[1] **Willelmi** *Calculi Gemmeticensis monachi*, lib. VIII, cap. xxxvi, ap. Duchesne, pp. 311, 312.

[2] « Defuncto Ricardo seniore Ricardus Gunnorides filius ejus successit. » (**Ordericus Vitalis**, lib. III, tom. II, p. 10, édit. A. Le Prevost. — Bergeron dit, *op. cit.* p. 287, que Gonnor était de très-noble famille danoise. Cela n'est pas prouvé. Mais nous savons par Guillaume de Jumiéges (*in* **Duchesne**, p. 311) que son beau-frère était *forestarius* aux environs de *arcarum* (Arques), et Ducange nous apprend, au mot *Foresta*, que le *Forestarius* était un forestier. La charge de forestier était très-importante aux premiers temps de notre histoire ; on n'en avait pas encore distrait, par démembrement, celle de grand-maître des eaux et forêts, celles de grand louvetier, de grand fauconnier et de grand veneur.

Sous Richard I*er*, Thibaut File-Etoupe, seigneur de Monthléry, exerça la charge de forestier.

(M. V.-A. **Malte-Brun**, *Monthléry, son château et ses seigneurs, Notice historique et archéologique*; Paris, A. Aubry, 1870, p. 6.)

[3] Bergeron dit qu'il mourut en 1357, dans Harfleur, sous les ordres du maréchal de Clermont. Cela ne se peut. Le maréchal commandait en Normandie en 1352, et fut tué en 1356, à la fatale journée de Poitiers. (**Anselme**, *Hist. généal.*; tom. vi, p. 751 AB).

[4] Licencia fortificandi quandam domum nominata Granville in Caleto Johanni de Bethencourt data. (*Archives nationales.*, JJ. 135, n° 35). Nous devons une copie de cette pièce à l'obligeance de M. Siméon Luce, archiviste. App. VIII.

Sa veuve se remaria, en 1364, avec le sire de Braquemont[1].

Le fils de Jean II fut Jean III, qui « demoura sous la « garde noble de la Royne d'Angleterre[2]. »

L'une des filles se nommait Jeanne. Est-elle cette dame de Béthencourt, fille du seigneur de Saint-Martin-le-Gaillard, qui, en 1357 et 1358, se mit généreusement à la tête d'une compagnie de *Jacques?*

Jeanne épousa, en premières noces, le chevalier Pierre de Neuville, et, en secondes noces, le chevalier Eustace d'Erneville, dont elle eut plusieurs enfants[3]. Par acte du « mardi prochain après Noël » 1362, son frère lui donna en franc mariage cinquante livres tournois de rente « à » estre pris, cueillis et reçeus par chacun an sur toute la » terre de Betencourt, feust en rentes, en deniers secz, en » oyseaulx, en bois, en terres à camp, en moulins et au- » trement ». Le 10 juin 1380, Jean IV reconnut cette même rente au profit de Philippote de Neuville, femme de Philebert de Maurepast, héritière de Janne[4].

Le don de franc mariage étant proportionné à l'état de fortune du chef de famille, on peut conclure, de la modicité de la rente faite à la dame de Neuville, que le sire de Béthencourt n'était pas riche.

En 1358, ainsi qu'il résulte d'un contrat de mariage passé en la vicomté de Longueville, Jean III épousa Marie

---

[1] Anselme, *op. cit.*, tom. VII, p. 817 D.
[2] *Collection de M. Mario de la Quesnerie*, App. I.
[3] *Collection de M. Mario de la Quesnerie*, App. I.
[4] Vidimus d'un don de franc mariage fait par Jean III de Béthencourt à sa sœur Jeanne, dame de Neuville (1362) et reconnu par Jean IV au profit de Philippote de Neuville, dame de Maurepas (1380). *Collection de M. C. Lormier*, App. V.

de Braquemont, fille de messire Regnauld de Braquemont, sieur de Traversain en Caux[1].

En 1362, il donnait à ferme à Mathieu de Braquemont, pour trois ans, moyennant une rente de « II^c florins d'or à l'escu de Johan », les manoirs, terres, rentes et moulins qu'il possédait sur la paroisse de Grainville-la-Teinturière. Mais comme le bon seigneur aimait la chasse, il se réservait la jouissance des bois, tout en imposant à Braquemont le soin de payer les forestiers[2].

Le 21 octobre de l'année suivante, la dame Aude de Saint-Martin, veuve de Yon de Garenchières, reconnut « noble homme monseigneur Johan de Betencourt, cheva« lier, seigneur de Grainville-la-Teinturière », et « noble « dame madame Johanne de Saint-Martin, dame de Hou« detot », pour « ses drois hoirs et naturieux et vrais he« ritiers de toute la terre que elle a à present et peut avoir « et qui lui peut et doit appartenir, tant à cause de l'es« quéanche de la baronnie, terre et chastel, rentes et reve« nues de Saint-Martin-le-Gaillard que de toutes autres « terres, rentes et revenues quelconques ». Elle les mit, par anticipation, en jouissance de tous ses biens, mais au prix d'une rente annuelle de deux cents livres tournois et d'une somme de cent livres payable au moment de son décès[3].

C'est ainsi que la baronnie de Saint-Martin-le-Gaillard entra dans la famille de Béthencourt.

[1] *Collection de M. Mario de la Quesnerie*, App. I. — *Bibliothèque nationale*, FF. ms. 18629. — BERGERON, *op. cit.*, p. 292. — ANSELME, *op. cit.*, tom. VII, p. 818 A.

[2] *Tabellionage de Rouen*, Reg. I, fol. 8 verso. (Communication de M. de Beaurepaire). App. III.

[3] *Tabellionage de Rouen*, Reg. II, fol. 46. (Communication M. de Beaurepaire). App. IV.

Les châtelains et châtelaines faisaient alors de grandes dépenses de toilette et de maison. Ils aimaient le confortable, les meubles sculptés avec art, les riches draperies, les étoffes de soie, d'or et d'argent. Ils se souvenaient des merveilles vues en Orient par les Croisés et s'efforçaient de les reproduire dans leurs domaines. Les revenus suffisaient rarement, malgré ce qu'on faisait pour les augmenter, et quand on voulait briller dans une guerre ou dans un tournoi il fallait changer une terre contre les écus d'un bourgeois. La dame Aude se trouvait sans doute dans une position précaire et pour finir ses jours plus tranquillement ou plus joyeusement elle se fit constituer, par Jean de Béthencourt et la dame de Houdetot, une rente viagère bien supérieure au revenu de ses domaines.

En 1364, Bertrand du Guesclin appelait aux armes la noblesse de Normandie pour défendre Charles V contre Charles-le-Mauvais, roi de Navarre. Parmi les nombreux seigneurs qui vinrent *avec leurs compagnies complètes et bannières déployées*, se trouvait le sire de Betancourt[1].

Le sire de Béthencourt tenait dans l'armée un rang honorable. Cuvellier, trouvère du XIVᵉ siècle, nous apprend que, la veille de la journée de Cocherel, il fut appelé au conseil par Du Guesclin[2]. Il fut tué le lendemain.

---

[1] GUYARD DE BERVILLE. *Histoire de Bertrand du Guesclin, comte de Longueville, connétable de France.* Paris, Hansy, 1767, tom. I, pp. 244-246.

[2]   Quant ce vint sur la nuit, si qu'a soleil couchant,
  Bertran du Guesclin ne s'i va arrestant.
  Les chevaliers de l'ost va trestous assemblant;
  Le bon conte d'Auçoire va premier appelant,
  Le viscons de Beaumont appela ensuiant,
  . . . .

Ce dernier fait, donné par Bergeron, est ainsi confirmé par deux lettres, du 18 juillet et de janvier 1388, de Charles VI au bailli de Caux : « Le dit suppliant (Jean IV)
» et ses predecesseurs ont tousjours esté noz bons et
» loyaulx subgiez et tenu nostre parti, nous ont tousjours
» bien et loyaulment servi en noz guerres et ailleurs, ès
» queles les ayeul et pere de nostre dit escuier sont alez
» de vie à trepassement [1]. »

Jean III laissait deux fils : Jean, IV° du nom, et Regnault II, dit Morelet.

Jean IV épousa Jeanne du Fayel, d'une noble maison de Champagne, fut chambellan des rois Charles V et VI [2], conquérant et roi des Canaries.

Il était né en 1359 ou 1360. Cette appréciation, déduite de la date du mariage et de la mort de Jean III (1358-1364),

> Robert de Villoquier ne s'i va oubliant,
> Le sire de Sempy s'i bouta bien avant,
> Celui de Bettencourt ne s'i va arrestant.
> . . . .

(*Chronique de Bertrand du Guesclin par Cuvellier, trouvère du XIV° siècle*, publiée pour la première fois par E. CHARRIÈRE. Paris, Didot, 1839, vers 4319-4329, tom. I, pp. 159, 160. — *Collection des documents inédits de l'Histoire de France*).

[1] Licencia fortificandi quandam domum nominata Granville, etc. App. VIII.

[2] *Bibliothèque Nationale*, FF., ms. 18629. — Dans les lettres relatives à la fortification de Grainville, Charles VI lui donne les titres de pannetier et d'écuyer (App. VIII). — Ce prince lui donnait le titre de chambellan dans la lettre qu'il écrivait au vicomte de Caudebec sous la date du 3 septembre 1395 (App. IX). — D'après M. Barabé, il figure avec la même qualité dans un contrat passé devant les tabellions de Rouen, le 22 décembre 1401, pour la vente, à Hue de Donquerre, d'une maison et manoir sis à Paris, entre la rue Vaubourg et la rue des Quays (*Recherches historiques sur le tabellionage royal principalement en Normandie*, etc. : Rouen, imp. Boissel, 1863. p. 203, note 2.

est confirmée par un acte de 1375 souscrit par « noble « dame, madame Marie de Braquemont, dame de Béthen- « court et de Grainville, déguerpie (veuve) de feu mons' « Jehan de Béthencourt, jadis chevalier, à présent femme « de Roger Suhart, escuier, seigneur de Moneffreville [1], « laquelle dame, tant pour elle que comme procuratrice « de son dit mari et au profit de Jehan de Bethencourt, son « filx et son hoir, » donne à fief à Guillaume de Vaux une pièce de terre sise en la paroisse de Grainville [2].

Tandis qu'il est traité comme mineur en 1375, il fait acte de majeur l'an 1380 en reconnaissant à la dame de Maurepas le don de franc mariage fait à la dame de Neuville par Jean III.

Au moment de sa majorité, Jean IV fut mis en possession :

1° De la seigneurie de Béthencourt, fief noble de haubert entier relevant du roi, sis sur les paroisses de Sigy, Bosc-Asselin, Rouvray, la Ferté Saint-Sanson, au bailliage de Caux, vicomté de Neufchâtel, pour laquelle il devait au roi hommage de bouche et de main, droit de garde, cent sols tournois de taille par an, au terme de la Saint-Jean-Baptiste ;

2° De la seigneurie de Grainville-la-Teinturière, fief noble de haubert entier, relevant du roi, sis sur les paroisses de Grainville, Hancarp, Borville, Mantevalle, Saint-Jouyn, Vandreville, au bailliage de Caux, vicomtés de Longueville et de Caudebec, pour laquelle il devait au roi hommage de bouche et de main, reliefs, treizièmes et,

---

[1] Montfreville (ANSELME, op. cit., tom. VII, p. 818 A).

[2] Fieffe faite par Marie de Braquemont, dame de Grainville, veuve de Jean de Béthencourt, d'une pièce de terre sise à Grainville-la-Teinturière. 1375 (Collection de M. C. Lormier). App. VI.

une fois en sa vie, en temps de guerre, garde pendant quarante jours de la porte du chastel de Longueville ;

3° D'une franche vavassorie appelée le Parc, sise paroisse de Grainville, pour laquelle il devait au roi vingt-cinq livres tournois de rente [1].

La pièce qui fournit ces renseignements n'est malheureusement pas entière. La feuille de titre du manuscrit de la Bibliothèque Nationale et le manuscrit du récit de la conquête, en son dernier chapitre, la complètent par l'indication des fiefs de Saint-Sere, Lincourt, Riville, Grand-Quesnay, Huqueleu, Gourrel [2] et de la baronnie de Saint-Martin-le-Gaillard, acquise par Jean III de la dame Aude de Saint-Martin.

Le fief de Grainville, que Béthencourt tenait du roi, était tombé sous Jean III au pouvoir des Navarrais. Bien que ce seigneur ait fini par le reprendre, Charles V avait ordonné la démolition de ses murailles. Jean IV, âgé de deux ans, était alors sous la garde du roi.

Lorsque ce seigneur se vit riche et bien en cour, il demanda la permission de remettre en état de défense le château de Grainville, sous prétexte que l'ennemi pourrait le fortifier à peu de frais et que les habitants de la contrée

---

[1] Aveu baillé au roi d'Angleterre par Jean de Bethencourt pour les seigneuries de Bethencourt, Grainville-la-Teinturière et le Parc. 1421. (*Collection de M. Lormier*). App. xii.

[2] Par acte passé le 19 août 1421, devant Pierre Galoppin, clerc tabellion juré à Dieppe, Jean et Regnault de Béthencourt garantirent à Baudouin Eude, « escuier et bourgeois de ladite ville de Dieppe.... la terre, » fieu et seigneurie de Gourrel, vendue par icellui monseigneur Regnault » audit Baudouin par quarante livres tournois de rente à l'heritage par » chacun an ». Vente de la seigneurie de Gourrel par les frères Bethencourt à Baudouin Eude, le 19 août 1421.—*Collection de M. C. Lormier*). App. vii.

n'avaient pas de meilleur lieu de refuge. Charles VI souscrivit à sa demande par lettres datées du Bois de Vincennes le xi⁰ jour d'avril après Pasques 1387. Il ajoutait même que le bailli de Caux ou son lieutenant contraindrait « par
» toutes voies dues et raisonnables tous ceulx qui avoient
» acoustumé, au temps que ladicte forteresse estoit en
» estat, et qu'ils avoient ou poient avoir et qu'ils pourront
» avoir, icelle mise en estat convenable, plus aise et plus
» promptement refuge que autre part, à venir faire guet
» et garde en icelle forteresse ainsi et par la maniere que
» est acoustume de faire ès autres chasteaux du pais ».

Le bailli de Caux ne l'entendit pas ainsi. Il savait bien que ce n'était pas pour la défense du pays que les seigneurs demandaient à bâtir des châteaux forts. Il savait aussi que ces forteresses favorisaient l'oppression des villains et manants et les incessantes révoltes des barons contre la royauté. Il répondit au roi par des mémoires. Béthencourt insista de nouveau et Charles persista dans sa première résolution, mais il crut devoir justifier, pour ainsi dire, sa décision, car dans ses lettres des 18, 21 juillet et janvier 1388, il rappelle les services rendus à la couronne par la maison de Béthencourt, la mort, sur les champs de bataille, du père et du grand-père du sire de Grainville. Enfin, comme pour rassurer le bailli, il insiste sur ce que le château est aux mains d'un homme qui lui est dévoué et que la forteresse pourra grandement servir les intérêts des populations voisines [1].

Le château de Grainville-la-Teinturière fut donc fortifié de nouveau, ce qui ne contribua pas peu à faire de

---

[1] Licencia fortificandi quamdam domum nominata Granville in Caleto Johanni de Bethancourt data. (*Archives Nationales*, JJ. 135 n⁰ 35). App. VIII.

Jean de Béthencourt l'un des puissants seigneurs de la Normandie.

En 1395, le 3 septembre, Charles VI écrivait au vicomte de Caudebec qu'il était « si fort et si puissant au pays que bonnement » le conseiller royal, Guillaume de Vienne, archevêque de Rouen, ne pouvait avoir contre lui justice ni raison. Cette appréciation, dictée par l'archevêque, ne doit pas être prise à la lettre. Ce prélat avait peut-être tout simplement en vue de faire juger par la Cour de Parlement le délit dont il accusait Béthencourt. Elle prouve en tout cas que ce seigneur était trop influent pour que l'on pût compter sur l'indépendance des juges ordinaires.

Le délit dont se plaignait l'archevêque mérite d'ailleurs d'être connu, parce qu'il fait connaître une face du caractère de Jehan de Béthencourt.

Comme archevêque de Rouen, Guillaume de Vienne avait seul droit de haute, moyenne et basse justice sur la maison de Jehan du Clos, dit Galopin, tavernier en la paroisse de Riville, doyenné de Valmont. L'archevêque avait seul aussi le droit de connaître, punir et corriger les crimes, délits et excès commis par les clercs dans l'étendue du diocèse.

Béthencourt n'avait jamais contesté ces droits.

Néanmoins il envoya, sous la conduite de Jehan de Riville [1], écuyer, plusieurs sergents et forestiers pour ar-

---

[1] Jehan de Riville, bâtard de Gilles de Riville, écuyer, sieur de Riville en Caux, qui se montra si complaisant dans l'affaire des prêtres, tomba bientôt lui-même dans les serres impitoyables du sire de Béthencourt.

Il avait pris en fieffe de ce seigneur, pour le prix de 140 livres tournois par an, la garenne de Grainville, connins, lièvres et perdrix. Il fut

rèter, dans la maison de Galopin, où ils buvaient. Vincent Basire, de la paroisse de Tiergeville, et Jehan le Royer, de la paroisse de Tisterville (Thiétreville), clercs, en habits et en tonsure de clerc, coupables, à ce qu'il semble, d'un délit de chasse.

Galopin et sa femme ne voulant pas ouvrir, parce qu'il était trop matin, Riville brisa une croisée, pénétra dans la maison au moyen d'une échelle, se saisit des deux clercs, les lia, les battit rudement et les conduisit à la prison du château de Grainville. Peu de temps après, Béthencourt les fit exposer tête nue, liés à un poteau, avec deux lapins pendus au col, pendant deux jours de marché, sur la place de Grainville.

Il dit à plusieurs personnes que s'il se fut trouvé à Riville au moment de l'arrestation des clercs, « il eust avant « bouté le feu en la maison ».

Il les fit maltraiter, leur fit jurer de ne pas porter plainte et les obligea au paiement d'une certaine somme d'argent.

Le vicomte de Caudebec eut ordre d'informer secrète-

---

constaté qu'il avait dévasté cette garenne, et le dommage ne fut pas évalué à moins de 400 livres. Pour payer une si grosse indemnité, Riville vendit à Béthencourt, pour 700 livres tournois, la terre de Riville, demi-fief tenu de madame de la Trémouille et deux vavassories, l'une de 140 acres ayant appartenu à Vincent de Rouville, et celle du Breuil, relevant de l'abbé de Fécamp et de madame de Gerponville. Il donna en outre tout ce qui lui revenait de la succession de son oncle Roger de Riville. Il fut entendu cependant que Gilles de Riville conserverait l'usufruit de ces propriétés ainsi que de la garenne de Grainville. De cette manière, Béthencourt augmenta sa fortune à bon compte et se montra spéculateur habile avant d'être conquérant.

(*Tabellionage de Rouen*. Reg. 8, f. 424. — Communication de M. de Beaurepaire).

ment et promptement et de transmettre son rapport au conseil du roi [1].

Malgré la qualité du plaignant et les ordres de la cour, le sire de Grainville ne paraît pas avoir été inquiété. L'infortuné Charles VI payait par la folie la folie de son temps et les excès de sa jeunesse. Tandis qu'il végétait dans le château royal de Saint-Paul, les ducs de Bourgogne et d'Orléans se disputaient le pouvoir, et la noblesse préparait contre les Turcs cette croisade qui finit si tristement pour la France par l'imprévoyance du maréchal de Boucicaut. Au milieu de cet affreux désordre, on devait tenir peu de compte des outrages faits à deux pauvres prêtres de campagne par le puissant et brave seigneur de Grainville-la-Teinturière.

Quelques années plus tard, les conseillers de Charles VI montrèrent pour lui autant de bienveillance qu'en 1395.

Le 3 août 1401, aux conférences de Leulinghen, il était accusé d'avoir capturé dans la Manche un navire anglais. « Messire Pierre de Courtenay, chevalier, Nicolas » Syon et Williaume Grozons », est-il dit dans les rôles des députés de la Grande-Bretagne, « se complaignent » de ce que naguères, durant les trèves, messire Jehan » de Bethencourt et messire Robert Canell et autres de » leur compaignie, prindrent leur barge et LXXII tonneaulx » de vin et autres marchandises, à la value de VI^m frans, » sans dommages, courtages et interests ». Les ambassadeurs français répondirent immédiatement : « Monsieur » l'amiral fera donner commission, à la requeste des com- » plaignans... pour adjourner Betencourt et ses com-

---

[1] *Archives de la Seine-Inférieure.* (Communication de M. de Beaurepaire). App. IX.

» plices, et en fère la plus briefve justice que il pourra, se
» toutesvoies treve... qu'il le doie fère...¹ »

Au mois d'août 1402, le gouvernement fit aux Anglais cette réponse :

« Le seigneur de Betencourt... a quitté la France dans l'espoir, comme il disait, d'aller aux îles Canaria et d'Enfer pour les conquérir. Cependant il sera donné citation contre lui, si la partie le requiert, afin que justice soit faite aux intéressés ² ».

Ces poursuites, que l'amiral ne s'était pas pressé d'engager, tombèrent dans l'oubli quand la guerre recommença entre la France et l'Angleterre.

Au moment où les plénipotentiaires de Leulinghen demandaient réparation contre Béthencourt, celui-ci recueillait auprès des marins dieppois, ses voisins, des renseignements sur les côtes d'Afrique et le groupe des Canaries. Il avait probablement navigué aussi dans ces parages.

---

¹ *Archives nationales*, J 645, 37 bis ; pièce citée par Freville, *op. cit.*, tom. 1, pp. 318, 319.

² Responsa data per ambaxatores francie ambaxatoribus Anglie in congregacione inter eos habita apud Leulinghem in mense augusti anno Domini millesimo ccoc⁻ᵐᵒ secundo, ad articulos pro parte Anglie parte francie datos in simili congregacione habita inter Ambaxatores utriusque partis in mense decembris ultimo preterito actemptata in mari per subditos regni Francie subditis regni Anglie illata continet.

. . . .

Ad octavum articulum qui incipit : « Item messire Pierre Courtenay, etc. » Responsum est quod Dominus de Betencourt nominatus in articulo recessit de Francie in spe ut dicebat eundi ad insulas Canarie et Inferni ad eas conquirendas. Verumtamen contra eum dabitur citacio si pars requirat et fiet partibus justicia.

Archives nationales, J 645 A, nᵒ 18. Nous devons la copie de cette pièce à l'obligeance de M. Siméon Luce.

Les Canaries servaient alors de point de mire à tous les pirates. Sans savoir ce qu'il y avait au-delà, sans même se rendre compte qu'elles étaient une étape nécessaire au périple de l'Afrique, on regardait comme indispensable de les rattacher au continent par la conquête. C'est à Béthencourt que devait revenir l'honneur de cette entreprise. Il était sûr d'ailleurs de trouver en Espagne de sérieux appuis. Son oncle Robert dit Robinet de Braquemont, devenu maréchal de France en 1417, après s'être laissé battre devant Harfleur par le duc de Clarence, avait jadis rendu des services au roi de Castille, et avait épousé Inès de Mendoça, fille de Pedro Gonzalès, grand-maître de la maison royale. Ses services et son mariage lui faisaient à la cour une grande position [1]. Inès de Béthencourt, nièce de Jean IV, avait épousé Guillem de las Casas, alcade major de Séville et descendant des vicomtes de Limoges, ce qui la mettait aussi en position d'être utile.

Quant Béthencourt eut décidé cette conquête, il demanda au sire de Braquemont la somme dont il avait besoin.

En ce temps-là, quand un bourgeois prêtait à quelque seigneur, il se faisait donner en gage une terre qui lui restait en propriété, s'il n'était pas remboursé à la date fixée par le contrat. C'est ainsi que beaucoup de fiefs passèrent de la main des nobles dans celle des vilains; et souvent ces derniers oublièrent leur modeste origine, changèrent leur nom contre celui d'un fief, se dirent nobles, finirent par croire et par faire croire qu'ils l'étaient réellement.

Braquemont traita son neveu comme aurait pu le

---

[1] Anselme, *op. cit.*, tom. VII, pp. 816-818.

faire un marchand de Dieppe ou de de Rouen. Il lui donna sept mille livres tournois et prit en gage la seigneurie de Grainville-la-Teinturière.

Béthencourt ne put jamais profiter du droit de rachat qu'il s'était réservé, comme le montre un accord intervenu, en 1426, entre Morelet de Béthencourt et les époux de Rouville. En 1425, par lettres des 17 avril et 16 août, Pierre de Rouville, gouverneur de Pont-de-l'Arche, époux d'Aldonce, fille de Braquemont, avait été mis en possession des domaines de Béthencourt et de Grainville, en récompense des services qu'il avait rendus au roi d'Angleterre.

Regnault de Béthencourt, qui n'était pas du tout mal avec les Anglais [1], réclama comme frère et unique héritier du conquérant des Canaries. C'est alors qu'intervint l'arrangement de 1426 par lequel les époux de Rouville » pour l'affinité de lingnage et amour naturelle qui est » entre ledit messire Regnaud et ladite dame de Rouville », abandonnèrent à Regnault la propriété de la terre de Béthencourt, dégrevée d'une rente de 500 l. t. consentie et jamais payée par Jean de Béthencourt, et lui promirent une somme de 500 l. t. « à prendre et avoir sur les fruits et revenues de la terre de Grainville [2] ».

[1] Henri V, roi d'Angleterre, par lettres datées de Meaux, le 23 mars 1422, lui donna la terre de Beauxmouchel et ses dépendances, confisquées sur Jeanne de Bellengues.
(*Original de la collection de M. C. Lormier*, publié par M. Ch. de Beaurepaire dans ses *Notes sur le voyage de Don Pedro Niño en Normandie, aux années 1405 et 1406*; br. in-8, Rouen, 1874; extrait du Bulletin de l'Académie de Rouen).

[2] ANSELME, *op. cit.*, tom. VII, p. 818 D, tom. VIII, p. 710 B. — Accord entre les époux de Rouville et Regnaud de Bethencourt., du 16 avril 1426 après Pasques. (*Tabellionage de Rouen*, Reg. 22, fol. 116 verso. — Communication de M. de Beaurepaire). — App. XIII.

Comme on l'a vu plus haut, p. 26, note 2, le 22 décembre 1401 Béthencourt a vendu, au chevalier Hue de Donquerre, une maison qu'il possédait à Paris.

La baronnie de Saint-Martin-le-Gaillard dut être également aliénée, car on ne la voit plus figurer dans les biens de la famille.

Plus tard il engagea, au moins pour partie, les revenus de la seigneurie de Béthencourt.

En résumé, il y a lieu de considérer comme très-exact ce passage des instructions données par Charles VI, en juillet 1402, à l'évêque de Chartres et à ses autres plénipotentiaires des conférences de Leulinghen : « Item, si
» de ladite partie d'Angleterre est demandé réparation
» des attentats *piéça* faits en la mer par le sieur de Be-
» thencourt, dont ils ont *autrefois* fait la demande, ré-
» pondront que ledit de Bethencourt et messire Gadifer
» de la Salle vendirent *piéça* tout ce qu'ils avoient au
» royaume, et disoient qu'ils alloient conquérir les îles
» de Canarre et d'Enfer ; et là sont demeurés, et l'on ne
» sait qu'ils sont devenus [1] ».

Avant de partir, Béthencourt dut encore recourir au roi pour le règlement d'un procès qu'il soutenait contre son frère Regnault et contre Robert de la Heuse. Sa demande fut accueillie ; par lettres du 15 mars 1401, Charles VI lui donna congé de s'en aller hors de cour, sans amende, et de régler à l'amiable son affaire [2].

En quittant le château de Grainville, il se rendit à la

---

[1] M. D'AVEZAC, *Les îles de l'Afrique*, II° part., p. 115.
[2] Congé donné par le roi Charles VI à Morelet de Béthencourt et à son frère et à Robert de la Heuse, pour s'en aller hors de cour, sans amende. 1401. (*Collection de M. C. Lormier*). App. X.

Rochelle, où il trouva Gadiffer de la Salle, chambellan du roi Chales VI [1], « vng bon et honneste cheualier, lequel » aloit à son aduenture. Et out parole entre ledit Be- » thencourt et Gadiffer. Et lui demanda monseigneur de » Bethencourt quel part il vouloit tirer, et led. Gadiffer » disoit qu'il aloit à son aduenture [2] ».

Pierre de Quevilly, curé de Boscguérard, disait en 1625, dans l'édition qu'il préparait du manuscrit des chapelains de Béthencourt, que Gadiffer descendait de Gaïfer (Vaïfer), duc d'Aquitaine, « renommé entre autres » choses pour avoir épousé la plus belle femme de son » temps » ; qu'il est le même que celui dont parle Monstrelet ; qu'André Javyn le nomme Estelphe de la Salle [3].

Rien ne prouve cette origine qu'une similitude de nom et une commune patrie, car le vieux marin était, comme Vaïfer, enfant de la Gascogne. Sa bannière était chargée *d'une croix*, mais on en ignore les couleurs.

« Je n'ai sur lui, en dehors de la chronique de Béthen- » court, dit M. d'Avezac [4], » à qui nous devons ce dernier renseignement, « que la mention de sa présence devant » Gênes, avec Boucicaut, dans Monstrelet [5] ».

Béthencourt et Gadiffer devaient être d'anciennes connaissances, car ils s'entendirent facilement. Le 1ᵉʳ mai

---

[1] B 1, Cabinet généalogique, art. *de la Salle*, cité par Fréville.
[2] *Le Canarien*, p. 4.
[3] *Bibliothèque nationale*, FF. ms. 18,629.
[4] Dans une lettre qu'il nous fit l'honneur de nous écrire le 26 septembre 1871.
[5] Par lettre du 19 septembre 1871, M. Major nous engageait gracieusement à faire des recherches *respecting the family of that old navigator*. Nous regrettons bien d'avoir à lui dire que nos recherches n'ont pas été fructueuses.

1402 ils mirent à la voile de la Rochelle pour faire la conquête et conversion des Canaries.

Trahi deux fois par Bertin de Berneval, son compatriote et son lieutenant, Béthencourt ne pouvait, sans secours étranger, mener à bonne fin son entreprise.

Sa première pensée fut certainement pour le roi de France, « son souverain seigneur »; mais Charles VI ne pouvait rien : il ne jouissait de sa raison qu'à de rares intervalles, le royaume était déchiré par les factions et menacé sur toutes ses frontières. Béthencourt vint alors trouver don Enrique III, roi de Castille, lui fit hommage des îles et reçut les secours dont il avait besoin.

Cet hommage des îles mécontenta Gadiffer. Malgré toute sa souplesse d'esprit Béthencourt ne le put apaiser. Ils se fâchèrent et finirent par se séparer.

Si Béthencourt demandait à l'Espagne des vivres, de l'argent, des vaisseaux, des soldats, il ne voulait pour colons que des hommes de Normandie.

Le 31 janvier 1405 il partit pour Grainville-la-Teinturière. Il y acheta de Braquemont une barge qui semble représenter le capital de cette rente de 500 l. t. dont la seigneurie de Béthencourt, comme il est dit plus haut, fut grevée au profit de l'amiral [1]. Bientôt il repartit pour les îles avec 160 hommes, nobles et artisans, et 23 femmes, choisis avec soin. Ystace d'Erneville lui proposa de l'accompagner. « Mon neveu », lui répondit-il finement, « ie » ne vous veulx pas donner cette poine, ie prendré auec » moy de plus legeres gens que vous ».

---

[1] Accord entre les époux de Rouville et Regnault de Béthencourt. App. XIII.

Le 15 décembre de la même année 1405, il quittait de nouveau les îles pour ne plus y revenir. Sa bannière flottait victorieuse sur Lancelote, Fortaventure et Fer. Les anciens rois et ce qui restait des populations indigènes avaient embrassé le christianisme. Il confia l'administration des îles à Maciot, son neveu, et fit nommer évêque, par Innocent VII, Alvaro de las Casas, frère de Guillem, l'époux d'Inès de Béthencourt.

Les Canariens qui, dans la suite, souffrirent tant de la cruauté, de l'avidité, de l'intolérance des Espagnols, ont oublié que Béthencourt leur a fait la guerre sans raison, a vendu plus d'une fois des esclaves et fait la chasse à l'homme ; mais ils se souviennent pieusement de son esprit de justice, de son extrême bienveillance et de la douceur de son administration.

Le chanoine don Viera y Clavijo rend assez fidèlement, ce semble, le souvenir qui reste de la conquête et du conquérant de son pays.

« Les îles Canaries, dit-il, peuvent bénir, comme elles le font, un *conquistador* orné de si brillantes qualités. Quand elles commencèrent à être connues de l'Europe, dans un siècle encore barbare, et qu'elles allaient perdant leur beau nom de Fortunées, la Providence tira du fond de la Normandie l'homme qu'elles devaient avoir pour premier seigneur. A quelque point de vue qu'on le considère, Jean de Béthencourt paraît grand. Sa prudence, sa valeur, son affabilité, son adresse à manier les esprits, à gagner les cœurs les plus sauvages, sa haute naissance et même sa patrie semblent concourir à le rendre glorieux.

» A une physionomie virile, à des pensées élevées, à un cœur impétueux, ferme et résolu, à un esprit doux et tolérant, il ajoutait le goût des héroïques chevaleries...

Le véritable caractère de notre héros était celui de son siècle, c'est-à-dire la valeur et la piété.

» De toute manière, sa mémoire doit être éternelle dans nos îles, et son nom porté dans toutes les Canaries par quelques familles, qui s'honorent d'être appelées *Béthencourt*, a le privilége de sonner agréablement aux oreilles des habitants [1] ».

Si l'on considère son œuvre au point de vue des progrès de la connaissance du globe, on reconnaîtra qu'il ouvrit glorieusement ce XVe siècle, si grand et si fécond, qui devait se fermer sur la brillante épopée de Christophe Colomb.

C'était la première fois, depuis les temps anciens, qu'un capitaine prenait la haute mer dans un but de conquête.

Béthencourt n'allait pas aux Canaries pour les piller, mais pour s'en emparer et les convertir à la foi chrétienne. Il ne se livrait pas au hasard de la vague comme les vieux Normands qui, quatre cents ans plus tôt, dressèrent leurs tentes sur les côtes de l'Amérique du Nord : la boussole et l'astrolabe [2] à la main, il se dirigea sûrement, ouvrit à l'art nautique des horizons nouveaux, à Gama la route du cap de Bonne-Espérance, à Colomb celle de l'Amérique.

La noble nation portugaise, qui porta si haut et si loin son royal pavillon, n'osa pas alors perdre de vue les côtes; longtemps après, lors de la découverte de Porto-

---

[1] Viera y Clavijo, *Noticias de la historia general de las islas de Canaria*, etc.; tom. I, lib. IV, § XXXIX, p. 373.

[2] Le Musée d'antiquités de Rouen possède un astrolabe de facture très-ancienne. On croit que c'est celui même de Béthencourt. (M. l'abbé Cochet, *Catalogue du Musée d'Antiquités de Rouen*; Rouen 1868, p. 45.)

Santo, ses marins n'étaient pas encore habitués à naviguer en haute mer et leur science nautique se réduisait au cabotage en vue des terres [1].

Béthencourt n'a pas seulement conquis les Canaries; il a doublé le cap Bojador, si fameux dans les fastes de la marine portugaise; et cette navigation qui, vingt-huit ans plus tard, illustra Gil Eanez, lui paraissait sans importance [2].

Le roi d'Espagne, le pape, les Florentins, les barons normands le reçurent avec honneur. Mais deux navires, qui lui venaient chargés des Canaries, firent naufrage et l'on ne voit pas qu'il ait reçu de ces îles des sommes ou des valeurs pour compenser ses pertes et ses dépenses. De ce qu'il n'a pu racheter les seigneuries de Grainville et de Béthencourt, on peut même conclure hardiment qu'il a payé d'une partie notable de sa fortune son titre de conquérant et roi des Canaries.

Il était vif, comme on l'a vu par l'affaire des deux clercs; il devint aussi jaloux. Un jour, sa femme dit en riant devant lui un mot indiscret, mais parfaitement innocent. Un affreux soupçon traversa son esprit. Il crut que sa femme et son frère s'aimaient et, peut-être, le trompaient. Il mit la pauvre dame en prison à Béthencourt,

---

[1] E como os marinheiros naquelle tempo nam eram costumados a se engolfar tanto no peguo do mar, e toda sua navegaçam era per sangraduras sempre a vista de terra. (JOAO DE BARROS, *decada primeira da Asia*, lib. I, cap. II; Lisboa, 1628, tom. I, fol. 6, verso, col. 1). — LAFITAU, *Histoire des découvertes et conquestes des Portugais dans le Nouveau Monde*; Paris, 1733, tom. I, p. 7. — M. D'AVEZAC, *Notice des découvertes faites au moyen-âge dans l'océan Atlantique antérieurement aux grandes explorations portugaises du quinzième siècle*; Paris, 1845, p. 7.

[2] V. infrà, *Le Canarien*, p. 101.

brûla devant elle ses plus belles robes, et chassa Morelet, son seul frère germain. Il vécut ensuite dans l'isolement, irrité, triste et s'efforça de dénaturer ce qui lui restait de bien pour en priver Morelet. Une réconciliation eut lieu cependant; à son lit de mort il regrettait vivement le mal qu'il avait fait à sa femme et à son frère.

En 1412, il revit une dernière fois l'Espagne. Le 12 avril, à Tolède, il donna quittance à Braquemont d'une somme de deux mille livres qu'il avait reçue en 1405 comme complément du prix de vente de la seigneurie de Grainville [1]. Le 25 juin suivant, à Valladolid, il renouvela aux mains de Juan II, roi de Castille, en présence de doña Catelina, reine-mère et régente, et de Robert de Braquemont, le serment de vassalité qu'il avait prêté à don Enrique pour la seigneurie des Canaries [2].

Quelques années plus tard, en 1419, son château de Saint-Martin-le-Gaillard, bloqué par les Anglais, fut dégagé par le seigneur de Gamaches; et « pour tant que
» lesdiz Anglois (pouvoient) avoir brief secours de leurs
» gens qui estoient sur les marches, fist bouter le feu
» dedens la fortresse, et amena saulvement ceulx qui
» dedens estoient [3] ». Le 13 juin de la même année, alors que presque toute la noblesse normande abandonnait ses terres pour rester fidèle au pays, Jean de Béthencourt

---

[1] Accord entre Morelet et les époux de Rouville. App. XIII.
[2] VIERA, *Noticias*, etc., liv. VII, § 2. — NAVARRETE, *Colleccion de los viages*, tom. I, pp. XXV, XXVI.
[3] *La Chronique d'Enguerran de Monstrelet en deux livres, avec pièces justificatives, 1400-1444*, publiée pour la Société de l'Histoire de France, par L. DOUET-D'ARC; Paris 1859, tom. III, pp. 335, 336.

faisait hommage au roi d'Angleterre pour les propriétés qu'il avait dans le bailliage de Caux [1].

Enfin, « Un jour aduint qu'il fut malade en son
» chastiau de Grainuille, et voiet bien qu'il se mouroit. Il
» enuoia querir plusieurs de ses amis et especialement son
» frere.... Il ne fault point doubter qu'il a eu aussi belle
» fin que on saroit dire; il fit son testament et eut tous ces
» sacremens. Messire Jehan le Verrier son chappelain,
» qu'il auoit mené et ramené des isles de Canare, escript
» son testament, et fut à son trespas tout du lonc... Il
» est trespassé et alé de ce siecle en l'autre; Dieu lui
» veulle pardonner ses meffaits ! Il est enterré à Grain-
» uille-la-Tainturiere, dedens l'esglise de ladite ville, tout
» deuant le grant autel, et trespassa l'an mil ccccxxij[2] ».

Quatre cents ans plus tard, M. l'abbé Cochet, alors séminariste, visitait en pèlerin le tertre entouré de roseaux où s'élevait jadis le château du roi des Canaries. Il ne restait plus, dit-il, « qu'une vieille porte couverte de lierres,
» qui semblait l'arc-de-triomphe de cette mort qui foule
» aux pieds les rois et les conquérants ».

De la vieille église qui avait reçu la dépouille mortelle de Béthencourt, il ne restait plus aucun vestige. Dans la nouvelle, construite au XVIIe siècle, le jeune abbé chercha

---

[1] *Extrait du Registre des dons, confiscations, maintenues et autres actes faits dans le duché de Normandie, pendant les années 1418, 1419 et 1420, par Henri V, roi d'Angleterre,* etc.... par Charles VAUTIER, Paris, 1828, p. 67.

[2] Bergeron donne à la mort de Béthencourt la date de 1425. C'est une erreur manifeste. Dans le manuscrit, la date de 1422 est écrite de manière à ne laisser aucun doute. On admettra difficilement que Le Verrier se soit trompé sur la date d'un événement qui termina son dernier séjour en France.

vainement un mot qui rappelât le souvenir du conquérant des Canaries.

Dans le chœur il vit une pierre tumulaire dont l'inscription était complètement effacée. Une vieille femme lui dit qu'elle marquait la tombe d'un roi. Quel roi? La bonne femme n'en savait rien, ni personne dans le pays.

Pour M. l'abbé Cochet, ce roi était Jean IV de Béthencourt, qui portait en effet le titre de roi des *isles de Canare*.

Quant le savant abbé fut nommé conservateur des monuments historiques de la Seine-Inférieure, il se souvint de la pierre tumulaire qu'il avait vue dans sa jeunesse à Grainville-la-Teinturière. « Je résolus dès lors, dit-il, de » travailler à la réhabilitation de cette grande mémoire, » et j'ai été assez heureux pour réaliser cette pensée ». Le 16 décembre 1851 il fit, en effet, placer sur l'un des pilliers du chœur de l'église de Grainville une table de marbre noir, encadrée dans une sculpture de pierre et portant gravé en lettres d'or :

A LA MÉMOIRE

DE JEHAN

DE BÉTHENCOURT,

NAVIGATEUR CÉLÈBRE

ET ROI DES CANARIES,

INHUMÉ DANS LE CHŒUR

DE CETTE ÉGLISE,

EN 1425.

PRIEZ DIEU POUR LUI.

« Elle y restera, nous l'espérons, dit encore M. l'abbé
» Cochet, comme un hommage rendu au premier des Eu-
» ropéens qui se livra aux grandes navigations d'outre-
» mer, et qui commence ainsi la glorieuse série des ma-
» rins illustres de la France [1] ».

Le vœu du savant abbé n'a point été exaucé.

M. l'abbé Braquehais, curé de la paroisse, pour placer une figure du chemin de la Croix, a relégué cette pierre dans une chapelle.

Nous regrettons qu'on ait laissé subsister l'œuvre inintelligente de M. l'abbé Braquehais et nous nous permettons d'appeler sur ce fait l'attention de Mgr le cardinal-archevêque de Bonnechose. Nous supplions Son Eminence de considérer la grande part qui revient à Jean de Béthencourt dans la découverte du Nouveau-Monde et la conversion des Canaries; de remarquer que la très-modeste pierre de Grainville a pour but de perpétuer le souvenir de l'un des plus glorieux enfants de la Normandie, et nous lui demandons, si les nécessités du culte ne s'y opposent pas absolument, de faire remettre cette pierre à la place que lui assignent l'histoire et la décision prise, en 1851, par les autorités compétentes.

III

Béthencourt disait un jour à Jehan le Courtois, son lieutenant : « Ie ne veulx plus que se pais soit sans le
» nom de Bethencourt, et sans vng de mon lignage [2] ».

---

[1] M. l'abbé Cochet, *Les Eglises de l'arrondissement d'Yvetot*, Paris, 1855, tom. I, pp. 174, 175.

[2] *Le Canarien*, p. 167.

Dans la cour plénière qu'il tint le 3 décembre 1405, au Rubicon, il choisit pour lieutenant-gouverneur des îles un homme qui remplissait les conditions de nom et de parenté qu'il souhaitait : Maciot de Béthencourt, son neveu.

Il lui recommanda de traiter « amoureusement » les indigènes, de maintenir en paix ses compatriotes et de faire à l'Eglise tout le bien possible.

Maciot suivit ces instructions. Sans être parfait, il était bon, dévoué, se faisait aimer de tous et particulièrement des faibles. Il construisit l'église de Saint-Martial de Rubicon et celle de Sainte-Marie de Béthencourie. Il jeta les fondements de la capitale de Lancelote et lui donna le nom de sa femme, la belle Téguise, fille de Guadarfia, ancien roi de l'île. Pour augmenter son prestige, il se fit armer chevalier.

Les excès et les vexations des Normands de l'île de Fer avaient amené un soulèvement des Herrenos. Maciot sévit rigoureusement contre les plus coupables de ses compatriotes et fit porter aux malheureux indigènes des propositions de paix qui furent immédiatement acceptées [1].

Cette paternelle administration dura jusqu'à la mort de Las Casas, premier évêque des Canaries. Maciot perdit en sa personne un conseiller sage et dévoué à sa maison.

Galindo et Viera prétendent que Maciot apprit dans le même temps la mort de son oncle, qu'il se crut alors maître absolu des îles, exigea despotiquement le paiement de l'impôt du quint et fit enlever, pour les vendre comme esclaves, des hommes de Ténérife et de Canaria [2].

---

[1] VIERA, *Noticias*, lib. v, § 4. — BARKER-WEBB ET SABIN BERTHELOT, *Histoire naturelle des Canaries*, tom. I, part. 1, p. 300.

[2] GLAS, ex GALINDO, *op. cit.*, pp. 33, 34. — VIERA, *Noticias*, tom. I, pp. 389-394.

M. d'Avezac pense que l'âpreté fiscale de Maciot résultait probablement d'ordres venus de Normandie.

La guerre civile avait amené les Anglais jusqu'au cœur de la France; la Normandie était saccagée, pressurée. Béthencourt avait vu détruire son château de Saint-Martin-le-Gaillard. Il dut alors penser à tirer des ressources de son royaume des Canaries pour couvrir les pertes que les Anglais lui faisaient subir en France.

Quoi qu'il en soit, le successeur de Las Casas, frère Mendo de Biezma, prit parti pour les naturels contre Maciot. C'était son devoir. Les pauvres Guanches ne pouvaient avoir d'autre défenseur que lui. Ce prélat commença par faire des remontrances, mais voyant que Maciot n'en continuait pas moins ses exactions, il fit parvenir des plaintes à la cour de Castille.

Voilà ce que disent les Espagnols. Il en faut beaucoup rabattre. Les Espagnols ont une spoliation à justifier, et le moyen le plus simple est de grossir les fautes de celui qu'on a dépouillé. La lettre de Biezma à Juan II de Castille nous confirme dans cette opinion, car, si l'analyse qu'en fait Gomara est exacte, l'évêque ne l'écrivit pas de son propre mouvement. « El Obispo », dit-il, entonces escriuio a Rey, como los yslenos estauan muy mal con Menaute por muchos malos tratamientos, que les hazia : *y tenian grandissimo desseo, y aparejo, de ser de Su Alteza* ». L'évêque écrivit alors au roi que les islenos étaient très-mal avec Maciot, parce qu'il leur faisait subir beaucoup de mauvais traitements et qu'ils avaient le plus grand désir et la volonté d'être à Son Altesse [1].

---

[1] F. L. DE GOMARA, *La historia general delas Indias, con todos los descubrimientos, y cosas notables que han acaescido enellas, dende que se ganaron hasta agora.* En Anvers. En Casa de Juan Steelsio. Ano M. D. LIII, chap. CCXXIII, fol. 285.

A l'arrivée de cette lettre, la reine-régente donna des instructions secrètes à don Henri de Guzman, comte de Niebla. Celui-ci fit partir pour les Canaries, avec trois caravelles de guerre, don Pedro Barba, seigneur de Castro-Fuerte, qui força Maciot de venir rendre compte en Espagne de son administration [1].

Béthencourt ne se méprit point sur le sens de ces mesures. Soit pour en conjurer l'effet, soit pour rétablir sa fortune, il donna l'ordre à Maciot et au sieur de Sandouville, par lettre du 17 octobre 1418, d'aliéner le domaine utile de ses îles de Canarie, sauf réserve, pour lui et ses successeurs, de celle de Fortaventure, et de la seigneurie de toutes, sous l'hommage de la Castille. Le 15 novembre de la même année, Juan II autorisa cette vente au profit du comte de Niebla, et Maciot gouverna au nom du nouveau propriétaire.

Dans cette position, il fit sur les îles indépendantes quelques tentatives qui ne furent pas heureuses. Après neuf années d'une existence précaire, tourmentée, il abandonna les îles; mais, en partant, il jeta entre l'Espagne et le Portugal une pomme de discorde par la vente, à l'infant dom Henri, des droits qu'il avait encore sur Lancelote.

Enfin, par arrêt du 30 juin 1454, le roi d'Espagne prononça la déchéance de Béthencourt [2].

---

[1] Gomara, *loc. cit.* — Vierra, *Noticias*, tom. I, pp. 389-394. — Glas ex Galindo, *op., cit.*, pp. 34-36.

[2] M. d'Avezac, *Les Iles de l'Afrique*, IIe part., p. 161-163.

IV

On ne connaît qu'une seule copie du précieux manuscrit de la conquête et conversion des Canaries. M. d'Avezac, cité par M. Major, en fixe la date à 1482.

L'écriture en est pâle, comme celle de tous les manuscrits du quinzième siècle, mais encore très-lisible.

L'orthographe en est fort irrégulière, mais les rédacteurs, bien que peu habiles, ont rendu leur pensée souvent avec bonheur, toujours avec assez de clarté.

Chaque chapitre commence par une lettre rouge parfaitement faite. Sauf une ou deux exceptions, les têtes de chapitre sont ornées de vignettes à la plume, chargées d'un peu de couleur et d'une exécution médiocre. Elles sont bien loin de la perfection de celles que M. Charton a publiées dans le troisième volume des *Voyageurs anciens et modernes*. M. Major a reproduit très-exactement, en noir, dans *The Canarian*, celle du chapitre VI qui représente les mariniers refusant à Gadiffer l'entrée de sa propre nef.

Ces vignettes prétendent figurer le fait saillant de chaque chapitre; elles sont, en réalité, de pure fantaisie, et les chapelains n'ont pu participer à leur composition. Dans celle du chapitre LII, par exemple, les habitants de Lancelote ou de Fortaventure sont vêtus d'un jupon qui leur va des hanches au-dessus des genoux. Avec ce costume primitif, en contradiction avec le récit même des chapelains, un roi porte une couronne princière. On voit, par cet exemple, que le dessinateur s'en est rapporté complètement à son imagination.

Le texte est semé de croissants rouges dont la pointe supérieure se prolonge de un, deux et même trois centimètres. Tantôt ils marquent le commencement d'une phrase, tantôt ils appellent l'attention.

La relation de la conquête, qui forme tout l'intérêt du manuscrit, comprend 83 feuillets. Immédiatement après se trouvent des renseignements de famille dont il sera parlé plus loin, puis vient la copie, par l'un des descendants de Morelet de Béthencourt, de *nobles tables* et *biaulx mots dorez* qui n'ont aucun rapport avec les exploits de Jean IV de Béthencourt.

Le manuscrit forme un volume haut de trente centimètres et large de vingt, en papier vergé, parfaitement conservé ; la reliure seule en est un peu fatiguée.

Nous l'avons reproduit mot pour mot, lettre pour lettre. Nous nous sommes seulement permis de mettre des majuscules aux noms propres, de ponctuer et de suppléer aux abréviations, qui, d'ailleurs, tiennent moins à un système qu'au désir d'arriver à la fin des lignes sans couper les mots.

Nous ne dirons rien de son histoire et de son authenticité. M. d'Avezac a eu la bonté de résumer à notre intention, dans les quelques pages qui suivent, le résultat des longues et laborieuses recherches qu'il a faites à ce sujet. Cette gracieuseté est pour la Société de l'Histoire de Normandie une bonne fortune et pour nous un honneur qui ajouterait, si c'était possible, à la vivacité de notre reconnaissance et de notre respectueuse affection pour l'éminent écrivain.

Voici ce travail :

Comment le manuscrit original de l'Histoire de la Conquête des Canaries par Béthencourt a été conservé comme un héritage de famille.

(Note de M. D'Avezac, de l'Institut.)

« Lorsque mon étude des navigations européennes dans l'Océan occidental eut entrevu des horizons au-delà des routes battues et recueilli quelques vestiges de traditions oubliées, les sources où se pouvaient rencontrer et vérifier ces récits appelèrent mon plus vif intérêt; et voilà comment, aux Normands de Béthencourt, historiens de leur propre arrivée aux Canaries, je demandai compte des établissements en ruines qui y avaient été bâtis par des prédécesseurs dont ils avaient encore entendu répéter le nom.

« En quelles mains se conservait la chronique où ces choses étaient consignées? Ma curiosité s'en enquit; mais elle eut à s'enquérir aussi des voies par lesquelles cet héritage de famille, qui semblait inséparable du nom de Béthencourt, avait maintenant des possesseurs que l'on n'appelait plus ainsi?

« Et quand la gracieuse et patriotique courtoisie des légitimes possesseurs actuels, que moi-même je connais déjà depuis trois générations successives, eut plus d'une fois confié à mon examen cette précieuse relique à la fois de gloire domestique et de gloire nationale, je me promis de consigner dans une généalogie spéciale d'espèce toute nouvelle la transmission continue de ce document original depuis le rude aventurier qui en fut le héros, jusqu'à l'aimable famille qui en garde aujourd'hui fraternellement la jouissance indivise.

« Bien que le sieur Pierre Bergeron, parisien, qui fut au

xviie siècle l'éditeur de ce livre, ait inséré à la fin de son volume une *Généalogie des Béthencourt*, elle m'a paru ne pouvoir satisfaire à la juste mesure de développement et de sobriété tout à la fois, qui doivent s'accorder ici avec une parfaite exactitude, fort compromise par des confusions de personnes dans l'exposé de Bergeron.

« Le manuscrit original contient en appendice, des additions successives qui sont elles-mêmes de précieuses constatations progressivement contemporaines, à tenir en grande valeur.

« Peut-être est-il à propos d'annoter, préalablement à toute autre chose, que la terre de Béthencourt en Bray, manoir principal des seigneurs de cette maison, était sise au bailliage de Caux, vicomté de Neufchâtel, paroisse de Sigy : Sigy en Bray est aujourd'hui une petite commune du canton de Saint-Saëns, arrondissement de Neufchâtel, dans la Seine-Inférieure. Il y avait en outre, en possession de la même famille, une autre terre de Béthencourt, pareillement sise au bailliage de Caux, celle-ci en la vicomté d'Arques, commune de Saint-Aubin-sur-Mer, laquelle est comprise aujourd'hui au canton de Fontaine-le-Dun, arrondissement d'Yvetot.

« Les premières indications généalogiques recueillies par Bergeron dans les traditions et les titres domestiques, et qui se peuvent accepter sans difficulté, quant au début, comme un renseignement introductif, désignent, pour avoir conservé fort tard sa sépulture dans l'église de Sigy, un Philippe, seigneur de Béthencourt et de Saint-Vincent-du-Rouvray, qui eut pour fils et successeur un Regnault Ier, mentionné dans un document de 1282, et qui fut remplacé à son tour, de degré en degré, par toute une série de seigneurs du prénom de Jean, entre lesquels le compilateur parisien a oublié d'enregistrer précisément celui qui devait précéder tous les autres, c'est-à-dire Jean I*er*, qui reçut un notable accroissement de domaine dans la dot de sa femme Nicole, dame de Grainville-la-Teinturière, qu'il avait déjà laissée veuve en 1337. Leur fils, Jean II, épousa Isabelle, dame de Saint-Martin-le-Gaillard, restée veuve à son tour en 1357, avec plusieurs enfants, dont l'aîné, Jean III, tué en 1364 à Cocherel, avait épousé Marie de Braquemont, laissée pareillement veuve avec deux enfants, Jean IV, qui fut le conquérant des Canaries, et son unique frère germain Regnault II, dit Morelet, avec lesquels commence réellement cette histoire.

« Or précisément parce qu'avec ceux-ci commence la filiation que nous avons désormais à suivre sans interruption jusqu'à nos jours, nous devons d'autant plus regretter de ne point tenir avec certitude le fil d'attache propre à déterminer les affinités précises de quelques-uns des proches qui figurent, de leurs personnes, dans les faits contemporains. Je me borne à faire observer qu'une descendance collatérale, parallèle à celle de Jean III, pourrait être en même temps issue de Jean II, et compter une série de générations où s'étageraient à divers degrés, tantôt *Maciot de Béthencourt et aucuns de ses frères* (cousins-germains, peut-on croire, de Jean IV, et non ses neveux comme on l'énonce vulgairement), tantôt *Collenel de Béthencourt*, compétiteur tenace (à l'encontre de son cousin Jean V) d'une succession demeurée en litige, et que sa fille Jeanne rapporta à la branche légitime.

« Laissons à l'écart désormais toutes choses autres que la transmission du manuscrit où les chapelains de Jean IV de Béthencourt avaient consigné l'histoire de sa mémorable expédition depuis le départ de la Rochelle le 1*er* mai

1402, jusqu'à sa rentrée au logis en 1406, et même jusqu'à son décès en 1422.

« On voit dans les dernières pages du récit, que Jean IV avait épousé une jeune et belle femme de la maison de Fayel en Champagne, dont il n'avait point d'enfant ; son frère cadet Regnault Morelet, avait de son côté épousé Marie de Bréauté, beaucoup plus âgée, dont il n'avait pas non plus de postérité ; une plaisanterie inconsidérée de la jeune femme sur cette double disproportion d'âge, devint pour le vieux baron la cause d'une haine profonde envers sa femme et envers son frère, et le motif de dispositions de ses biens, qu'il voulut révoquer trop tard, et qui engendrèrent de longs procès.

« Régnault II, marié en secondes noces à Philippe de Troyes, eut d'elle en 1432 un fils, Jean V, qui après quatorze ans de plaidoiries pour ravoir Béthencourt, recouvra enfin son légitime patrimoine en épousant Jeanne de Béthencourt, fille de son sousin Collenet, avec laquelle il ne vécut que trois ans et dont il n'eut pas d'enfant ; il se remaria à Jeanne de Noyon, dont il lui vint quatre fils et quatre filles, et au bout d'une vie pleine de beaucoup de vicissitudes, il mourut à Béthencourt, le 21 mars 1505, laissant à ses héritiers, avec le patrimoine recouvré, le manuscrit historique au bas duquel se voit consigné de sa main, d'une belle écriture, et orné d'un élégant paraphe, ce certificat de possession personnelle : *Cest livre est à Jehan de Bethencourt, escuier, seigneur de Bethencourt.*

« La signature de Jean V, avec son paraphe, se retrouve plus loin, après le relevé des naissances de ses huit enfants, dont le dernier était une fille née à Sigy, le 1ᵉʳ janvier 1494 ; ensuite se retrouve encore une mention des misères éprouvées par ce même seigneur dans un pèlerinage de dévotion à Saint-Claude en Bourgogne, accompli à pied, et traversé par la maladie et la pénurie d'argent. Dans cette addition assez considérable qui paraît devoir être attribuée à Jean V, sont intercalées diverses mentions ultérieures complémentaires, dont il y a de semblables dans le cours des additions, analogues à la première, qui se succèdent dans l'ordre des générations.

« Avant d'examiner ces intercalations explétives, il convient de reconnaître qu'après l'addition de Jean V vient une autre addition plausiblement attribuable à son fils aîné Louis I*er*, marié en 1496 à Françoise Baignart de Folleville, de qui il eut treize enfants, dont les naissances sont successivement inscrites jusqu'à Robert, le dernier, né le 5 avril 1516, après quoi est constaté, le 16 décembre 1520, le décès de leur mère, en sorte que jusque-là paraît s'étendre l'addition à mettre sur le compte de Louis I*er*, qui se désigne lui-même par diverses allusions directes.

« Immédiatement à la suite commence, pour remplir jusqu'au bout le manuscrit, une addition ultérieure qui appartient au fils aîné de Louis I*er*, c'est-à-dire à Jean VI, né le 1*er* mai 1504, qui épousa en 1526 Marie de Byville, dont il eut sept enfants ; et à l'instar des précédentes additions, sont inscrites successivement dans celle-ci les naissances de ses enfants, jusqu'à Jacqueline, la dernière, mort-née le 21 octobre 1541, en coûtant la vie à sa mère.

« Si l'appendice des générations de Béthencourt ne se trouvait interrompu en cet endroit, une quatrième addition eut été ouverte par l'héritier de Jean VI, Mathieu, né le 5 septembre 1528 ; mais il n'eut point d'enfants, et nul groupe analogue aux séries antérieures ne pouvait dès lors être formé ici par sa lignée : à lui s'arrêtait la transmission directe du manuscrit, qui dut sortir de ses mains à sa mort, arrivée le 23 décembre 1576, pour passer au collatéral le plus proche.

« Avertis que nous sommes par les publications de Bergeron, que le manuscrit était en 1630 en la possession matérielle de Galien Ier de Béthencourt, qui en prépara l'édition, il nous est facile de remonter généalogiquement de celui-ci à son père Jean VII, et à son aïeul Jacques Ier, fils lui-même de Jean V et de Jeanne de Noyon, né à Maucanchy le 4 octobre 1477, et centenaire ou à peu près à la mort de Mathieu. De Mathieu, donc, le manuscrit dut venir à Jean VII, fils de Jacques Ier et de Guillemette Chappelier, dont il se rencontre cette mention marginale additionnelle à l'article consacré par Jean V à son propre fils Jacques Ier : *Jacques de Béthencourt, docteur en médecine, père de Jehan de Béthencourt, aussi médecin; ledit Jehan père de Galien conseiller en la Court;* nous savons par ailleurs que Jean VII, qui bailla aveu pour Maucanchy en 1584, avait épousé Marie Leclerc, de qui naquit Galien Ier, lequel semble avoir écrit de sa main cette mention même. Celui-ci, de Marie Ygou, sa femme, eut entre autres enfants Galien II, en faveur duquel le père résigna en 1642, sa charge de conseiller au Parlement de Normandie, et qui eut à son tour, de Catherine Planchon, sa femme, Florence de Béthencourt, laquelle porta avec elle, dans une autre famille, le manuscrit des Béthencourt qui s'y est conservé comme un précieux joyau jusqu'au commencement de ce siècle.

« Ce fut Jean de Laudasse, sieur de Francamp, le fils aîné que Jean de Laudasse, sieur du Blondmanoir, contrôleur-général des finances en la généralité de Rouen, avait eu de son mariage avec Marie de Guéran, qui devint, au mois d'août 1662, l'époux de Florence de Béthencourt ; et le manuscrit qui se trouvait compris dans l'apport de l'héritière de ce nom illustre, fut recueilli par leur fils aîné, Jean de Laudasse de Francamp, capitaine des chevau-légers de la garde du Roi, comme son père, et chevalier de Saint-Louis ; marié en 1700 à Françoise Bouhereau, il eut pour fils Jacques-Joseph de Laudasse de Francamp, maître en la chambre des comptes de Rouen, lequel épousa en 1741, Marie-Rose Le Baillif, dont il eut Nicolas-Jean-Jacques-Bernard Laudasse de Francamp, pareillement maître des comptes à Rouen, marié à son tour à Jeanne-Charlotte Muiratte, de qui provint une fille, Antoinette-Charlotte Laudasse de Francamp, née à Rouen le 18 mai 1785, avec laquelle le manuscrit historique dont je suis de main en main, pour la signaler, la possession successive, allait entrer dans la nouvelle famille à laquelle il appartient aujourd'hui.

« Adrien-Jacques-Nicolas Guérard de la Quesnerie, né à Rouen le 22 octobre 1776, fils d'Amable-Guillaume Guérard de la Quesnerie et de Marguerite-Jeanne Le Prévost, devint, le 5 juin 1806, l'époux d'Antoinette-Charlotte Laudasse de Francamp, qui eut dans son lot le précieux manuscrit de Béthencourt. Il n'y a plus à chercher désormais, en dehors du fait de la possession réelle, les principes qui auraient pu servir autrefois à régler la dévolution de ce document de famille : le code civil avait substitué un droit égalitaire aux anciens priviléges de l'aînesse. Ce manuscrit indivisible, je n'ai point eu à m'enquérir des mains qui pouvaient le revendiquer comme une propriété ; lorsque, il y a trente ans, je fis appel à la courtoisie de M. de la Quesnerie, le juge de paix de Clères, en Normandie, c'est par l'entremise de sa fille, Madame de Mont-

Ruffet, qu'il me fit gracieusement parvenir une communication dont il doublait ainsi le prix ; Madame de Mont-Ruffet à son tour, devenue la mère adoptive des enfants de son frère, leur a gardé le manuscrit dont elle s'est constituée uniquement dépositaire ; et je n'ai garde de vouloir poser, entre les trois jeunes co-possesseurs, une question de propriété qui est restée entre eux dans une affectueuse indivision, où l'on ne saurait trouver de meilleur parti à prendre que celui d'une gratitude indivise également partagée entre tous.   D'AVEZAC.

« Saint-Germain-en-Laye, le 26 juin 1874. »

C'est au joli château de Carqueleu, au milieu de la belle famille dont parle M. d'Avezac, que « cette précieuse relique à la fois de gloire domestique et de gloire nationale » a été mise à notre disposition. Nous n'oublierons jamais la large et gracieuse hospitalité de madame de Mont-Ruffet, l'accueil courtois et sympathique de ses neveux et nièces. Si les usages de la Société de l'Histoire de Normandie l'avaient permis, nous aurions considéré à la fois comme un devoir et comme un honneur de dédier notre travail à nos nobles hôtes : madame de Mont-Ruffet M. Mario de la Quesnerie, M. Paul de la Quesnerie, madame Paul de la Quesnerie, Mademoiselle Emmeline de la Quesnerie (maintenant madame Aronssohn).

Galien Ier de Béthencourt de qui descendent, par les femmes, madame de Mont-Ruffet et les frères et sœur Guérard de la Quesnerie, fit préparer l'édition publiée en 1630 par Bergeron. Le manuscrit de ce travail est à la Bibliothèque Nationale et porte le n° 18629 du fond français.

D'après ce manuscrit, le volume devait porter le titre suivant :

LE CANARIEN

ou

Liure de la conqueste et conuersion des Canariens
à la Foy et Religion Catholique Apostolique et Romaine,
en l'an 1402,
par messire Jehan de Bethencourt,
Cheualier, gentilhomme Cauchois,
Seigneur du lieu de Bethencourt, Riuille, Gourrel,
Chastelain de Grainuille la Tainturiere,
Baron de Sainct Martin le Gaillard,
Conseiller et Chambellan ordinaire des Roys Charles 5 et 6.

Composé par
Pierre Bontier, moyne de Sainct Jouyn de Marnes,
et Jehan Le Verrier, prestre seculier,
Chappelains et domestiques dudit Seigneur.

Mis en lumiere par
N.

Illustré d'annotations sur quelques chapitres pour
l'intelligence de l'histoire.

Confitebor tibi in populis Domine: et psallam tibi in
Nationibus. Psalm. 107 et 56.

Protector meus, et in ipso speraui : qui subdit populum meum sub
me. Psalm. 193.

A Rouan
chez..... Imprimeur et Libraire demeurant rue.....
Auec approbation des docteurs et priuilege du Roy.
1625.

Au verso du titre, sous la rubrique *aduertissement*, Galien Ier donne les instructions suivantes :

« L'escu cy dessoubs sera couronné à raison du titre de Roy des Canaries qui fut donné notoirement audit Segneur de Bethencourt.

« Les soustenans de l'escu seront deux sauuages nuds ou velus.

« L'habillement du reste ou Heaume sera posé de front et ombragé de pennaches tous plains ou sursemez d'yeulx et d'oreilles, symboles de la renommée dudit Segneur de Bethencourt, et le reste des paremens obserué exactement selon le docte traité faict des armoiries de France par Philipps Moreau, le tout en taille douce.

Ecu :

« Au champ d'argent, chargé d'un lion de sable rampant, armé et lampassé de gueules, la queue troussée sur le dos passée en sautoir.

« *De forti, dulcedo.*

« Cette devise est l'enigme que Samson proposa aux Philistins et convient proprement à la vertu heroïque du Segneur de Bethencourt, lequel ayant conquis les Canaries et porté son lyon de sable rampant en la pluspart des isles de Canare, toutes douceurs sont procedeez de ce fort lyon de Bethencourt, au grand bien de la chrestienté, comme la conuersion des infideles, puis les vins doux, le miel, le sucre, les figues, la cire, le sang de dragon et vne infinité d'autres raretés dont la France et specialement les prouinces de Normandie, Bretagne et Guyenne ont reçu depuis jusques à present.

« Ledict liure canarien sera dédié à Monsieur de Bethencourt, sr du lieu, conseiller du Roy en sa cour de parlement à Rouan, comme chose appartenant legitimement et hereditairement audit segneur ».

Un peu plus loin, l'éditeur manifeste l'espoir qu'il se trouvera des poëtes latins, françois, peut-être grecs, « qui donneront sonnets, quatrains et odes en l'honneur et mémoire dudit seigneur de Bethencourt » et du seigneur Galien. Ce vœu a été exaucé. Pierre Quevilly, recteur de l'église de Boscguérard, Robert Denis et Michel Planchon ont fait quatorze pièces de vers français, grecs et latins, en l'honneur de Jean et de Galien de Bethencourt.

Continuant ses recommandations, l'auteur dit encore :

« Et pour ce que led. liure canarien contient instruction et confession de foy donnée aux Canariens, sera besoin de faire voir et approuuer led. liure à quelque docteur en theologie et tirer acte de son approbation.

« Obtenir aussi vn privilége du Roy fait au grand sceau, ou à la chancellerie à Rouan, et le faire verifier en la cour pour imprimer et vendre led. liure à vn temps impetré. »

On trouve ensuite dans ce manuscrit les notes annoncées dans le titre, des copies de pièces, quelques lettres adressées à Galien Ier par les Bethencourt d'Espagne, et une table des matières commençant au cinquantième chapitre. Dans cette table, on a supprimé le chapitre *des noises* (le XCVI^e) et fait, dans la division de l'œuvre, les changements indiqués plus loin par des notes.

L'édition que Galien préparait ainsi dès 1625 ne vit le jour qu'en 1630, par les soins de Pierre Bergeron.

Celui-ci a respecté la volonté de Bethencourt en ce qui concerne la suppression du chapitre *des noises*, mais il a fait au titre de notables changements et, ce qui pis est, il a rajeuni le texte.

Bergeron, écrivain intelligent et instruit, a travaillé pour les hommes de son temps. On pense aujourd'hui différemment qu'au XVIIe siècle ; on veut les anciens auteurs avec leur naïf langage et leur capricieuse orthographe ; on veut, pour ainsi dire, les entendre sans l'intermédiaire de truchements.

Bien que le livre de Bergeron ne réponde plus à nos exigences, il se vend encore fort cher : en 1870, au mois d'avril, un exemplaire en a été poussé, à la salle de vente de Paris, jusqu'à 160 fr.

En 1855, M. Edouard Charton a réimprimé Bergeron dans le troisième volume de ses *Voyageurs anciens et modernes*, sous le titre : *Histoire de la Conquête des Canaries par le sieur de Béthencourt*.

M. Charton a fait, sur le texte de Bergeron, ce que Bergeron a fait sur le texte original : il l'a rajeuni. Les deux vieux chapelains, qui virent la fin du XIVe siècle et le commencement du XVe, parlent ainsi le plus pur français de nos jours. M. Charton avait d'ailleurs pour but de vulgariser l'histoire des voyages qui contribuèrent le plus à la découverte du monde. Les nombreuses notes qui accompagnent son texte n'en seront pas moins consultées avec fruit même par les savants.

Une troisième édition du Canarien a été publiée en Angleterre, en 1872, pour l'*Hakluyt Society*, par M. Richard-Henry Major, conservateur du département des cartes nautiques et géographiques au *British Museum*. Pour la première fois, le manuscrit de la conquête a été publié complétement et mot pour mot. Nous avons cru devoir serrer le texte de plus près encore, et, comme nous l'avons dit, le donner lettre pour lettre.

Le texte de M. Major est accompagné d'une traduction

anglaise, d'un portrait de Bethencourt d'après celui donné par Moncornet, de deux planches inédites du manuscrit, d'une carte des Canaries et d'une introduction très-substantielle, écrite avec un remarquable talent d'exposition. La France ne possède que quelques exemplaires de ce beau travail.

On jugera par ces détails sommaires, nous l'espérons, qu'une édition complète et correcte de la relation de Béthencourt était nécessaire et digne de figurer dans la collection de la *Société de l'Histoire de Normandie*.

Comme on l'a vu, les vignettes du manuscrit original ne rentrent pas dans le cadre des publications de la *Société de l'Histoire de Normandie*, outre que leur reproduction *fac-simile* ne coûterait pas moins d'une vingtaine de mille francs.

S'il n'était pas possible de donner ces vignettes, on ne pouvait se dispenser de joindre deux cartes : l'une pour l'intelligence du texte, l'autre pour montrer l'état des connaissances géographiques au temps de Béthencourt.

Cela même n'était pas chose facile : au *Canarien*, œuvre pour ainsi dire inédite, il fallait absolument des cartes inédites. Réduit à nos propres forces nous n'aurions pu réaliser notre désir et celui du Comité d'administration de la Société. Mais nous comptions grandement sur le concours de personnes amies, et notre espoir a été réalisé au-delà de notre attente.

Un savant distingué, M. Malte-Brun, a bien voulu dessiner pour nous, d'après les grandes et belles planches de F. Coello et P. Madoz, la carte des Canaries qui se trouve en tête de ce volume.

Suivant l'usage qui prévaut décidément en géographie, et pour répondre à notre désir, M. Malte-

Brun a conservé aux noms leur forme espagnole.

Nous prions M. Malte-Brun d'agréer nos plus vifs remercîments et de croire que nous conserverons toujours le souvenir de sa gracieuse attention.

Pour notre seconde carte, nous avons consulté M. d'Avezac, dont la bienveillante affection nous est si honorable et si précieuse. M. d'Avezac a entendu notre demande, et, malgré un état de santé qui exigeait les plus grands soins, il a fouillé les dépôts publics parisiens. Son choix s'est arrêté sur une carte dressée, du temps même de Béthencourt, en 1413, par Mecia, c'est-à-dire Mathias de Viladestes.

Ainsi que M. d'Avezac lui-même nous l'apprend dans une note insérée au *Bulletin de la Société de Géographie* (juillet 1843), cette importante pièce fut conservée jadis au couvent des Chartreux du Val-de-Cristo, près Segorbe, où Joaquin-Lorenzo Villanueva l'examina en 1806. Plus tard, elle sortit du couvent des Chartreux et, après quelques vicissitudes dont nous ne sommes pas bien informé, elle fut acquise par Libri pour la Bibliothèque nationale, le 27 mars 1857, au prix de 800 fr., de M. Bihourd, demeurant à Paris, rue de Trévise, 40.

Sur la recommandation de M. d'Avezac, nous avons reçu de M. Eugène Cortembert, conservateur du Cabinet géographique de cette bibliothèque, le plus bienveillant accueil. Il a porté la gracieuseté jusqu'à rédiger pour nous une description de la carte de Viladestes. Voici ce travail qui sera justement considéré comme l'une des meilleures pages de cette introduction :

Note sur la carte de Viladestes.

« Cette carte manuscrite, un des plus importants documents du Cabinet géographique de la Bibliothèque Nationale, est sur peau de vélin, datée de 1413 et écrite en catalan, avec quelques mots latins.

» Mecia de Viladestes, l'auteur, était probablement un Catalan des îles Baléares (peut-être de Majorque), alors très-fécondes en rédacteurs de portulans.

» La carte embrasse l'Europe et une partie de l'Asie et de l'Afrique. Elle a de vives couleurs (or, bleu, rouge, vert), généralement bien conservées, l'or surtout, qui est particulièrement étendu sur les îles importantes, sur beaucoup de pavillons, sur les noms des pays principaux des bords de la carte et des monarques étrangers à l'Europe : ainsi sont les mots *Suesia, Noroega, Albania, Alania, Arabia Seba, lo Solda* (le sultan, sous-entendu de Babylone, c'est-à-dire Babylone d'Egypte : c'est celui que les Européens ont appelé le soudan); le *Rex Organ* (alors, paraît-il, un des puissants princes d'Afrique), le *Pestre Joha* (le Prêtre Jean, roi d'Abyssinie), etc.

» La Méditerranée et la mer Noire sont très-bien représentées. On est étonné de toutes les notions exactes et minutieuses que les marins de cette époque possédaient sur le littoral de ces mers. Mais, quand on s'en écarte, tout devient fantastique, extraordinaire et incohérent : la Baltique, la Suède, la Norvége, la Russie, etc., ne sont qu'un amas informe ; le Danube, le Rhin et leurs affluents offrent les directions les plus méconnaissables. Les montagnes, dessinées par de grossiers traits verts, quelquefois rouges, sont rendues d'une manière absurde. Les rois d'Afrique et d'Asie figurent sur leurs trônes ou sur leurs coussins d'or, ou sur leurs dromadaires, dans les postures les plus grotesques ; les souverains d'Europe n'ont pas le même honneur : ils sont censés trop connus pour être dépeints. On ne voit pas non plus les noms des pays les plus fréquentés par les navigateurs de ce temps, comme l'Espagne, l'Italie, la Grèce, la Sicile, la Sardaigne. Celui de la France, sous l'orthographe de Fransia, apparaît en tout petits caractères.

» Les noms des mers ont été jugés inutiles aussi, excepté celui de l'océan Atlantique : on le voit en gros caractères d'or : *Mar Hocceani*.

» L'une des parties les plus curieuses de la carte est celle qui, dans cet océan, représente les Canaries, la côte d'Afrique située vis-à-vis, et le navire de Jacques Ferer ou Farrer se rendant en 1346 à la rivière de l'Or, comme dans la carte catalane de 1375, et avec la même légende que nous reproduisons :

» *Partich luxer dñ Jac Farrer p anar al riu de lor al gorn de sen Lorens q es a x de agost y fo en l'ay M CCCXL VJ*[1].

» On voit sur la portion avancée de la côte africaine, en face des Canaries, le cap *Buxeter* (le cap Bojador des géographes postérieurs), à côté duquel, par des incohérences d'orthographe fréquentes dans ce temps, on lit le port de *Buxeder*, et, dans l'intérieur, le *Rex Bugeder*, le roi du Bugeder, royaume dont l'existence est plus que douteuse.

» Plus au sud, à une distance du cap Bojador égale à celle où ce cap se trouve de l'extrémité du mont Atlas (au cap Gher), on rencontre la rivière de l'Or (*Riu de lor*), coulant droit de l'est à l'ouest avec une étendue qui égale le Danube, formant une grande île appelée Baoneb, et

[1] Cette lecture est un peu différente de celle que M. Cortambert nous avait donnée précédemment et qui se trouve ci-dessus, p. VIII. Quand cette dernière nous est parvenue, la première était malheureusement imprimée.

descendant des montagnes d'Or (*Montanies del hor*), d'où part le Nil du côté opposé. En face de son embouchure, qu'on dit large d'une lieue et propre à recevoir les plus grands navires du monde, sont deux îles considérables, appelées îles de Gades ; quelles sont ces îles mystérieuses ?

» Quel est lui-même ce fleuve de l'Or ? Est-ce le Sénégal ? Est-ce le Rio do Ouro, si petit cependant, des navigateurs portugais postérieurs ?

» Tout-à-fait au bord méridional de la carte, sur la côte de l'Atlantique, apparaît modestement et à peine tracée l'embouchure d'un fleuve qui porte un nom magnifique : *Flumen Engelica* (le fleuve Angélique). Nous en cherchons vainement l'identification.

» Voici le titre de la carte, en beaux caractères d'or, près de la marge de l'ouest : MECIA DE VILADESTES ME FECIT IN ANO M CCCC XIII ».

Nous ne reproduisons de la carte de Mecia de Viladestes que la partie relative aux découvertes faites sur les côtes occidentales d'Afrique jusqu'au temps de Béthencourt. On remarquera sur cette côte le fameux cap Bugeder, le *cap de Abach*, que nous assimilons au cap Blanc, le *riu de lor*, que nous croyons être le rio do Ouro ou Sénégal, un prolongement qui indique par sa netteté un certain degré de certitude.

Au nord de l'Afrique, on lira le nom de plusieurs villes devenues françaises par la conquête de l'Algérie.

Nous ne parlerons pas des îles de l'Atlantique, pas même des ports que Viladestes a marqué sur les côtes de Normandie : cela nous conduirait trop loin de notre sujet et demanderait de trop longues explications. C'est d'ailleurs une question que nous nous proposons d'étudier plus tard.

Un devoir nous reste à remplir envers les personnes qui nous ont le plus particulièrement aidé par leurs conseils, leurs recherches ou leurs communications.

Nous avons dit combien nous devions à Mme de Mont-Ruffet, à ses neveux et nièces, à MM. d'Avezac, Malte-Brun, Eugène Cortambert. Nous ajouterons à ces noms celui de M. Charles de Beaurepaire, qui nous a constamment soutenu de ses conseils, de sa plume et de son influence.

M. Charles Lormier nous a ouvert sa riche collection et nous y avons trouvé des pièces originales inédites qui nous ont beaucoup servi pour refaire la biographie des anciens Béthencourt. Plusieurs de ces pièces sont reproduites dans l'appendice.

Nous devons à M. Alfred Maury, directeur général des Archives Nationales, une longue liste de pièces originales relatives aux Béthencourt. Notre confrère, M. Siméon Luce, a eu la bonté de nous en copier plusieurs.

M. le vicomte de Laborde nous a gracieusement autorisé à faire photographier une partie de la carte de Mecia de Viladeste.

M. Michel Hardy, conservateur de la Bibliothèque de Dieppe; M. Léon Renard, bibliothécaire du ministre de la marine; le regretté M. Edouard Frère et son digne successeur, M. Bachelet, ainsi que tous les fonctionnaires de la Bibliothèque de Rouen, nous ont prêté le concours le plus sympathique et le plus empressé.

A tous nos plus vifs remercîments, car si cette œuvre vaut quelque chose, nous n'hésitons pas à le dire, c'est grâce aux bienveillantes communications des uns et à l'affectueux concours des autres.

Rouen, le 8 juillet 1874.   Gabriel GRAVIER.

LE CANARIEN.

Pource qu'il est vray que maints cheualliers, en ouant retraire les grans aduentures, les vaillances, et les biaulx faiz de ceulx qui au temps passé ont entreprins de faire les voiages et les conquestes sur mescreans, en esperance de les tourner et conuertir à la foy crestienne [1], ont prins cœur hardement et voulenté de les resambler en leurs biens faiz, et affin de euiter toulz vices, et estre vertueulx, et que à la fin de leurs iours puissent acquerir vie permanable, Iehan de Bethencourt, cheuallier, nez du royaulme de France, entreprit ce voiage à l'oneur de Dieu, et au soutenement et accroissement de nostre foy [2],

---

[1] Dans le manuscrit, ce mot est écrit, d'après la forme grecque, Xrestienne (X est mis pour χ et r pour ρ). On devrait le rendre par *chrestienne*. Nous avons cru devoir supprimer le *h* pour nous conformer à l'orthographe adoptée par les auteurs dans le reste du manuscrit.

[2] La conversion des idolâtres a été le prétexte de toutes les expéditions des xvᵉ et xvɪᵉ siècles. Le but vrai fut l'amour de la gloire et surtout des richesses. La destruction de toutes les populations américaines prouve péremptoirement que l'idée religieuse n'entrait pour rien dans les tentatives des *conquistadores*. Quarante ans après la découverte, on classait les Indiens entre le nègre et l'orang-outang. Par bulle de 1536, Paul III revendiquait encore énergiquement leur dignité d'homme.

ès parties meridiennes, en certaines isles qui sont sur celle bende, qui se dient les isles de Canare [1], habitées de gens mescreans de diuersses loys et de diuers langages, dont la grant Canare est vne des milleurres et des plus principalles et mieulx peuplée de gens et de viures, et de toutes autres choses. Et pource est ce liure nommé le Canarien, auquel, s'il plaist à Dieu, on trouuera au temps aduenir de bien estranges choses en escript. Et nous frere Pierre Bontier, moine de Sainct Iouyn de Marnes, et Iehan le Verrier,

---

[1] L'étymologie du nom Canaries est fort obscure. La plus ancienne le fait dériver du grand nombre de chiens que l'on dit avoir trouvé dans la Grande-Canarie. Cette hypothèse, reproduite d'après Pline par Isidore de Séville, se retrouve dans la légende suivante de l'une des planches du fameux Atlas Catalan, dont M. d'Avezac a fixé la composition à 1375 : « *Item es apres* (Fortseuentura) *Canaria illa, dita Canaria per la multitut dels cans que son en ella, molt grans e fors* ».

Bergeron fait venir ce nom d'une espèce de canne « à quatre carres » que ces îles produisaient en abondance et de laquelle coulait un poison très-dangereux.

« Peut-être, dit M. d'Avezac, y aurait-il plus de justesse à penser que cette dénomination y a été transportée par les peuples *Canarii* de l'Atlas, qui seraient venus l'habiter ».

Sabin Berthelot a constaté de nombreux rapports physiologiques, anatomiques, linguistiques entre les Berbers de l'Atlas occidental et les Canariens. Il a en outre observé que les mœurs, coutumes et traditions des deux peuples étaient presque identiques, et que, d'après une croyance traditionnelle rapportée par Espinosa, les Guanches attendaient de l'Orient la lumière qui devait les éclairer. « Considérées au physique comme au moral, ces populations, dit-il, sont identiques, et, de quelque manière qu'on les envisage, les résultats de la comparaison ne sont pas moins concluants ».

(BARKER-WEBB et SABIN BERTHELOT, *Histoire naturelle des Canaries*, t. I, 1re part., pp. 207-237.)

Ces faits nous semblent confirmer pleinement l'hypothèse de M. d'Avezac sur l'origine du nom de l'archipel dont Béthencourt entreprit la conquête.

prestre, et seruiteurs dudit Bethencourt dessus nommé, auons comencié à mestre en escrit le plus des choses qui luy sont aduenues à son commencement, et aussi la maniere de son gouuernement, dont nous pouons auoir eu vraye congnoissance, de ce qui se party du royaulme de France iusque au xix⁰ iour d'auril mil cccc et six [1], que le dit Bethencourt est arriué ès isles de pardessa ; et là en aduent est venu l'escripture en autres mains, qui la poursuiuront iusques à la fin de sa conqueste. Et Dieu, qui tout voit et tout congnoist, veulle par sa sainte grace donner à ceulx qui loyaument s'i sont maintenus et maintendront, sens, entendement, force, et puissance de parfaire la conqueste, et mener à bonne fin, en maniere que se soit bonne exemple à toulz ceulx qui par deuotion ont courage et voulenté d'employer leur corps et leur cheuance au soutenement et à l'exaltation de la foy catholique !

[1] Il y a une négligence de rédaction. Les auteurs ont voulu dire 1402.

CHAPITRE I.

Coment monseigneur de Bethencourt se partit de Grainuille et s'en ala à la Rochelle.

Ung tems iadis souloit on mettre en escript les bonnes Cheualleries, et les estranges choses que les vaillans conquereurs souloient faire au temps passé, ainssi que on trouue ès enciennes ystoires; voulons nous yci faire mencion de l'emprinse que Bethencourt, chlr et baron, nez du royaulme de France, en Normendie, lequel Bethencourt se parti de son hostel de Grainuille la Tainturiere, en Caulx, et s'en vint à la Rochelle. Et là trouua Gadiffer de la Salle, vng bon et honneste chlr, lequel aloit à son aduenture. Et out parrolle entre ledit Bethencourt et Gadiffer, et lui demanda monseigneur de Bethencourt quel part il vouloit tirer, et led. Gadiffer disoit qu'il aloit à son aduenture. Adonc mgr. de Bethencourt lui dit qu'il estoit fort ioieulx de l'auoir trouué, et lui demanda se il lui plaisoit de venir en sa compagnie, en contant au dit Gadiffer son entreprinse, et tant que ledit Gadiffer fut tout ioieulx de l'ouir parler, et de l'emprinse qui estoit faite par le dit Bethencourt. Il y eut trop mout de belles parolles entre eulx deulx, qui trop longues seroient à raconter. Adonc se partit mgr.

de Bethencourt et mess" Gadiffer, et toute son armée de la Rochelle, le premier iour de may, mil quatre cens et deulx, pour venir ès parties de Canare, pour veoir et visiter tout le pais, en esperance de conquerir les illes, et mestre les gens à la foy crestienne, auecques très bon nauire, et suffisamment garny de gens et de vitailles, et de toutes les choses qui leur estoient necessaires pour leur voiage. Et deuoient tenir le chemin de Belle Isle, mais au passer de l'ille de Ré, ils eurent vent contraire, et addresserent leur voye en Espaigne, et arriuerent au port de Viuieres [1]. Et là demoura mgr. de Bethencourt et sa compagnie huit iours, et y ot grant discord entre plusieurs gens de la compagnie, tant que le voiage fut en grant danger d'estre rompeu, mais ledit seigneur de Bethencourt et mess° Gadiffer les rapaiserent.

Adonc se parti de là led. Bethencourt, auecques lui mess° Gadiffer de la Salle, et autres gentilz homes, et vindrent à la Coulongne [2], et y trouuerent vng conte d'Escosse, le sire de Hely, mess° Rasse de Renty et plusieurs autres auecques leur armée. Si dessendi mgr. de Bethencourt à terre, et ala à la ville où il auoit à besongner, et trouua que ilz deffaisoient vne nef de plusieurs abillemens que ilz auoient prinse, nous ne sauons sur qui. Quant Bethencourt vit cela, il pria le conte que il put prendre de la nef aucunes choses qui lui estoient necessaires. Et le conte lui

---

[1] Vivero.

[2] Corogne (Coruña), ville forte de la Galice.

octroia, et Bethencourt s'en ala à la nef et fit prendre vne ancre et vng batel, et les fit amener à sa nef. Mais quant le seigneur de Hely et ses compagnons le sourent, il n'en furent mie contens, et leur en desplut; et vint mess° Rasse de Renty vers eulx, et leur dit qu'il ne plaisoit mie au sire de Hely qu'ilz eussent le batel, ne l'encre. Bethencourt leur respondit que c'estoit par la volenté du conte de Craforde [1], et qu'ilz ne le rendroient point: ouy leur responce, le sire de Hely vint vers led. mgr. de Bethencourt, et lui dit qu'il remenast, ou fit remener, ce qu'il auoit prins de leur nef; et il luy respondit qu'il [l']auoit fait par le congé du conte. Si y ot de grosses parrolles assés. Quant mons' de Bethencourt vit cela, il dit au sire de Hely: « Prenez batel et encre, de par Dieu, et vous en alés ». — « Puis qu'il vous plaist, » respondit le sire de Hely, « ce ne ferai je mie, ainchois les y feré mener aujourd'ui, ou ie y pouruoiré autrement ». Respondit led. Bethencourt et Gadiffer: « Prenés les se vous voulés, car nous auons autre chose affaire ». Ledit Bethencourt estoit sur son partir et vouloit leuer les ancres et soy tirer hors du port, et incontinent se partit.

[1] Craford.

CHAPITRE II.

Comment Bethencourt et son armée arriuerent à la Coulonge et trouuerent le conte de Crafort et le sire de Hely.

Quant ils virent cela, ils armerent vne galeote et vindrent après led. Bethencourt, mais ils n'aprocherent point plus près, fors qu'on parla à eulx, et y ot assés de parrolles qui trop longues seroient à raconter. Ils n'orent onques autre chose, ne autre responsse que ainssi la premiere estoit, et s'en retournerent à tant. Et mons^r. de Bethencourt et sa compagnie prindrent leur chemin, et quant ils eurent doublé la cap de Finiterre [1], ils suiuirent la cotiere de Portugal iusques au cap de Saint Vincent, puis reployerent, et tindrent le chemin de Siuille, et arriuerent au port de Calis [2], qui est assés près du destroit de Maroc [3], et ils y seiournerent longuement. Et fut led. de Bethencourt empeché ; car les marchans demourans en Siuille [disoient] qu'ilz auoient perdu le leur sur la mer, l'en ne sauoit par qui, c'est assauoir les Janeuois [4], les Plesantins, et les Anglois, les acuserent tellement deuers le conseil du Roy [5], que ils ne purent ryens recouurer, en disant que ils estoient robeurs, et que ils auoient affondré trois nauires, et prins et pillé se qui estoit dedens.

[1] Le cap Finistere, en Galice.
[2] Cadix.
[3] Détroit de Gibraltar.
[4] Génois.
[5] Henri III, l'Infirme, qui régna de 1390 à 1406.

CHAPITRE III.

Coment Bethencourt fut acusé par les marchans geneuois, plesentins et anglois.

Sy descendi Bethencourt à terre, et ala à Sainte Marye du port[1] pour sauoir que c'estoit, si fut prins et mené en Siuille. Mais quant le conseil du Roy ot parlé à luy, et il leur ot fait responsse, ils luy prierent que la chose demourast ainssi, et qu'il n'en fut plus parlé quant à present[2], et le deliurerent tout au plain. Et lui estant en Siuille, les maroniers, meuls de malués courages, descouragerent tellement toute la compagnie, en disant que ils auoient pou de viures, et que on les menoit mourir, que de quatre vingts personnes n'en demoura que chinquante trois. Bethencourt s'en reuint à la nef, et auecques aussi pou de gents qui leur demourerent prindrent leur voiage[3], ou quel ceulx

---

[1] Le port Sainte-Marie.
[2] Ce mot est toujours écrit dans le ms. *pnt*.
[3] Il suffit de lire ce texte dans son intégrité pour reconnaître combien est mal fondée la prétention d'y trouver une preuve que Béthencourt aurait été obligé de recourir à des marins espagnols pour la conduite de son expédition : on a peine à croire, même en le voyant dans le *Diario do Governo* de Lisbonne, du 5 septembre 1845 (p. 921, col. 3, avant-dernier alinéa) que ce texte si clair ait pu être entendu de manière à ce que les *malués courages*, c'est-à-dire les mauvaises intentions des mariniers normands soient devenus un défaut de courage (os marinheiros perderam o animo), et qu'on leur fasse dire, non plus qu'ils avaient *peu de vivres*, mais qu'ils avaient peur!.... (M. D'AVEZAC, *Notice des découvertes faites au moyen-âge dans l'océan Atlantique antérieurement aux grandes explorations portugaises du quinsième siécle*; Paris, 1845, p. 15, n. 1).

qui sont demourez avec Bethencourt, et n'ont mie voulu conssentir aux maluais fais [de] Bertin de Berneual [1], ont souffert moult de poureté, de peine et de trauail en plusieurs manieres, ainsi come vous orrés ci-après.

CHAPITRE IV.

Come ils se partirent d'Espaigne et arriuerent en l'ille Lancelot.

Et après se partirent du port de Calyx, et se myrent en haute mer [2], et furent trois iours en bonnasse, sans aduancer leur chemin se pou non, et puis s'addressa le temps, et furent en chincq iours au port de l'isle Gracieuse [3]. Et dessendirent en l'isle Lancelot [4], et entra monsr de Bethencourt par le pais, et mist grant delyngense de prendre des gens de Canare, mais il ne pot, car il ne sauoit mye encore le pais. Si retourna au port de Ioyeuse [5] sans autre chose faire. Et lors

[1] L'auteur a l'esprit si frappé des méfaits de Berneval qu'il se figure l'avoir déjà présenté au lecteur (M. R.-H. Major, *The Canarian*, note de la p. 9).

[2] Il résulte clairement de ce passage que les Normands avaient la pratique de la haute mer à une époque où, de l'aveu de Jean de Barros, les Lusiades ne savaient encore que caboter le long des côtes.

[3] *Graciosa*, petite île au nord de Lancelote.

[4] *Lancelote*, l'île du groupe des Canaries la plus voisine des côtes d'Afrique. Dans l'Atlas catalan de 1375, elle est désignée sous le nom de *Insula Lanzaroto* et porte un écu d'argent croisé de gueules. Elle a 44 kilomètres de longueur et 16 de largeur.

[5] *Allegransa*, l'*Insula Laregransa* de l'Atlas catalan, est une roche aride et stérile, de deux kilomètres d'étendue, située au nord de l'archipel des Canaries.

monsʳ de Bethencourt demanda à messᵘ Gadiffer de
la Salle, et aux autres gentils hommes, qu'il leur
estoit aduis de faire ; fut aduisé que ils prendroient des
compagnons, et se remetroient au pais, et n'en partiroient iusques à tant qu'ilz eussent trouué des gens ; et
tantost en fut trouué qui dessendirent des mon-
taings, et vindrent par deuer eulx, et appointerent que
le Roy du pais [1] vendroit parler à mgr. de Bethencourt en certain lieu, et ainssi fut fait [2]. Si vint led. roy
du pais à Bethencourt, en la presence [de] Gadiffer et
[de] plusieurs autres gentilshommes, et se mist led.
roy en l'obeissance dud. Bethencourt et de sa compagnie, comme amys, non mye come subgets, et leur
promit on que on les garderoit à l'encontre de tous
ceulx qui leur voudroient mal faire. Mais on ne leur a
mye bien tenu conuenant [3], ainsi comme vous orrés
plus applain ci apprés desclaré. Et demourerent ledit
roy sarazin et mgr. de Bethencourt d'accord, et fit
faire led. sʳ de Bethencourt vng chastel, qui s'apelle

[1] Le roi Guadarfia, dont il sera parlé plus longuement dans la note
de la page 45.

[2] Juillet 1402. (*Note de Bergeron*).

[3] Convention, promesse.—On ne tint pas compte à Guadarfia de ce bon
accueil. Il fut emprisonné, enchaîné, déchu, finalement dépouillé, réduit
à vivre des bienfaits du conquérant, qui n'admettait pas les droits des
indigènes sur leur pays.

En 1377, le roi Zonzamas, époux de Fayna (mère d'Ico, mère de Guar-
darfia), accorda généreusement l'hospitalité à Martin Ruis d'Avendaño,
capitaine biscayen. Avendaño témoigna sa reconnaissance à Zonzamas en
séduisant Fayna.

C'est toujours la même générosité chez les insulaires et la même dé-
loyauté chez les Européens.

Rubicon [1]. Et laissa mons^r de Bethencourt vne partie de sa compagnie, samblant aud. de Bethencourt que vng nommé Bertyn de Berneual estoit home de bonne diligensse, et luy bailla tout le gouuernement de ses gens et du pais. Puis passa led. Bethencourt et Gadiffer de la Salle auec le seurplus de sad. compagnie en l'isle d'Albanne nommee Forteauenture [2].

[1] Au sud-ouest de Lancelote, dans le district de Yaysa, où se trouve encore l'église de Saint-Martial de Rubicon construite par Maciot de Béthencourt.

[2] *Fortaventure*, île au sud de Lancelote, par 28° 27' de latitude nord et 16° 25' de longitude ouest (méridien de Paris). Sa plus grande longueur est de 80 kilomètres et son périmètre de 200.

Sur l'Atlas Catalan elle porte le nom de *Forteuentura*. A l'époque de la conquête, elle s'appelait *Erbanie*. « Le nom moderne de Fortaventure dérive, suivant quelques-uns, des rudes combats que les aventuriers normands eurent à livrer pour s'emparer du pays. Mais comme ce nom existe déjà sur les cartes du quatorzième siècle, il vaut peut-être mieux se borner à conjecturer qu'il fut donné à raison de quelque naufrage ou autre grosse fortune de mer qui y conduisit fortuitement ses premiers explorateurs ».

Glas dit que les Français donnaient à Fortaventure le nom de *Fortuite*; que les indigènes l'appelaient *Herbanie*; que, du nom d'un couvent, bâti par Herrera sous le vocable de *S.-Buenaventura*, elle fut appelée Fuertaventura. (GLAS, *The history of the discovery and conquest of the Canary islands; translated from a spanish manuscript* (Juan Abreu de Galindo) *lately found in the island of Palma*, etc. London, 1764, p. 14, note). Comme on l'a vu plus haut, le nom de Fortaventure est antérieur à la conquête, conséquemment au séjour d'Herrera aux Canaries; le mot *Fortuite* ne se trouve pas une seule fois dans le Canarien; Glas a lu, à tort, *Herbanie*, qu'il fait venir d'herbe, pour Erbanie, mot d'origine guanche. Le *Buenaventura* de Glas est une fausse interprétation du *Benerenturades*, traduction littérale du *Fortunatœ insulœ* des Latins. (Voir à cet égard une légende de l'Atlas Catalan).

L'île de Fortaventure est, après celle de Ténérife, la plus grande de l'archipel canarien. Elle est divisée en deux par un isthme de trois

CHAPITRE V.

Coment Mons' de Bethencourt se partit de l'ille Lancelot pour aler en l'ille d'Erbane, ditte Fortauenture, par le conseil [de] Gadiffer de la Salle.

Et tantost après mgr. de Bethencourt print conceil de Gadiffer que on yroit de nuit en lad. ille de Forteauenture, et ainssi fut fait. Led. Gadiffer et Remonnet de Lenedam atout vne partie des compagnons y alerent tout le plus auant qu'ils pourent, et iusques à vne montaigne là où est vne fontaine vyue et courante. Et misrent grant paine et grant deligensse d'encontrer leurs anemis, bien marris qu'ils ne les pourent

quarts de lieue de largeur. La première partie s'appelait *Maxorata*, la seconde *Handia*. Elle était occupée par deux peuples séparés par une muraille en pierre dont les restes rappellent les constructions cyclopéennes. Toutes les Canaries observaient une certaine tactique militaire. A Fortaventure, où la guerre était permanente, cette tactique était très-perfectionnée. (BORY DE SAINT-VINCENT, *Essai sur les Iles Fortunées et l'antique Atlantide*, Paris, germinal an XI, p. 141. — BARKER-WEBB et SABIN-BERTHELOT, *op. cit.* p. 103.)

Santa-Maria de Betancuria, qui porte le nom du fondateur, est le chef-lieu de Fortaventure. Cette petite ville gothique, ancienne capitale fondée par Jehan de Béthencourt, est l'une des moins peuplées de l'île (elle compte environ 900 habitants) et conserve encore l'empreinte de la physionomie des conquérants normands. Le tombeau de don Diego Garcia de Herrera, l'un des consquistadores de l'archipel, fut élevé dans le couvent de Saint-Bonaventure. Sabin Berthelot en a relevé la longue, pompeuse et quelque peu menteuse épitaphe. (M. D'AVEZAC, *les Iles de l'Afrique.* — Collection de l'*Univers*, II° part., p. 133. — BARKER-WEBB et SABIN-BERTHELOT, *op. cit.*, t. I, part. 2, pp. 195, 196). Elle est située dans la partie septentrionale de l'île, à égale distance des côtes, dans un joli vallon.

trouuer; mais c'estoient lesd. anemis retrais en l'autre bout du pais, drès adonc qu'ils vyrent arriuer le nauire au port. Et demoura led. Gadiffer et la compagnie huit iours, tant qui leur conuint retourner, par faute pain, au port de Louppes [1]. Et puis prindrent lesd. cheualliers conceil ensemble, et ordonnerent qu'ils s'en yroient par terre au lons du pais iusques à vne riuiere nommée le Vyen de Palmes; et se logerent sur le bout d'icelle riuiere; et que la nef se retrairoit tout le plus près qu'elle pouroit, et leur dessendroient leurs viures à terre, et là se fortifiroient, et n'en partiroient iusques à tant que le pais seroit conquis, et mys les habitans à la foy catholique.

CHAPITRE VI.

Come les maronniers refuserent Gadiffer de sa nef mesmes.

Robin le Brument, mestre maronyer d'une nef que led. Gadiffer disoit auoir, ne vouloit plus demourer ne recueillir Gadiffer et ses compagnons, et conuint qu'ils eussent ottages pour les rapasser en l'ille Lancelot, ou autrement ils furent demourés par delà sans viures nuls. Et firent dire Robin Brument et Vincent Cerent, par Colin Brument son frere, à Gadiffer, que lui et ses compagnons n'entreroient point plus fors

---

[1] *Lobos* ou *des Loups*, ainsi nommée parce qu'au xve siècle on y prenait beaucoup de phoques. Par suite de l'imprévoyance et de l'avidité des pêcheurs cette source de richesse est maintenant tarie. Sur l'Atlas Catalan, l'île de Lobos est appelée *Insula del megi mari*.

que eulx en la nef. Et les rapasserent au batel de la nef en laquelle il entra en hostage luy et Hannybal, son bastard, en grant douleur de ceur de ce qu'il estoit en telle subgecion, qu'il ne se pouoit aidier du sien propre.

CHAPITRE VII.

Coment Monsr de Bethencourt s'en ala en Espaigne et laissa Mess^e Gadiffer, à qui il donna la charge (des îles).

Adonc mons^r de Bethencourt et Gadiffer reuindrent au chastel de Rubicon, et quant ils furent là, les maronyers penssant grant mauuestié se haterent mout d'eulx en aler. Si ordonne led. s^r de Bethencourt, par le conceil dud. Gadiffer et de plusieurs autres gentils hommes, qu'il s'en yroit auec lesd. maroniers, pour les venir secourir à leurs necessités, et que le plus tost qu'il pouroit reuendroit, et ameneroit aucuns rafrechissemens de gens et de viures. Puis parlerent aux maroniers, que les viures qui sont au nauire fussent descendus à terre, exceté ceulx qui leur auoit besoing pour leur retour. Et ainsi fut fait, iasoit que lesd. maroniers en demusserent le plus qu'ils peurent, et d'artillerie [1] et d'autres choses

---

[1] *Artillerie.* Autrefois on donnait ce nom aux arbalètes, traits et flèches. Aussi est-il formé d'*arcus* et de *telum.* Ce mot était aussi pris pour tout ce qu'on jetait pour repousser un assaut.

Vossius le dérive d'*arcualia*, parce qu'on se servait de l'arc; mais il vient de l'ancien mot *artiller*, qui signifie proprement rendre fort par art, garnir d'outils et d'instruments de guerre.

Artiller ou *artillier* vient d'*ars, artis*. (Ménage, *Dictionnaire étymologique de la langue françoise,* verbo *artillerie*.)

qu'ils leur eust esté depuis bon besoing. Et se partit monsʳ de Bethencourt du port de Rubicon, auec les maroniers en son nauire, et s'en vindrent en l'autre bout de l'ille Lancelot, et là demourerent. Led. sieur de Bethencourt enuoia querir à Rubicon messᵉ Iehan le Verrier, prestre et chappellain dudit sʳ, à qui il dit plusieurs choses de segret, et a nomé Iehan le Courtois, au quel il bailla aucunes charges, qu'il pouent toucher son honneur et proufit, et lui enchargea qu'il print bien garde en toutes choses qu'ils verroient qu'il seroit de faire, et qu'ils fussent eulx deulx comme freres, en gardant tousiours paix et eunyon en la compagnie, et que le plus tost qu'il pouroit il feroit deligensse de retourner. Et adonc led. Bethencourt print congé de messᵉ Gadiffer et de toute la compagnye, et se partit led. sʳ et singlerent tant qu'ilz vindrent en Espaigne. Cy lairons à parler de ceste matiere et parlerons du fait de Bertyn de Berneual, natif de Caulx en Normendie, et gentil home de nom et d'armes, auquel led. sʳ se fioit fort, et auoit esté eslu de lui et de messᵉ Gadiffer, come i'ay deuant dit, lieutenant et gouuerneur de l'ille Lancelot et de la compagnie. Et led. Bertyn tout le pis qu'il peut faire, il le fit, et des grans traysons, come vous orrez plus applain declarer.

CHAPITRE VIII.

Coment Berthin de Berneual comensaa ses malices à l'encontre de Gadiffer.

Afin que on sache que Bertin de Berneual auoit pieça mauuestié machinée en son courage, il est vray que quant il fut venu devers mons^r de Bethencourt à la Rochelle, il commença à soy ralier des compagnons et fit ces alliances auec plusieurs gens ; et vng pou après, par lui fut commencée vne grant dissension en la nef entre les gascons et normans. Et de vray ledit Bertyn n'amoit point mess^e Gadiffer, et serchoit à lui faire tout le plus de desplaisir qu'il poué. Et tant auint que Gadiffer se armoit en sa chambre pour vouloir appaiser le debat d'entre eulx marynyers qui c'estoient retrais au chastel de deuant [1] en lad. nef, geterent aud. Gadiffer deulx dardes, dont l'vne passa par entre lui et Hanybal, qui lui aydoit à soy armer en sa chambre, et s'atacha à vng coffre. Et estoient aucuns des maronniers montés au chastel du maast, et auoient dardes et barres de fer toutes prestes pour getter sur nous, et à mout grant poine fut rapaisée ceste noise. Et de là en auant comencerent bendes et dissensions les vngs contre les autres. En telle manyere, que deuant que la nef partit d'Espaigne pour trauerser ès ylles de Canare, ilz perdirent bien deulx cens homes des myeulx apparelés qui y fussent, de quoy on a eu depuis grant souf-

[1] Gaillard d'avant.

frette par plusieurs fois. Car ce ilz eussent esté loyaulx, led. Bethencourt fut orres seigneur des ylles de Canare, ou de la plus grant partie d'elles.

CHAPITRE IX.

Coment Gadifer qui auoit fiance à Berthin, l'enuoia parler à vng patron d'une nef.

Et après que mons^r de Bethencourt fut parti de Rubicon, et qu'il eut comandé à Bertyn de Berneual qu'il fît son deuoir en tout ce qu'il est de raison de faire, et qu'il obeist à mess^e Gadiffer, et toulz les gens dud. s^r de Bethencourt; car mgr. de Bethencourt tenoit mess^e Gadiffer pour vng bon chlr et sage; et estoit du bien de mess^e Gadiffer qu'il c'estoit bouté [1] en la compagnie de monseigneur de Bethencourt, ia soit que dedens vng pou de temps apprès il y ot de grans dicensions et de grans noyses entre eulx deulx, come vous orrez cy après. Or est parti mgr. de Bethencourt de Rubicon, et est allé en Espaigne et en France [2]. Et Gadiffer qui auoit plus de fiance à Ber-

[1] Ce passage est peu compréhensible. Nous proposons de lire : *et estoit à bien que mess^e Gadiffer c'estoit bouté...*

[2] Ce passage est à noter, car il confirme ce qui est dit plus loin que Béthencourt ne s'adressa au roi d'Espagne qu'après avoir échoué auprès du gouvernement français. Par politique, les chroniqueurs ont dû glisser sur les démarches que le patriotisme imposait à Béthencourt.—FRÉVILLE, *Mémoire sur le commerce maritime de Rouen depuis les temps les plus reculés jusqu'à la fin du xvie siècle*, t. I, p. 320, attribue aux guerres civiles, qui désolaient alors le pays, l'insuccès des démarches de Béthencourt auprès de la cour de France.

tyn de Berneual plus que nulle autre, le transmit vers vne nef qui estoit arriuée au port de l'ille de Louppes, et cuidoit que ce fut la nef Tranchemar, de laquelle Ferrant Dordongnes en estoit maistre, auquel il cuidoit auoir grant accointansse. Mais ce n'estoit elle mye, ains estoit vne autre nef qui s'apelloit la nef Morelle, de laquelle Franssique Calue auoit le gouuernement. Et parla Bertyn, ou fit parler à vng des compagnons de la nef, qui s'apelloit Symaine, en la presence d'aucuns autres qu'ilz l'amenassent auec eulx, et xxx des compagnons de la nef, et qu'il prendroit xl hommes des melleurs qui y fussent en l'ille Lancelot. Mais ilz ne se voudrent mye concentir à celle grant mauuestié. Et leur dit Francisque Calue qu'il n'apartenoit mye à Bertyn, et que ja Dieu ne plut que ilz fissent vne ytelle desloyauté à vng tels si bons chlrs come mgr. de Bethencourt et mess᷎ Gadiffer, de les desgarnir ainssi d'vng pou de gens qui demouré leur estoit, et aussi de prendre et rauir ceulx que led. Bethencourt et toutes ces gens auoient asseurez et mys en leur sauuegarde, lesquieulx auoient bone esperance d'estre baptysés et mys en nostre foy.

CHAPITRE X.

Coment Berthin donna faux à entendre à ceulx de son aliance.

Après vng peu de temps Bertyn, qui tousiours auoit maluaize voulenté et trayzon en sa pencée, parla à toulz ceulx que il penssa qui fussent du mauuais courage qu'il estoit, et les enorta et dit que il leur diroit telle choze que se seroit le bien, l'essaucement et l'onneur de leurs personnes. Et à tous ceulx qui auec lui s'acorderent, il leur fit iurer qu'ils ne le descouuriroient point. Puis leur donna à entendre comment Bethencourt et Gadiffer leur deuoient donner, à Remonnet de Leneden et à lui, certaine some d'argent, et que s'en yroient à premier nauire qui venroit en France, et que les compagnons seroient departis parmy les illes, et là demourroient iusques à leur retour. Et auesques led. Bertyn aucuns gascons s'acorderent, desquelz les nons s'ensuiuent: Pierre Delyens, Ogeroit de Montignac, Siort de Lartigue, Bernart de Castelnary, Guill* de Nau, Bernart de Mauleon dit Lecoq, Guill* de Salerne dit Labat, Morelet de Couroge, Iehan de Bydouuille, Bydault de Hournau, Bernart de Montauban, et vng du païs d'Aunys [1], nommé Iehan la Lyen. Et tous yceulx s'acorderent auesquez led. Bertyn et plusieurs autres d'autre païs, desquels mencion sera faitte cy après, ainssi qu'il eschoira en leur endroit.

[1] Bergeron a lu d'*Aitnys*, mais comme ce mot ne voulait rien dire, il a mis en marge *Auxis*. M. Charton a substitué dans le texte Auxis à Aitnys. Le ms. original porte très-lisiblement *Daunys*, ce qui ne laisse place à aucune conjecture.

CHAPITRE XI.

Come Gadiffer ala en l'ille de Loupes.

Depuis, Gadiffer, non doubtans ryens en aucune manyere que Bertyn de Berneual, qui estoit de noble lygnée deut faire nulle mauuestié, se party luy et Remonnet de Leneden, et plusieurs autres, auecques son batel, du Rubicon, et passerent en l'ille de Louppes, pour auoir des piaulx de loups marins [1], pour la necessité de chaussure qui failloit aux compagnons. Et là demourerent par aucuns iours tant que viures leur faillirent : car c'est vne ille deserte et sans eaue douce Si renuoia Gadiffer Remonnet de Lenedam auesquez le bastel au chastel du Rubicon pour querir des viures, et que il retournast le landemain, car il n'auoit viures que pour deulx iours. Quant Remonnet et le batel furent arriués au port de Rubicon, ils trouuerent que tantost que Gadiffer et les dessusd. furent passés en l'ille de Louppes, Bertyn s'en estoit alés auesques ses alliés à vng port nommé l'ille Gracieuse, où estoit arriuée la nef Tranchemar. Et dona le dit Bertin à entendre au maistre de la nef assés de mensonges, et luy dit que il prendroit quarante hommes des milleurs qu'ilz fussent en l'ille Lancelot, qui valoient deulx mil frans, affin que led. maistre le voulsit receuoir en sa nef lui et ses compagnons. Et tant fit par ses fauces parrolles que le maistre meu de grant conuoitise luy

---

[1] V. la note 1 de la p. 13.

octroia. Et ceste chose aduint le xv° iour après la Saint Michel, mil cccc et deulx [1]; et s'en retourna incontinent Bertin, perseuerant en sa malice et en sa très maluaize entencion.

CHAPITRE XII.

Coment Gadiffer reuint en l'ille de Lancelot là où il se trouua desgarny de gens et de vitailles.

Gadiffer, qui estoit en l'ille de Louppes, et Bertyn en l'ille Lancelot, au chastel de Rubicon, tantost apprès qu'il fut retourné de l'ille Gracieuse, là vint deulx Canares vers luy, disant comment les Espagnols estoient dessendus à terre pour eulx prendre, aux quieulx Bertyn respondi que ils s'en alassent et se tenissent ensemble, car ils seroient tantost secoureus, et ainssi s'en allerent les deux Canares. Et là dit Bertin, qui tenoit vne lance en sa main : « Ie regnie Dieu ! ie yré parler aux Espaignols, et se ilz y mettent la main, ie les turé, ou ils me turont, car ie prie à Dieu que iamès ie n'en puisse retourner ». Dequoy aucuns de ceulx qui là estoient lui dirent : « Bertyn, c'est mal dit ». Et de rechief: « Ma vye ie emprie à Dieu de Paradis ». Et cependant se parti du chastel de Rubicon, acconpagné de plusieurs ses aliez, c'est assauoir : Pierre de Lyens, Bernart de Montaubam, Oliuier de

---

[1] Le 14 octobre (Note de Bergeron).

Barre, Guill® le baiart de Blecy, Phelipot de Baslieu, Michelet le cuisinier, Iaquet le boulenger, Pernet le mareschal, auecquez plusieurs qui ne sont my ysi nommés; et les autres ses complices demourerent au chastel de Rubicon. Bertin, ainssi accompagné, s'en ala à vng certain vilage nomé la Grant Aldée, où il trouua aucuns des grantz Canares. Et ly, ayant grant traizon en pencée, leur fit dire : « Alés et me faitez le roy venir et ceulx qui auesquez lui sont, et ie les garderé bien contre les Espaignols ». Et les Canares lo crurent parmy la seureté et affiance que eulx auoient dud. s^r de Bethencourt et de sa compagnye; et vindrent à lad. Aldée come à saucté et retrait iusquez au nombre de xxiiij, auquel Bertin fit bonne chere, et les fit soupper. Et auec ce detenoit deulx Canares, vng nommé Alfonse, et vne fame nomée Izabel, lesquelz led. Bethencourt auoit amenés pour estre leur truchemens en l'ille Lancelot [1].

CHAPITRE XIII.

Coment apprès que Berthin ot print le Roy et ses gens, il les mena à la nef Tranchemar et les bailla aux larons.

Quan les Canares eurent souppé, Bertyn leur fit dire : « Dormez vous seurement et ne vous doutés de ryens, car ie vous garderé bien ». Et se pandant les vns s'endormirent et les autres non. Et quant Bertin

[1] Béthencourt les avait amenés de France, comme on le verra plus loin.

vit qu'il estoit temps, il se mist deuant leur huis, l'espée en la main toute nue, et les fit tout prendre et lyer; et ainssi fut il fait, fors que vng nomé Auago qui s'en eschappa. Et quant il les ot prins et liés, et il vit bien qu'il estoit descouuert, et qu'il n'en pouuet plus auoir, il se parti de là perceuerant en sa grant malice, et s'en ala droit au port de l'ille Gracieuse où estoit la nef d'Espaigne nommée Tranchemart et amena les prisonniers auec lui.

CHAPITRE XIV.

Coment le roi se deliura des larrons à qui Berthin les auoit liurés.

Quant le roy se vit en tel point et congnut la traizon de Bertin et de ses compagnons, et l'outrage qui leur faisoient, comme homme hardi, fort et puissant, rompy ces liens, et se deliura de trois hommes qui en garde l'auoient, desquels estoient vng gascoug qui le poursui. Mais le roy retourna moult aigrement sur lui, et lui donna vng tel coup, que nulz ne l'oza plus approcher. Et c'est la six° fois qu'il c'est deliuré des mains des crestiens par son appartize [1]. Et n'en

---

[1] Ce roi était l'infortuné Guadarfia, dont il sera question plus loin. De retour au milieu des siens, il s'écria :
« Quelle nation est donc celle des Européens, qui ne connaissent ni
» l'amitié, ni la bonne foi ? Quel religion est donc la leur, puisqu'au
» moment qu'ils nous font l'éloge de sa pureté, ils agissent frauduleuse-
» ment ? Il nous disent que nous avons une âme immortelle comme eux,

demoura que xxij, lesquels Bertin bailla et deliura aux Espagnolz de la nef Tranchemart, à l'exemple du traitre Iudas Iscariot qui trahi notre saulueur Ihesuscrist et le lyura à la main des iuifs pour le crucifier et mettre à mort; ainsi fit Bertin qui bailla et liura ces poures gens innocens en la main des larrons qui les menerent vendre en estrangez terres en perpetual seruage.

CHAPITRE XV.

Coment les compagnons de Berthin prindrent le batel que Gadifer auoit transmis pour viures.

Se pendant Bertin estant en la nef enuoia le batart de Blessi et aucuns autres de ces alliés au chastel de Rubicon, et trouuerent le batel qui estoit à Gadiffer, lequel il auoit transmis pour querir viures pour lui et pour ces compagnons qui estoient demourés en l'ille de Louppes, come dessus est dit. Et adonc les compa-

» que nous sommes tous descendus d'un même père; et cependant ils
» ne cessent de nous avilir, comme si nous n'étions pas de leur espèce;
» ils veulent nous vendre comme de vils animaux, ils nous appellent
» sans cesse barbares et infidèles, et sans égard au traité que nous avons
» fait avec eux, à la fidélité avec laquelle nous l'avons observé, ils nous
» provoquent tous les jours, et osent encore nous accuser d'être les
» aggresseurs. » Viera y Clavijo, *Noticias de la historia general de las Islas Canarias*, lib. III, § 33.)

La guerre devait suivre et suivit ces paroles. Il faut reconnaitre que dans cette circonstance, comme dans bien d'autres, les Guanches furent plus loyaux que les Européens.

gnons [de] Bertyn pensans du tout à accomplir leur emprinze se tirerent deuers aucuns gascongs, leurs compagnons de serment, lesquelz à l'aide les vns des autres se saisirent du batel et entrerent dedens. Mais Remonnet de Lenedam y coureut pour le recouure. Là estoit le bastart de Blessy qui courut sus à Remonnet l'espée toute nue en la main et le cuida tuer. Si eslargirent le bastel en la mer bien auant et les autres demourerent hors, disant : « S'il lui a si hardi des gens de Gadiffer de mettre la main au bastel, nous le turons sans remede : car qui poise et qui non, Bertin sera receulli en la nef et toutes ses gens, et enchois que Gadiffer ne ses gens mengeussent iamès ». Aucuns de Gadiffer estans au chastel de Rubycon dirent ainssi : « Biaux seigneurs, vous saués bien que Gadiffer est passé par delà en l'iïle de Louppes pour la necessité de chaussure qui estoit entre nous, et n'a devers lui ne pain, ne farine, ne yaue douce, et si n'en peult point auoir ne recouurer se n'est par le bastel; plaise vous que nous l'aions pour lui transmettre aucune vitailles pour lui et pour ces gens, ou autrement nous les tenons pour mors ». Et respondirent : « Ne nous en parlés plus, car nous n'en ferons riens, c'est à bref parler, anchois sera Bertin et toutes ces gens du tout retrais en la nef Tranchemar ».

CHAPITRE XVI.

Comment Bertin transmit le batel Transmar querir les viures Gadifer.

Landemain, heure de nonne [1], arriua le batel de la nef Transchemar au port de Rubicon auec sept compagnons dedens. Les gens Gadiffer leur demanderent : « Biaulx seigneurs, que querez vous? » Respondirent dud. bastel : « Bertin nous a enuoié isi et nous dit au partir de la nef qu'il seroit ycy aussi tost comme nous ». Et les alyés dud. Bertin se pendant estans au chastel de Rubicom firent grant gast et grant destruction des viures qui là estoient appartenans à mons' de Bethencourt, lesquelz viures il auoit laissé audit Gadiffer et à ses gens de la compagnie, comme de vings, de biscuit, de cher salée, et autre vitailles, nonobstant qu'il auoit departi les viures tout esgallement autant au petit come au grant, et ne lui estoit demouré tant seullement que sa droite porcion, excepté vng tonneau de vin qui n'estoit mye encore desparti entre eulx.

---

[1] Neuvième heure du jour, trois heures après midi.

CHAPITRE XVII.

Coment Berthin liura les femes du chastel aux Espagnols et les prindrent à force.

Et au vespre ensuivant, vint Bertin par terre au chastel de Rubycom, accompagné de xxx hommes des compagnons de la nef Transchemar, lui disant ainssi : « Prenés pain, et vin, et se qui y sera ; pendu soit il qui riens en esparguera, car il m'a plus cousté que à nul d'eulx, et maudit soit il qui riens y laissera qu'il puisse ! » Et tout ce disoit Bertin et mout d'autres parrolles qui longues seroient à escrire. Et mesmement aucunes fames, lesquelles estoient du pais de France, les bailla et lyura par force et outre leur gré aux Espaignols ; et les trainerent d'amont le chastel iusquez au bas sur la marine [1], et furent auec elles, et les efforcerent, non obstant les grans cris et les grans griefs qu'elles faisoient ; et ledit Bertin estant aud. lieu disant ainssi : « Ie veul bien que Gadiffer de la Salle sache que si fut ausi ioune que moy, ie l'alasse tuer ; mais pour ce qu'il ne l'ait mye, par aduenture ie me deporteré ; si me monte vng pou à la teste, ie l'yré faire noyer en l'ille de Louppes, si peschera aux loups marins ». C'estoit bien affectueusement parlé contre celui qui onquez ne lui auoit fait fors que amour et plaisir.

[1] Sur le port.

CHAPITRE XVIII.

Coment Berthin fit charger les deulx batiaulx de viures et d'autres choses.

Et landemain au matin fit charger Bertin de Berneual le batel Gadiffer [et] celui de la nef Transchemar de plusieurs choses, come de sacs de farine à grant cantité, et du harnas de plusieurs guizes, et vng tonneau de vin qui y estoit, et plus rien y auoit. Eulx emplirent vne queue qu'ils amenerent auec eulx, et le demourant burent et gaterent, et plusieurs coffres, malles et bouges de plusieurs manieres auec toutes les choses qui dedens estoient, lesquieulx seront declarés quant temps et lieu sera; et plusieurs arbalestres, et tous les arcs qui y estoient, excepté ceulx que Gadiffer auoit auecques lui en l'ille de Louppes; et de deux c cordes d'arcs qui y deuoient estre, n'y en demoura nulle; et de grant foyson de fil pour faire cordes d'arbalestres, tout emporterent auec eulx. Et de toute l'artillerie, dequoy il y auoit grant foison de belle et bonne, ont prins et emporté à leur plaisir. Et nous a conuenu despecer vng viel cable qui nous estoit demouré pour faire cordes pour arcs et pour arbalestres. Et se ne fust ce pou de trait que nous auyons, nous estions en aduenture d'estre tous perduz et destruis, car ilz [1] craignoient les arcs sur toutes riens; et auec ce quatre douzaines de

---
[1] Les Canariens.

dardes que les Espagnols emporterent en leurs mains, et prindrent deux coffres à Gadiffer, et se qui estoit dedens.

CHAPITRE XIX.

Coment Francique Calue enuoia querir Gadiffer en l'ille de Louppes.

Se temps pendant que les batiaulx s'en alerent en la nef, les gens Gadiffer considerant que leur cappitaine auoit telle necessité de viures, comme celui qui point n'en auoit, lors se partirent les deulx chappellains, et deulx escuiers du chastel de Rubicon, et s'en alerent deuers le mestre de la nef Morelle, qui estoit au port de l'ille Gracieuse, là où estoit la nef Transchemar, lesquieulx prierent le maistre d'icelle comme il lui plust de sa grace secourir Gadiffer de la Salle, lequel estoit en l'ille de Louppes, luy xj^e, en peril de mort, sans viures nulz, passé auoit viij iours. Et led. maistre, meu de pitié, regardant la grant trayson que Bertyn lui auoit faite, luy enuoia l'vn de ces compagnons nommé Simayne. Et lui venu à Rubicon, se mist à l'aduenture auec quatre compagnons de la compagnie dud. s^r de Bethencourt, c'est assauoir : Guill^e le Móyne, Iehan le Chevalier, Thomas Richart et Iehan le Maçon. Et passerent en l'ille de Louppes en vng petit coquet [1] qui là estoit demouré. Car com-

[1] Nacelle.

bien que Bertyn eut laissé le coquet, il emporta toulz les auirons. Et print led. Symaine tant pou de viures qu'il peut porter : c'est le plus orrible passage que nul sache tenir de tous ceulx qui en la mer là en droit conuerssent, et ne dure que quatre lieues.

CHAPITRE XX.

Coment Gadiffer repassa en vng petit quoquet en l'ille Lancelot.

Gadiffer estant en l'ille de Louppes en grant destresse de fain et de soif, atendant la mercie notre seigr, qui toutes les nuis metoit vng drap linge dehors à la rozée du cyel, puis le teardoit, et buuoit les goutes pour estancher la soif, non sachant ryens de tout le fait dud. Bertyn : dequoy led. Gadiffer fut fort meruillé quant il en ouit parler. Adonc se mist tout ceul dedens le coquet, auec le gouuernement dud. Symaine et des compagnous dessusd.; et vindrent à Rubycon, Gadiffer disans ainssi : « Il me poise moult de la grant mauuestié et grant traizon qui a esté faite sur ces poures gens que nous auions asseurés. Mais de tout ce nous fault passer, nous n'y pouons mestre remede. Loué soit Dieu en tout ces euures, lequel est iuge en ceste querelle ! » Et disoit ainssi led. Gadiffer, que mous^r de Bethencourt et lui n'eussent iamès pensé qu'il eut ozé faire ne machiner ce qu'il a fait : « Car led. Bethencourt et moy, nous l'eslumes à notre aduis come vng des plus suffisans de la compagnie, et le bon s^r et moy furent bien mal aduizés ».

CHAPITRE XXI.

Comment deux chappellains, l'un nomé frere Pierre Bontier et l'autre mess^e Iehan le Verrier, alerent en la nef Tranchemar.

Les deulx chappellains estant à la nef Morelle, aucuns iours après vyrent les deulx batiaulx venir de Rubicon, qui estoient chargez de vitailles, dequoy nous deuions viure, et de mouit d'autres choses. Adonc prierent le maistre de la nef qu'il lui plut aler auec eulx en l'autre nef, ditte Transchemare, lesquels ilz alerent tous ensemble et deulx gentilz homes qui là estoient, l'un nommé Pierre du Plessis, et l'autre Guill^e d'Alemaigne. Là disoit Bertyn : « No cuidés point que nulles de ces choses soient à Bethencourt ne à Gadiffer ; ilz sont miennes, tesmoing ces deulx chappellains cy ». Lesquelz lui dirent, en la presence de tous : « Bertim, nous sauons bien que quant vous vintes premierement auesque mons^r de Bethencourt, vous n'auiez qui vostre feut se pou non ou neant, ançois bailla mons^r de Bethencourt à Bardin de Berneual, pour entre nous, chent francs à Paris quant il entreprint l'empryse, qui, se Dieu plaist, achieura et viendra à son honneur et proufit ; mais se qui est cy à present est aud. seigneur et à mons^r Gadiffer, et peult bien apparoir par les liurées et deuise dud. seigneur de Bethencourt ». Led. Bertyn respont et dit : « Se Dieu plaist, ie yré tout droit en Espaigne là où est mons^r de Bethencourt, et se i'ay aucune chose du sien, ie lui rendré bien, et de ce ne vous mellés, et ne doubtés que led. s^r de Bethencourt mettra remede en aucunes choses de quoy on se peult bien doubter, et de quoy ie me peulx bien taire ». Led. Bertyn n'amoit point mess^e Gadiffer pour ce que il estoit plus grant maistre que lui et de plus grant autorité. Et led. Bertyn penssoit que led. s^r de Bethencourt, son maistre, ne lui saroit pas si mal gré que il estoit aduis aux aultres, et s'il auoit quelque chose qu'il despleut à sond. seigneur, qu'il ne les appelleroit pas à en faire sa paix, et à tant yssirent de la nef, disans ainssi : « Bertin puis que vous amenés ces poures gens, laissés nous Ysabel la canare, car nous [ne] sauons parler aux abitans qui demourent en ceste ille ; et aussi laissés nous notre batel que vous aués amené, car nous ne pouons pas bonnement viure sans luy ». Respont Bertin : « Ce n'est point à moy, mès à mes compagnons ; ilz en feront leur voulenté ». Et lors se saisirent les deulx cappellains et les deulx escuiers qui là estoient dud. batel. Adonc les compagnons Bertin prindrent Yzabel la quenare et par le sabort de la nef la geterent en la mer. Et elle eut esté noyée ce ne fussent les dessusd. chappellains et escuiers, lesquels la tyrerent hors de la mer, et la myrent au bastel : et à tant partirent les vngs des autres. Et assés tost après s'aparelierent ceulx de la nef pour eulx en aler. Et ainssi se porta le fait de Bertyn, comme dessus est dit et comme vous orrez cy après.

CHAPITRE XXII.

Comment Berthin laissa ces compagnons à terre et s'en ala à tout sa proye.

Et combien que Bertin et ses compagnons de serment en la nef en sa compagnie, lui aiant voulenté de tout mal accomplir, fit tant que les compagnons qui estoient de sa bende furent mis à terre, par lesquelx il auoit fait tout l'esploit deuant dit et de sa traison. Car se ils n'ussent esté auecquez luy et de son aliance, il n'eut ozé faire ne entreprendre la traison et la maunestié qu'il fit. Et leur dit le très malués home : « Donnés vous le milleur conceil que vous pourés, car auesques moy ne vous en vendrés point ». Et pour ce le fesoit le dit Bertin qu'il auoit peur que iceulx ne lui fissent au cas pareil. Et aussi led. Bertin auoit entencion de parler à mons^r de Bethencourt quant il viendroit en Espaigne et de faire sa paix envers lui, laquelle y fit le mieulx qu'il peut, en lui donnant entendre aucunes choses dont une partie led. sgr de Bethencourt trouua verité, come vng temps aduenir vous orré, ja soit que led. seigneur fut bien aduerti de son fait, et qu'il auoit tout ce fait par son aduarisse.

CHAPITRE XXIII.

Coment les compagnons que Berthin laissa à terre desesperés prindrent leur chemin droit à la terre des Sarazins.

Iceulx compagnons à terre tout desconfortés doubtant l'yre de mgr. de Bethencourt, et [de] Gadiffer, et aussi des compagnons qui y estoient, se complegnerent aux chappelains et escuiers dessusd., disant ainssi : « Bien est Bertin approuué traistre, car il a trahi son cappitaine, aussi a il nous mesmes ». Et là se confesserent aucuns d'eulx à mess° Iehan le Verrier, chappellain de monseigneur de Bethencourt. Et disoient ainssi : « Se notre cappitaine Gadiffer nous vouloit pardonner la mauuestié que nous auons faicte contre luy, nous serons tenus à le seruir toute nostre vie ». Et chargerent Guill° d'Alemaigne de lui requerir ou nom d'eulx, et de leur faire assauoir la responce, et se partit incontinent led. Guill° pour aler deuers lui. Mais assés tost après, eulx doutans sa venue, se saisirent du batel et se mirent dedens, et se eslargirent bien auant en la mer, eulx considerans le mal et le peché en quoy ilz auoient offensé deuers vng tel chlr et leur cappitaine, eulx craignant l'ire, le couroux d'icellui, comme gens desesperés prindrent leur chemin à tout le batel, droit en terre de Mores [1], car les Mores pouent bien estre my voie de

---

[1] Chez les anciens, le nom de Maures était restreint aux habitants de la Mauritanie. Dans la suite, il s'étendit à un plus grand nombre d'individus. Il s'applique de nos jours à une forte partie des indigènes de l'Algérie, du Maroc, du Biledulgerid, de l'état de Sidi-Hescham et du Sahara. (*Note de M. E. Charton*).

là et d'Espaigne. Et de leur gouuernement ils s'alerent noyer en la coste de Barbarie, près de Maroc ; et de xij qu'ils estoient, les x furent noyés, et les deulx furent esclaues : dequoy l'vn est depuis mort, et l'autre, qui s'apelle Siot de Lartigue, est demouré vif en la main des paiens.

CHAPITRE XXIV.

Coment la nef de mess^e Gadiffer fut perye.

Sy retournerons à parler de mgr. de Bethencourt, et dirons que la nef où il estoit arriué en Espagne, laquelle on disoit qu'elle estoit à Gadiffer, et arryua au port de Calix ; led. sieur sauoit bien que les maroniers de lad. nef estoient mauuès et malissieulx, fit grant deligensse encontre eulx, et en fit mestre en prison aucuns des plus principaulx et print la nef en sa main. Il vint aucuns marchans pour l'achepter, mès led. s^r ne le vouloit pas, car son intencion estoit de lui mesmes retourner dedens la nef, et d'autres auec, esd. illes de Canare, et y porter et enuoier de la vitaille : car il estoit fort entré en grace du roy de Castille. Il fit lad. nef partir du port de Calis pour la mener en Siuille, cuidant bien faire. Et en alant elle fut perdue et perye, dont fut vng grant dommage : ce fut au port de Basremede [1]. Et ainssi que on dit, il y

---

[1] San-Lucar de Barrameda, port situé à l'embouchure du Guadalquivir, à 25 kilom. au nord de Cadix.

auoit des bagues qui valoient de l'argent qui appartenoient à mess⁵ Gadiffer de la Salle, et ce qui en fut receulli qui valloit bien Vᵉ doubles [1], ainssi que on dit, et qui ne vint point au proffit ne à la congnoissance dud. Gadiffer. Et aucun pou deuant que la nef fut perie, s'en estoit allé mons' de Bethencourt de Calix en Siuille là où estoit le roy de Castille. Et là vint Francisque Calue qui promtement estoit arriué des illes de Canare, et se presenta de retourner deuers Gadiffer se lui plaisoit de l'auitailler; et il lui dist que il en ordonneroit le plus tost qu'il pouroit; mais il falloit qu'il allast deuers le roy de Castille qui adonc estoit en Siuille, et ainssi fit il, comme vous orrez plus applain, et la grant chere et la bien venue que led. roy lui fit.

CHAPITRE XXV.

La nef Tranchemar arriua au port de Calix auesquez les prisonniers.

En aucuns iours après arriua la nef Transchemar au port de Calix, là où estoit Bertin et vne partie de ceulx qui auoient esté consentans auesquez luy: car les autres qui estoient de son aliance par desespoir

---

[1] Ducats (*Note de Bergeron*). Le ducat d'argent *(de plata)* était de la valeur d'environ 4 fr. 20 c. ; le ducat de cuivre *(de vellon)* valait moins de moitié. Il s'agit probablement ici de doubles ducats d'argent. (*Note de M. E. Charton*).

c'estoient alés noyer en la costiere de la terre des Mores. Et auoit Bertin auec lui les poures Canares habitans de l'ille Lancelot, qui soubz ombre de bonne foy ils auoient pris par trayson pour les mener vendre en estrangez terres comme esclaues en perpetuel seruage. Et là estoit Courtille, tromppette de Gadiffer, qui incontinent fit prendre Bertin et tout ces compagnons ; et fit faire le procès contre eulx, et par main de iustice les fit enchaisner et mettre ès prisons du roy en Calix. Et fit sauoir à mons^r. de Bethencourt, qui estoit en Siuille, tout le fait, et que ce il vouloit là venir il recouureroit tous les poures Canares. Led. s^r fut bien esbahy d'ouir telles nouuelles, et leur manda que le plus tost qu'il pouroit il lui metroit remede. Mais il ne se pouet partir pour cest heure, car il estoit sur le point de parler au roy de Castille pour cela et pour autre chose. Et tandis que led. seigneur de Bethencourt fit ses besongnes deuers le roy de Castille, vng nommé Ferrant Dordongnes emmena la nef en Arragon et tout le fardage et les prisonniers et les vendi.

CHAPITRE XXVI.

Coment mons^r de Bethencourt fit homage au roy d'Espaigne.

Et comme il soit ainssi que auant que mons^r de Bethencourt se partit de l'ille Lancelot et des illes de Canare, ledit seigneur ordonna au mieulx qu'il pout de ces besongnes, et laissa [à] mess^e Gadiffer tout le gouuernement, lui promettant que le plus tost qu'il pourroit il reuendroit le secourir et rafreschir de gens et de viures, non pensant qu'il y eust ytel defroy qu'il lui a eu. Mais come on peut sauoir que auoir à besongner à vng tel prince come le roy de Castille on ne peult pas auoir si tost fait, et pour vne ytelle matiere que c'est. Ledit seigneur de Bethencourt vint faire la reuerance aud. roy, lequel le receut bien benygnement, et lui demanda qu'il vouloit, et led. Bethencourt lui dit: « Sire, ie viens à secours à vous. C'est qu'il vous plaise me donner congé de conquerir et mestre à la foy crestienne vnes illes qui s'apellent les illes de Canare, èsquellez i'ay esté, et commencé tant que ie y ay laissé de ma compagnie, qui toutz les iours m'atendent. Et y ay laissé vng bon chlr nomé mess^e Gadiffer de la Salle, lequel il luy a pleu me tenir compagnie. Et pour ce, très cher sire, que vous estes roy et seigneur de tous les pais à l'enuiron et le plus près roy crestien, ie suis venu requerant vostre grace, qu'il vous plaise me receuoir et moi vous en faire hommage ». Le roy, qui l'ouit parler, fut fort ioyeulx, et dit qu'il fut le bien venu, et le priza fort d'auoir vng si bon et honneste vouloir de venir de si loing, comme du roy^{me} de France, conquerir et acquerir honeur. Et disoit ainssi le roy : « Il lui vient d'un bon courage de vouloir venir me faire homage d'une chose qui est, ainssi que ie peulx entendre, plus de deulx cens lieues de ycy, et de quoy ie n'ouis onques parler [1] ». Et le

---

[1] Cette dernière affirmation n'est pas admissible. Le roi ne pouvait

roy lui dit qu'il fit bonne chere, et qu'il estoit content de tout ce qu'il vouldroit. Et le receut à l'homage et lui donna la seigneurie, tout autant qu'il estoit possible, des dictes illes de Canare. Et en oultre lui donna le quint des marchandises qui desd. illes iroient en Espaigne, lequel quint led. s^r de Bethencourt leua vne grant saison. Et encorre donna le roy, pour auitailler Gadiffer et ceulx qui estoient demouré auec lui vint mille mauinzins [1], à les prendre en Siuille. Lequel argent fut baillé par le commandement de mgr. de Bethencourt à Enguerrant de la Boissiere, lequel n'en fit pas fort son deuoir; et dit on que led. de la Boissiere s'en ala en France à tout, ou vne partie. Mais pourtant led. s^r de Bethencourt il remédia bien bref, et tant qu'il eurent des viures, et y retourna lui mesmes tost le plus bref qu'il peut, comme vous orrez si apprés. Le roy luy donna congé de faire monnoie au pais de Canare, et aussi fit il, quand il fut vestu et saisi paisiblement desd. illes.

---

ignorer que, depuis longtemps, les Espagnols allaient aux Canaries voler des hommes pour en faire des esclaves.

[1] Bergeron a lu *maravesins* et traduit en note *maravesins* par *maravédis* d'or de 15 sols. M. Major lit et traduit comme Bergeron et fait remarquer que le maravezin a pris son nom de la tribu maure des Almoravides, qui l'importa en Espagne.

CHAPITRE XXVII.

Comment Angueran de la Boissiere vendit le batel de la nef perie.

Come Enguerran de la Boissiere le bastel de la nef qui fut perye il vendit, et en prist l'argent et faignot lettres qui leur vouloit transmettre vitailles, pour laquelle chose ils eurent grant defaulte iusquez à tant que mgr. de Bethencourt y eust remedié : car ils vaiscurent vng caresme qui falut qui mengassent de la cher [1]. Et comme on peult sauoir, nul, tant soit grant, de fauceté et de traison ne se peut garder, ledit Seigneur auoit fait bailler l'argent que le roy de Castille lui auoit donné aud. Enguerrant, cuidant qu'il en fît son deuoir. Vng nomé Iehan de Lesecases encusa aud. Bethencourt led. Enguerran, et qu'il ne faisoit pas son deuoir de l'argent que le roy lui auoit fait bailler. Adonc led. s' de Bethencourt vint deuers le roy, et lui pria qu'il lui plust lui faire auoir vne nef et des gens pour secourir ceulx des illes : la quelle chose lui fit bailler, vne nef bien artillée, et [en] celle nef y auoit bien iiij^{xx} homes de fait. Et si lui fit bailler quatre tonnaulx de vin, et xvij sacs de farine, et plusieurs choses necessaires qui leur falloit, fut artillerie et autres prouisions. Et rescript mgr. de Bethencourt à mess° Gadiffer, qu'il entretinst les choses tout le mieulx qu'il peut, et qu'il se-

---

[1] On peut inférer de ce passage qu'ils manquaient de tout, sauf de viande, probablement de viande de chèvre. (*Note de M. Major*).

roit ès illes tout le plus bref qu'il se pourra faire, et qu'il mist les gens qui lui enuoie en besongne et qu'ilz besongnassent tousiours fermement. Et si lui rescript qu'il auoit fait homage au roy de Castille des illes de Canare, et que le roy lui a fait grant chere et plus d'honneur que à lui n'apartient, et si luy auoit donné de l'argent et promis de faire beaucoup de biens. Et qu'il ne doubtat point qu'il ne fut par deuers lui bien bref, et tout le plus tost qu'il se pourra faire. « La barge yra là où vous voudrés requerir d'aler autour des illes, laquelle chose ie conseille que faciés, pour tousiours sauoir comme on si deura gouuerner. I'ay esté bien esbahy des grans faucetés que Bertin de Berneual a fait, et ly en mesprendra quelle qui tarde. Il ne m'a pas donné à entendre ainssi que ie l'ay sceu depuis ; ie vous auois rescrit que on print garde à lui : car on m'auoit bien dit qu'il ne vous aymoit point de grant amour. Mon tres cher frere et amy, il fault souffrir beaucoup de choses ; se qui est passé, il le fault oublier, en fesant tousiours le mieulx que on pourra ». Ledit Gadiffer fut tout ioyeulx de tout, de la venue de la barge et de ce qu'il lui auoit rescript, si non de ce que il lui rescrisoit qu'il auoit fait homage au roy de Castille : car il en pensset auoir part et porcion desd. illes de Canare, laquelle chose n'est pas l'antencion dud. s^r de Bethencourt, come il apperra de fait, ja soit qu'il y ara de grosses parrolles et des noyses entre les deulx chlrs ; et peult bien estre que lesd. illes eussent esté piessa conquises, ce ne fut esté aucunes enuies.

Car la compagnie ne vouloit obeir que à mgr. de Bethencourt; aussi c'estoit bien raison, car il estoit le droit chief et meneur, et premier mouuement de la conqueste desd. illes. Led. de Bethencourt fait ses apprestes tout le plus [bref] qu'il peut, car tout le desir qu'il a, c'est de venir parfaire la conqueste des illes de Canare. Quant led. sʳ de Bethencourt partit de l'ille Lancelot, c'estoit son intencion d'aler iusquez en France et remener madame de Bethencourt, car il l'auoit fait venir auec lui iusquez au port de Calix, et elle ne passa point led. port de Calix. Et incontinent qu'il eut fait homage au roy, il fit remener mad. dame sa femme en Normendie iusquez à son hostel de Grainuille la Tainturiere [1], et Engreran de la Boissiere fut en sa compagnye : led. seigneur la fit mener bien honnestement. Et tantost apprès led. seigneur se partit de Siuille, à tout vne belle petite compagnie que le roy de Castille lui fit auoir. Et si ly donna le roy de Castille de l'artillerie de toutes maniere tant qu'il fut et deuoit bien estre content. Or s'en va madame de Bethencourt en son pais de Normendie, en sond. hostel de Grainuille, en pais de Caux, là où ceulx du pais lui firent grant chere, et fut là iusquez à tant que mond. seigneur reuint de Canare, comme vous orrés cy apprès.

[1] « On a omis », dit M. Charton, « de publier un chapitre du manuscrit qui ne se rapportait qu'à des discussions de la vie privée ». M. Charton fait allusion au *chapitre des noises*, le xcviᵉ du manuscrit. Ce chapitre, omis par Bergeron, a été publié par M. Major dans l'édition qu'il a faite pour l'*Hakluyt Society*. Nous le publions également, et du consentement de la famille, qui regarde comme appartenant à l'histoire tout ce qui concerne son illustre ancêtre.

CHAPITRE XXVIII

Les nons de ceulx qui trayrent Gadiffer, et ceux de l'ille Lancelot, et leurs propres compagnons.

Se sont les noms tous ensemble de ceulx qui ont esté traistres auec Bertyn. Et premierement ledit Bertyn, natif du pais de France et noble personne [1], Pierre des Lyens, Ogerot de Montignac, Ciot de Larguo [2], Bernart de Castelnau, Guill⁰ de Nau, Benart de Mauleon, dit le Cocq, Guill⁰ de Salerne, dit Labat, Morelet de Conrange, Iehan de Bydouuille, Bidaut de Hornay, Bernart de Montauban, Iehan de Laleu, le bastart de Blessi, Phelipot de Bas Lieu, Oliuier de la Barre, le grant Perrin, Gillet de la Bordeniere, Iehan Brun, Iehan le cousturier, de Bethencourt, Perrenet le mareschal, Iaquet le boulengier, Michelet le cuisinier : tous iceulx deuant dits ont esté cause de beaucoup de mal et la plus part estoient du pais de Gascongne ; Daniou, de Poitou, et trois de Normendie [3]. Nous lairont à parler de celle matiere, et parleron de mess⁰ Gadiffer et de la compagny.

---

[1] Berneval est le nom d'un village situé près de Dieppe, au bord de la mer. Nos paysans, dit M. Michel Hardy, le prononcent Bruneval. Dans les anciens titres, il est écrit Brittenval (*Notice sur P.-J. Ferret.*)

[2] De Lartigue.

[3] Par une réserve patriotique, les vieux chroniqueurs taisent les noms des normands qui prirent part à la trahison de Bertin de Berneval. Cette réserve est blâmable : l'historien a pour devoir d'exalter la mémoire des bons citoyens et de clouer au pilori le nom des traîtres.

CHAPITRE XXIX.

Come ceulx de l'ille Lansselot s'estrangerent des gens de mons^r de Bethencourt après la traison que Berthin leur auoit faitte.

Les gens de l'ille Lencelot furent très mal content de ce qu'ilz furent tellement prins et trais, et tant qu'ilz disoient que nostre foy et nostre loy n'estoient point si bonne que nous disions, quant nous traiss[i]ons l'vn l'autre, et que nous faisions si terribles choses l'vn contre l'autre, et que nous n'estions point fermes en noz fais [1]. Et furent yceulx paiens de Lencelot tous meus contre nous, et se estrangoient fort, tant qu'ilz se rebellerent et tuerent de nos gens, dont se fut pitié et dommage. Et pour ce que Gadiffer ne peut, quant à present, le fait bonnement poursuiure, ainssi qu'il desire, requiert tous iusticiers du Roy^{me} de France et d'ailleurs en ayde de droit, et que en cesi ilz accomplissent iustice, se aucuns des malfaiteurs peuent estre atains et choir à leurs mains, ainssi comme à tel cas appartient.

[1] V. la note 1 de la p. 23.

CHAPITRE XXX.

Come Ache. vng des plus grans de l'ille Lancelot, fit traitier de prendre le roy.

Or est ainssi que apprès que ceste chose est aduenue, de quoy nous sommes fort diffamés par deçà, et nostre foy desprisée, laquelle ilz tenoient à bonne et maintenant tiennent le contraire, et en oultre ont tué nos compagnons et blessés plusieurs, si leur manda Gadiffer qu'ilz ly rendissent ceulx que ce auoient fait, ou qu'il feroit mourir tous ceulx qu'ils pouroient ataindre des leurs. Durant ces choses, vint deuers lui vng nommé Asche, paien de lad. ille, qui vouloit estre roy de l'ille Lancelot [1]. Et parlerent messᵉ Ga-

---

[1] Guadarfia, dernier roi de race insulaire, gouvernait alors. La perte du pouvoir ne fut pas pour lui le premier des malheurs. Avant l'arrivée des Normands, son royaume était déchiré par les factions, parce que plusieurs gentilshommes puissants, notamment Asche, contestaient sa légitimité. Les insulaires éprouvaient pour les étrangers une haine excessive et bien justifiée. Ico, mère de Guadarfia, passait pour le fruit illégitime des faiblesses de la reine Fayna pour Martin Ruiz de Avendaño, capitaine biscayen, qu'une tempête jeta, en 1377, sur l'île Lancelot. Pour nier à Ico son titre de *Guayre*, on se fondait principalement sur la blancheur de sa peau et la couleur blonde de ses cheveux. Son illégitimité, probablement certaine, était le prétexte de la rebellion.

Guadarfia, dont on méconnaissait l'autorité, n'avait pas le pouvoir de protéger sa mère. Les mutins décidèrent, sans le consulter, qu'elle subirait l'épreuve de la fumée. C'était une duperie, un moyen de donner aux crimes des plus forts une apparence de consécration divine. Si la mère de Guadarfia succombait à cette épreuve, comme cela ne paraissait pas douteux, les rebelles se transformaient en instruments de la justice de Dieu.

Ico fut enfermée, avec deux femmes de condition vile, dans une pièce

differ et lui mout longuement sur celle matière; à tant s'en ala Asche. Et aucuns iours après, il transmist son nepueu, lequel mons' de Bethencourt auoit amené de France pour estre son truchement. Et lui manda que le roy le hesit[1] et que tant qu'il vaiquit nous n'aurions riens d'eulx, si non à grant paine, et qu'il estoit du tout couppable de la mort de ces gens; et s'il vouloit qu'il troueroit bien maniere qu'il lui feroit bien prendre le roy et tous ceulx qui furent à la mort de ces compagnons : dont Galiffer fut moult ioyeulx, et lui manda qu'il appointast bien la besongne, et que il lui fit sauoir le temps et l'eure, et ainssi fut fait.

percée d'un trou qui donnait passage à un jet continu de fumée. Tout être vivant devait, en quelques minutes, succomber à ce supplice. Ico ne pouvait prouver sa légitimité qu'en le supportant deux ou trois heures. Conseillée par une vieille femme, qui la prit en pitié, elle s'appliqua sur la bouche et sur les narines une grosse éponge imprégnée d'eau. Par ce moyen, elle triompha de l'épreuve, tandis que les deux pauvres femmes mises avec elle succombèrent.

Ce *jugement de Dieu* fut assez mal reçu : les mutins s'y soumirent par politique, mais en conservant l'espoir de trouver une autre occasion de satisfaire leurs désirs ambitieux. Comme on vient de le voir, Asche n'a point hésité à trahir à la fois son roi et son pays.

(VIERA Y CLAVIJO, *Noticias de la historia general de las islas de Canaria*, Madrid, imp. Blas Roman, 1773, t. I, lib. II, § XXI, pp. 191 et seq.)

[1] Haïssait.

CHAPITRE XXXI.

Come Ache trai son seigneur en esperance de trair Gadiffer et la compagnie.

Or estoit ceste trayson double, car il vouloit trayr le roy son seigneur, et estoit son propoz et son intencion de trair apprès Gadiffer et toutes ces gens, par l'enhortement son nepueu nommé Alfonce, lequel demouroit contynuellement auec nous et sauoit que nous estions si pou de gens, qui lui sembloit bien qu'il n'y auoit guieres affaire à nous destruire, car nous n'estions demourez en vye que vng bien pou de gens de deffence. Or, orrés qu'il en aduint. Quant Asche vit son point pour faire prendre le roy, il manda à Gadiffer qu'il vinst et que le roy estoit en vng de ces hostieulx en vng vilage près de Lacatif [1], et auoit chinquante de ces gens auecquez luy. Cy se party Gadiffer incontinent soy xxe de ses compagnons auesquez lui, et fut la veille Sainte Catheline [2] mil

[1] Lacatif ou Laratif, maintenant Arecife, est un port au sud-est de Lancelote. Ce port possède l'un des plus sûrs mouillages de l'archipel des Canaries. Il s'y fait un grand commerce de soude, qui donne à ce port une activité de plus en plus considérable. Malheureusement les sables vaseux qui l'encombrent n'en permettent pas l'entrée aux navires d'un fort tonnage, et la plupart des bâtiments étrangers sont contraints de jeter l'ancre au *porto de Naos*, de moindre importance, situé un peu plus à l'est. Plusieurs îlots barrent ces deux mouillages et les défendent contre les vents du sud. (M. d'Avezac, *Les îles de l'Afrique*, IIe part., p. 133. — Sabin Berthelot, *La pêche sur la côte occidentale d'Afrique*; Paris, 1840, p. 193. — Barker-Webb et Sabin Berthelot, *Histoire naturelle des Canaries*, t. I, IIe part., p. 187).

[2] 24 novembre.

quatre cens et deulx, et c'en ala toute nuit et arriva
sur eulx anchois qu'il fut iour, là où ilz estoient tous
en vne maison, et auoient leur conceil contre nous.
Si cuida entrer sur eulx, mais ils garderent l'entrée
de la maison, et mirent grant deffence en eulx, et
blesserent plusieurs de nos gens, et s'en yssirent
chuncq de ceux qui auoient esté à tuer noz compagnons, dont les trois furent mallement blessés, l'vn
d'vn espée parmy le corps, les autres de flesches. Si
entrerent nos gens sur eulx à force et les prindrent ;
mais pour ce que Gadiffer ne les trouua point coup-
pables de la mort de ces gens, il les deliura à la requeste dud. Asche. Et fut retenu le roy et vng autre
nommé Alby, lesquelz ilz fit enchainner par les colz,
et les mena tout droit en la plasse où ces gens auoient
esté tués, et les trouua où il les auoient couuers de
terre, et moult courcé print led. Maby, et lui vouloit
faire trancher la teste. Mais le roy lui dist en verité
qu'il n'auoit point esté à la mort des compagnons ; et
s'il trouuoit qu'il en eut oncques esté consentant ne
couppable, qu'il obligoit sa teste à coupper. Lors dit
Gadiffer que bien se gardast, et que se seroit à son
peril, car il se informeroit tout applain. Et en oultre
le roy luy promist qu'il lui bailleroit toulz ceulx qui
furent à tuer ces gens. Et atant s'en alerent tous ensemble au chastel de Rubicon. Là fut mis le roy en
deulx paires de fers. Aucuns iours après se deliura
par faute de fers mal accoutrés qui estoient trop lar-
gez. Quant Gadiffer vit cela, il fit enchainer led. roy,
et lui fit oster vn paire de fers qui moult le blessoient.

CHAPITRE XXXII.

Come Asche appointa Gadiffer qu'il seroit roy.

En aucuns iours apprès vint Asche au chastel de Rubycom : parlerent qu'il seroit roy par condicion qu'il feroit baptizer lui et toulz ceulx de sa part. Et quant le roy le vit venir, il le regarda mout despitement en disant : *Fore troncquenay*, c'est a dire : traistre mauuès. Et ainsi se parti Asche de Gadiffer, et se vesti comme roy[1]. Et aucuns iours apprès trans-

---

[1] On ne trouve aucun renseignement sur le costume royal. Abreu de Galindo et Viera nous apprennent seulement que les rois portaient une couronne de peau de chèvre, en forme de mître, ornée de coquillages marins. (VIERA Y CLAVIJO, *op. cit.*, t. I, p. 190. — GLAS, *The history of the discovery and conquest of the Canary Islands*, ex Abreu de Galindo, London, 1764, p. 8.)

Jean de Bethencourt, qui prit le titre de roi des Canaries par droit de conquête, adopta en partie cette coiffure, en ornant aussi de coquilles sa toque de baron. C'est ainsi qu'il est représenté dans un vieux portrait de Moncornet, gravé par Palomino. (BARKER-WEBB et SABIN BERTHELOT, *op. cit.* t. I, 1re part., p. 102).

M. Charton ajoute que ce portrait, gravé par Moncornet, sous les yeux de Galien II de Béthencourt, conseiller au Parlement de Normandie, n'a rien d'authentique.

Galien II était-il homme à permettre que l'on publiât, avec son autorisation, sous le titre de *Vray pourtraict de messire Ihean de Bethencourt, roy des Canaries*, un portrait de pure fantaisie ? Balthazar Moncornet pouvait-il prêter son talent à pareille supercherie ? Bergeron pouvait-il paraître croire vrai un portrait qu'il aurait parfaitement connu pour une œuvre d'imagination ?

Il est plus naturel de croire que l'artiste avait sous les yeux un portrait contemporain maintenant perdu.

La famille tient ce portrait pour authentique et lui donne une place d'honneur dans l'un des salons du château de Carqueleu. Madame de Mont-Ruffet en possède en outre un magnifique émail.

mit Gadiffer de ces gens pour querir de l'orge : car nous n'auions plus de pain, se pou non. Si assemblerent grant cantité d'orge, et le misrent en vng vieil chastel que Lancelot Maloesel auoit jadiz fait faire, celon ce que l'on dit, et de là se partirent et se misrent en chemin sept compagnons pour venir à Rubycon querir des gens pour y porter l'orge. Et quant ils furent sur le chemin, led. Asche, qui estoit fait nouveau roy, soy xxiiij, vint à l'encontre d'eulx en semblance d'amytié et allerent longuement enssemble : mais Iehan le Courtois et les compagnons se comencerent à doubter vng pou, et se tenoient tous ensemble, et ne vouloient point qu'ilz assemblassent fors que Guill⁰ Dandrac qui cheminoit auec eulx, et ne se doubtoit de riens. Quant ilz eurent cheminé vne piéce, et ilz virent leur point, ilz chargerent sur led. Guill⁰, et l'abattirent à terre, et le blesserent de xiij plaies, et l'eussent paracheué ; mes led. Iehan et les compagnons ouyrent le bruit et retournerent vygoureusement sur eulx, et le recouirent à grant paine, et le remenerent au chastel de Rubycom.

CHAPITRE XXXIII.

Coment le roy eschappa des prisons de Gadiffer, et coment il fit mourir Ache.

Or aduint que se iour proprement par nuyt le premier roy eschappa de la prison du Rubicon, et emporta les fers et la chayne dont il estoit lié. Et tantost qu'il fut en son hostel, il fit prendre led. Asche qui c'estoit fait roy, et aussi il l'auoit trahy, et le fit lapider de pierres, et puis le fit ardoir. Le second iour apprès, les compagnons sceurent, lesquels estoient au viel chastel, comment le nouueau roy auoit couru sus à Iehan le Courtois et à Dandrac et aux compagnons. Si prindrent vng canare qu'ils auoient et lui alerent trencher la teste sur vne haulte montagne; et la myrent sur vng pal bien hault, affin que chacun le pust bien veoir. Et de là en auant comencerent guerre à l'encontre de ceulx du pais. On print grant foison de leurs gens et femmes et enffans, et le surplus sont en tel point, que ils se vont tapissant par les cauernes, et n'ozent nullui attendre. Et sont tousiours sur les chams la plus grant partie d'eulx, et les autres demeurent à l'ostel pour garder le chastel et les prisonniers. Et mettent toute delygensse qu'ilz peuent de prendre gens, car tout c'est leur reconfort, quant à present, en attendant monsg' de Bethencourt, lequel enuoira de bref reconfort, come vous orrés de bref. Bertin leur a fait vng grant mal et destourbier, et est cause de mainte mort donée.

CHAPITRE XXXIV.

Comment Gadiffer ot propos de tuer toulz les hommes de deffence de l'ille Lancelot.

Si est le propos Gadiffer et aux compagnons tel que, sy ne treuuent autre remede, ilz turont tous les hommes de deffence du pais, et retendront les femmes et les enffans, et les feront baptiser, et viuront comme eulx iusquez à tant que Dieu y ay autrement pourueu. Et si ont esté à ceste Pentecouste que hommes, et femmes, et enffans plus de iiij^{xx} bathizés. Et Dieu par sa grace les veulle tellement confermer en nostre foy, que ce soit bonne exemple à tout le pais de pardeça. Il ne faut point faire de doubte que ce monsg^r de Bethencourt peult venir, et qu'il eust vng pou d'aide de quelque prince, on ne conquerroit pas seullement les illes de Canare, on conquerroit biaucoup de plus grant pais, dequoy il est bien peu de mencion, et de bon, d'aussi bon qu'il soit gueres au monde [1], et de bien peuplé de gens mescreans, et de diuerses lois, et de diuers langagez. Se led. Gadiffer eut voulu et les compagnons prendre les prisonniers à rançon, il eussent bien recouuert les frais qu'ilz leur

---

[1] Un voyageur moderne confirme ainsi l'appréciation des chapelains de Béthencourt : « Je vous assure que j'étois enchanté de ce païs-là, et que je me fis violence pour en sortir, si jamais je quittois la France, ce ne seroit que pour demeurer à la Grande Canarie. » (*Les Voyages du sieur Le Maire aux îles Canaries, Cap-Verd, Senegal et Gambie*; Paris, Colombat, 1645, p. 30).

ont cousté en se voiage. Mais jà Dieu ne plaise, car la plus part se font baptizer, et jà Dieu ne plaise que necessité les contraigne qu'il conuinst que fussent vendus. Mais ilz ont [1] que monseigneur de Bethencourt n'enuoie quelque nouuelle, ou qu'il ne vient quelque nauire d'Espaigne ou d'ailleurs, qui ont acoustumé venir et frecanter en ces marches [2], car ilz ont grant necessité d'estre raffrechis et reconfortés. Que Dieu par sa grace il veuille remedier !

CHAPITRE XXXV.

Coment la barge de monsg' de Bethencourt arriua bien auctorisée.

En pou d'eure Dieu labeure [3] ; les choses sont bien tost mues quant il plaist à Dieu, car il voit et congnoit les penssées et voulentés des ceurs, et n'oublie iamès ceulx qui ont en lui bonne esperance, et sont à ceste heure reconfortés. Il arriua vne barge au port de l'ille Gracieuse, que mons' de Bethencourt leur a

---

[1] M. Major a complété comme suit le sens de cette phrase : « *sont esbahis*....... »

[2] *Marche*, *marca*, vient de l'allemand *march*, qui signifie *frontière*, et que Vossius dérive de *merken*, marquer. Ce mot de *marca* a signifié aussi une grande province frontière. De là vient qu'on a dit la *marche de Brandebourg*, *d'Ancône*, *Trévisane*, etc. On a appelé *marchiones* et *marchisi* ceux qui commandaient dans ces marches : d'où les Flamands et nous avons fait le mot *marquis* et les Italiens celui de *marchese*. (Ménage, *Dictionn. étymologique de la langue françoise*, verbo *marche*.)

[3] Travaille.

transmy, dequoy ilz furent tous ioyeulx et en furent raffreschis et rauitaillés. Il y auoit bien en la barge plus de quatre vings hommes, dont il y en auoit plus de xliiij en point de se trouuer sur les rens, car le roy de Castille les auoit baillés à mons' de Bethencourt; et si y auoit de plusieurs artilleries et de viures assés. Et comme i'ay deuant dit, le s' de Bethencourt a rescript à mess° Gadiffer de la Salle vnes lettres auxquelles il lui rescrisoit plusieurs choses, et entre lesquelle il luy rescrisoit qu'il auoit fait hommage au roy de Castille des illes de Canare, de laquelle chose il n'en estoit pas ioieux, et ne faisoit point si bonne chere qui souloit faire. Les gentilz hommes et les compagnons se emerueilloient, car il sembloit qu'il deuoit faire bonne chere, et qu'il n'auoit pas autre cause, mais nullui ne peut sauoir que c'estoit. Les nouuelles estoient par tout que mons' de Bethencourt auoit fait homage au roy de Castille des illes de Canare. Mais iamès personne n'eut penssé que ce fut esté à ceste cause, se led. Gadiffer ne s'en fust descouuert à nulluy. Il s'apaisa et en fit le mains semblant qu'il peut. Item le maistre de la nef et barge leur dist au vray qu'estoient deuenu les traistres qui tant leur ont fait de mal, desquieulx les noms sont cy deuant declarés, auquel Dieu y a monstré son bon plaisir, et en a prins vengensse du mal qui leur ont fait, car les vngs sont en Barbarye noyés, et les autres sont en leur pais à honte et à deshonneur. Et est aduenu vne grant merueille, car l'un des batiaulx de la nef Gadiffer, que les Gascongs qui là estoient enmenerent au mois d'octobre m cccc et deulx, auquel ilz sont noyez et peris en la coste de Barbarie, est reuenu sain et entier de plus de chunc chens lieues d'icy, là où ils furent noyés, et arriua au port de l'ille Gracieuse au mois d'aoust mil cccc et iij, en la propre plasse où ils l'auoient prins, quant le traitre Bertyn les ot trahys, et fait bouter hors de la nef là où ilz estoient et mestre à terre, et se tenoient ilz à moult grant chose, car c'est vng grant reconfort pour eulx. Or est la barge receullie et les gens et viures, et leur fit led. Gadiffer la milleur chere qu'il peut, prenés qu'il ne fut pas trop ioieulx. Il leur demanda des nouuelles de Castille, et le mestre de la nef lui respondit qui n'en sauoit nulles, fors que le roy fait bonne chere à monsg' de Bethencourt, et sera de bref par dessà, mais qu'il ait fait mener madame de Bethencourt en Normendie. « Et ie cuide de ceste heur elle y est ; il y a ià grant piesse que ie suis parti du pais, et il se hastoit fort drès adonc de l'enuoier, à celle fin qui retournast par dessà, car il anuye très fort qu'il n'est par dessà ; et seurement il y sera de bref ; il ne faut pas laisser à faire le mieulx que l'en poura tant qu'il soit venu ». Si respondit Gadiffer : « Aussi fera non dea, on ne lara pas à besongner, si n'y est, nyent plus que on a fait ».

CHAPITRE XXXVI.

Come celle barge partit de l'ille Lancelot pour visiter toutes les autres isles.

Et après que la barge mgr. de Bethencourt fut arriuée au port de Rubicon, et ilz eurent receullis tous les viures qui y estoient, vins et farines, et autres choses, mess° Gadiffer se partit et mit en la mer dedens la barge auec la plus part de la compagnie, pour aler visiter les autres illes, pour mons' de Bethencourt et pour la conqueste qui, se Dieu plaist, se fera à bonne fin. Aussi le mestre de la barge et les compagnons auoient grant desir de gaigner, pour renporter des besongnes de par dessa, pour y gaigner en Castille, car ilz pouent emporter plusieurs manieres de marchandises, comme cuyr, gresses, oursolle [1], qui vault biaucoup d'argent, qui sert à tainture, dates, sancdragon, et plusieurs autres

---

[1] Orseille. *Lichen roccella.* Lin. Spec. plant. (Vulgairement, l'orseille des Canaries).

Ce lichen croît en abondance sur les rochers maritimes de Madère et des Canaries. On en faisait autrefois un tel commerce dans ces dernières îles, qu'on avait uni leur nom à celui de cette plante. On se sert de l'orseille dans la teinture, ainsi que d'autres plantes du même genre, et elle donne, après avoir été macérée quelque temps dans l'urine, une belle couleur pourprée. Les teinturiers faisaient un mystère de sa préparation; mais Micheli nous a révélé les procédés qu'on employait : on les trouve aussi dans le traité de M. Hellot *sur la teinture des laines.*

On a cru que les Phéniciens avaient employé l'orseille; ils venaient la chercher dans les îles de l'océan Atlantique qu'on nommait alors

choses qui sont au pais. Car lesd. ysles estoient et sont en la proteccion et seigneurie de monsʳ de Bethencourt, et auoit on cryé de par le roy de Castille que nul n'y alast si non par son congé, car ainssi l'auoit il impetré du roy; lequel Gadiffer quant il vint ès illes, ne sauoit mye que c'estoit. Et arriuerent

Purpurariæ; et la pourpre que nous cherchons dans un murex n'était peut-être que le *lichen roccella*.

Dolomieu nous apprend que cette plante croît aussi dans l'île de Pantellaria, où, depuis quelque temps, on s'est avisé de la ramasser et d'en tirer parti. On l'a rencontrée à Candie, et sur quelques parties des côtes d'Afrique. On en trouve aux îles du Cap-Vert, d'où, en 1730, un navire anglais en rapporta à Sainte-Croix. Les Espagnols et les Génois armèrent aussitôt des barques pour en aller chercher, et en rapportèrent de Saint-Antoine et de Saint-Vincent plus de cinq cents quintaux, qui ne payèrent chacun qu'une gourde de sortie sur les lieux. J'avais déjà trouvé l'orseille sur les côtes septentrionales de la Bretagne. Je l'ai revue depuis à Belle-Isle-en-mer, au lieu nommé Kdonis.

On pourrait établir plusieurs espèces, ou au moins plusieurs variétés, dans le lichen qui nous occupe. Il y a des différences qui me paraissent essentielles entre les plantes qu'on a regardées comme l'orseille. (BORY DE SAINT-VINCENT, *op. cit.*, pp. 308, 309.

L'orseille est l'une des productions les plus importantes du Pic; c'est, comme on sait, un lichen d'un gris légèrement verdâtre, qui croît sur les rochers et les murailles, et fort recherché pour ses précieuses propriétés tinctoriales. Le monopole en était réservé à la couronne de Portugal, pour les épingles de la reine; le gouvernement l'achetait à raison de 40 reis par livre, et la revendait pour l'exportation au prix de 200 reis; cet ordre de choses a été modifié, et la vente de l'orseille est aujourd'hui publique. La meilleure espèce, avec celle des îles du cap Vert, est celle des Açores, et elle est devenue dans ces derniers temps un grand article de commerce avec l'Angleterre et la France, où la chimie est parvenue à tirer de ses propriétés un parti bien supérieur à ce qu'on en pouvait jadis obtenir. La plante, après avoir été bien séchée et pulvérisée, est humectée d'urine et transformée en une sorte de pâte qui, mêlée avec la chaux ou divers alcalis, donne des teintures bleues et pourpres, et avec une solution d'étain, de belles et riches nuances

en l'ille d'Albanye, et descendit led. Gadiffer, Remonnet de Leneden, Hannequin d'Auberboc, Pierre de Rieul, Iamet de Barege, auec autres de ceulx de la compagnie, et du nauire et des prisonniers qu'ils auoient, et deulx Canariens pour les conduire.

CHAPITRE XXXVII.

Gadiffer partit de la barge pour aler en l'ille d'Erbanye.

Quant Gadiffer fut passé auec la barge en l'ille d'Albanye, aucuns iours apprès se parti luy et Remonnet de Lenedem et les compagnons de la barge iusquez au nombre de xxxv hommes pour aller à Ruissel de Palmes voir se ilz pouroient encontrer aucuns

---

violettes d'un excellent teint. (M. D'AVEZAC, *Les Iles de l'Afrique*, IIe partie, p. 70).

M. H. Major fait sur l'orseille une observation qui mérite d'être rappelée.

« Nous apprenons, dit-il, de l'*Istoria Genealogica delle famiglie nobili Toscane* (Fiorenza, 1668, vol. I, p. 274), que la noble famille florentine de Rucellai tire son nom du secret de teindre avec l'orseille que l'un de ses ancêtres importa du Levant en Italie. La date de cet événement est fixée par le *Giornale de' Letterati d'Italia* (tom. 33, part. I, art 6, p. 231) aux environs de l'an 1300. Pour ce motif, la famille fut appelée Oricellari, nom qui se trouve souvent dans les archives de Florence. Par corruption, on fit, d'Oricellari, Rucellari, puis Rucellai, et de là vient le nom botanique moderne du lichen « Roccella tinctoria ». La teinture même est appelée « oricello », et je me hasarde à supposer que ce mot est dérivé du latin « oricella » ou « auricella » (diminutif d'auricula), le bas de l'oreille, idée qui peut être venue de la consistance et de l'impression que cette plante produit au toucher ». (*The Canarian*, note de la p. 64).

de leur anemis. Et arriuerent près de là par nuist, et trouuerent vne fontaine là où ils se reposerent vng pou, puis commencerent à monter vne haute montaigne, de quoy l'en peult bien aduiser vne grant partie du pais. Et quant ilz furent bien my voye de la montaigne, les Espagnols ne vouldrent aler non plus aduant, et s'en retournerent xxj qui estoient arbalestriers la plus grant partie d'eulx. Et quant Gadiffer vit cela, il n'en fut pas ioyeulx, et s'en ala son chemin, lui xiij et n'y auoit que deulx archers. Quant ils furent amont, il print six compagnons, et s'en ala là où le russiau chet en la mer, pour sauoir se il luy auoit aucun port [1], et puis s'en retourna contremont le ruisseau, et trouua Remonnet de Lenedem et les compagnons qu'il l'attendoient à l'entrée des palmyers. Là est l'entrée si forte que c'est vne grant merueille, et ne dure pas plus de deulx gestz de pierres, et de deulx ou trois lansses de large. Et leur conuynt deschausser leur soules pour passer sur les pierres de marbre, et estoient si honnyes et si glisantes que on ne s'i pouet tenir fors à quatre piés, et encores conuenoit il que les derniers appuyassent les piés à ceulx des autres de deuant auec les bous des lansses, et puis tiroient les derniers après eulx [2]. Et quant on est oultre, on treuue le val bel et honny, et

[1] C'est en cet endroit que se trouve maintenant le port de la Peña.

[2] « L'exactitude de cette description est confirmée par les voyageurs modernes : MM. Barker-Webb et Sabin Berthelot franchirent ce passage difficile tout-à-fait de la même manière ». (*Note de M. Charton.*)

moult delectable, et y peut bien auoir viij^c palmiers [1] qui ombroient la valée, et les ruissiaux des fontaines qui courent parmy, et sont par trouppiaulx c et vi^{xx} ensemble, aussi longs comme maats de nef, de plus de xx brasses de hault, si vers et si feulleus, et tant chargez de dattes que c'est vne moult belle chose à regarder. Et là se dinerent soubs le bel ombre sur l'erbe vert, près des russiaulx courans, et là se reposerent vng petit, car ils estoient moult lassés [2].

---

[1] « Le palmier dattier *(Phœnix dactilifera)*, arbre dioïque, de 60 pieds, dont le bois, dur extérieurement, mais mou et facilement destructible à l'intérieur, est employé pour les constructions ; ses feuilles sont pennées, son spadice ou *régime* sort d'une grande spathe et porte des fleurs staminées ou pistillées ; ces dernières deviennent des baies dont la graine est un *testa* membraneux et un *albumen* osseux très-dur, sillonné d'un côté ; le mésocarpe sucré est l'unique nourriture des nègres et des tribus arabes qui vivent dans le Biledulgérid. Quand ces peuples se font la guerre, ils vont détruire les dattiers à étamines sur le terrain de leurs ennemis, afin de les affamer en rendant stériles les palmiers à pistils ». (LEMAOUT, *Les trois règnes de la nature*, cité par M. Charton).

Le dattier a toujours été cultivé par les hommes de l'Afrique : c'est le palmier des anciens ; il a existé de tout temps aux Canaries. Pour faire remarquer aux voyageurs leurs modestes habitations, bâties dans des creux, les insulaires plantaient devant un palmier. (BORY DE SAINT-VINCENT, *op. cit.*, pp. 318, 319.)

[2] « Dans cette vallée de Rio-Palma s'élève aujourd'hui la chapelle de Notre-Dame de la Peña. On y révère une vierge miraculeuse que saint Diego de Alcala, un des moines fondateurs du couvent de Béthencourie, retira, dit-on, du milieu d'un rocher. Cette madone a les yeux fermés, et l'on assure que sa cécité date seulement de la première invasion des Barbaresques. La bonne vierge, me dit le sacristain que j'interrogeais sur ce fait, ne voulut pas voir san Diego maltraité par un Maure, et ferma les yeux. Ce gardien de la sainte chapelle nous montra ensuite le fameux dattier du val de Palmas qui porte des dattes sans noyaux depuis que san Diego se cassa une dent en mangeant un de ses fruits. Le chanoine Viera, qui a fait aussi mention de l'arbre merveilleux, n'a

CHAPITRE XXXVIII.

Come ilz s'entreucontrerent sur leurs anemis.

Après se mirent au chemin et monterent vne grant coste, et ordonna trois compagnons pour aler deuant assés longuet. Et quant ses trois compagnons furent vng pou eslongnez, ils encontrerent leurs anemis et leur coururent sus, et les misrent en chasse, et leur tolit Pierre le Canare vne femme, et en prist deulx autres en vne cauerne, dont l'vne auoit vng petit enfant aletant qu'elle estrangla. On pensse bien que se fut pour doubte qu'il ne criast [1]. Mais Gadiffer ne les

pas craint d'observer qu'il y a beaucoup de dattiers aux Canaries qui portent des fruits semblables, et qu'il n'est pas probable que des fruits de tous ces palmiers aient édenté le bienheureux cénobite. » (Barken-Webb et Sabin Berthelot, *Histoire naturelle des Canaries*, t. I, part. II, pp. 197, 198.)

Voici le passage de Viera traduit par Sabin Berthelot : « Pero es constante, que asi como hay muchas palmas en nuestras islas que producen sus datiles ó *Támaras* sin hueso, tempoco es verosimil que todas estas hubiesen ofendido la dentadura de aquel santo ». (*Noticias*, t. I, p. 432.)

[1] Cette appréciation est fausse. Un auteur espagnol, Nuñez de la Peña, dit que, malgré la peste effroyable qui désola Ténériffe en 1495, après la désastreuse bataille de la Laguna, les Guanches avaient encore de l'esclavage une horreur invincible. Il cite l'exemple d'un vieillard moribond qui, pour ne pas tomber aux mains d'une troupe d'Espagnols qui l'avaient surpris dans une grotte, tua de sa main ses trois enfants et se perça le cœur de son javelot. (*Conquista y Antiguedades de las islas de la gran Canaria y su descripcion, con muchas advertencias de sus privilegios, conquistadores, pobladores, y otras particularidades en la muy poderosa isla de Tenerife*, etc., Madrid, 1676, lib. I, cap. 15, p. 154.) — La femme guanche dont parlent les chapelains de Béthencourt, obéissait au même sentiment que le vieillard cité par Nuñez de la Peña. Dans aucun pays, dans aucun temps, une femme n'a tué son enfant pour sauver sa vie.

autres ne sauoient de tout ce fait, sinon que il se doubtoit bien que en vng fort pais qui estoit là deuant en la plaine auoit des gens. Sy ordonna Gadiffer de si pou de gens qu'il auoit à comprendre tout ce mauuès pais; et se rengerent assés loing l'vn de l'autre, car ilz n'estoient demourés derriere que onze.

CHAPITRE XXXIX.

Coment ceulx que [ils] encontrerent au fort pais coururent sus aux Castillens.

Sy aduint que les Castillens qui estoient demourés auesques eulx si arriuerent sur vne compagnie de gens qui estoient enuiron chinquante personnes, lesquelz coureurent aux Castillans et les enchanterent tant que leurs femes et leurs enffans furent esloignez. Les autres compagnons, qui estoient bien loings espartis, se trayrent vers le cry le plus tost qu'ilz pourent, et arriua premier Robinet de Lenedem tout seul, qui leur courust sus, mais ils l'encloirent entre eux. Et se ne fust Hannequyn d'Auberboc qui là serrement vint ferir entre eulx [et] appertement leur fit guerpir la plasse, Remonnet estoit en peril de mort. Aussi il seuruint Gieffre d'Auzouuille atout vng arc en sa main, et bien leur estoit besoing, et les mist du tout an fuite. Mais Gadiffer, qui estoit bien auant au fort pais, venoit tant qu'il pouet, soy quatriesme, et print

le chemin droit aux montagnes, là où ils tiroient leur
en aler, et venoit au deuant quant la nuit le seurprint,
et en fut si près qui parla à eulx, et à grant paine
s'entretrouuerent entre eulx, tant faisoit obscur, et
s'en reuindrent toute nuit à la barge, et ne pourent
riens prendre fors que quatre femez, et dura la chasse
de haute heure des vespres iusquez à la nuit. Et
furent si lassés d'vne part et d'autre que à paine pourent ilz haster leur pas. Et se n'ust esté l'obscureté
de la nuyt, qui surprint Gadiffer et ces compagnons,
il n'en fut ià eschappé nulluy. Et dès le commencement les Castillans s'aresterent, et ne furent point à
la chasse. Et onquez puis Gadiffer ne s'i voult fier
en tout le voyage, trois mois ou enuyron, iusquez à
tant que mgr. de Bethencourt vint au païs atout vne
autre compagnie.

CHAPITRE XL.

Coment Gadiffer passa à la grant Canare et parla aux gens du païs.

Et lors se partirent d'Erbane et arriuerent en la
grant Canare à heure de prime, entrerent en vng
grand port, qui est entre Teldes et Argonnez, et là
sur le port vint des Canares enuyron chuncq cens, et
parlerent à eulx, et venoient à la barge xxij tous ens-

semble, après que ils les auoient asseurés, et leur apportoient des figues et du sanc de Dragon[1], qui

---

[1] Le dragonnier ou sang-de-dragon, *dracœna draco*.

« Dès l'antiquité, le dragonnier était regardé comme l'arbre propre des Canaries; les Guanches faisaient des boucliers de son bois..... Il joue un grand rôle dans les traditions qui ont rapport aux îles Fortunées. Nulle part il n'est plus beau et en plus grande quantité que sur les côtes septentrionales de Ténériffe, et aux racines du pic. On y recueille son suc qui entre, comme on le sait, dans le commerce.

« La plupart des voyageurs de notre expédition de découverte achetèrent à Laguna, dans un couvent où il y avait des religieuses charmantes, de petits paquets de racines qui n'avaient pas beaucoup de goût ni de vertu par elles-mêmes, mais qui étaient colorées d'une couche de sang de dragon, afin qu'en les mâchant elles conservassent les dents et les gencives. Le meilleur éloge que l'on puisse faire de cette petite marchandise, c'est que les religieuses qui la vendaient avaient la bouche fraîche et de toute beauté ». (BORY DE SAINT-VINCENT, *op. cit.*, pp. 319, 320).

Le dragonnier et le baobab, dit Humboldt, sont les plus anciens habitants de notre planète. Le fameux dragonnier de l'Orotava, haut de 72 pieds, mesure 45 pieds de circonférence; dix hommes se tenant par la main peuvent à peine l'embrasser. La tradition porte qu'il était révéré par les Guanches comme l'orme d'Ephèse par les Grecs, et qu'à l'époque de la première expédition de Béthencourt, en 1402, il était aussi gros et aussi creux qu'aujourd'hui. (HUMBOLDT, *Tableaux de la nature*, trad. Eyriès; Paris, Gide fils, 1828, t. II, pp. 26, 27, 99-101).

D'après Dumont d'Urville, ce monstrueux végétal mesurait 48 pieds de tour à sa base et 75 de hauteur. (*Voyage de la corvette l'Astrolabe exécuté par ordre du Roi pendant les années 1826, 1827, 1828, 1829, sous le commandement de M. Dumont d'Urville. — Histoire du voyage.* Paris, Tastu, 1830, t. I, p. 32).

Le colosse mutilé n'a rien perdu de son imposant aspect : inébranlable sur sa base et le front dans les nues, il poursuit le cours de sa longévité. (BARKER-WEBB et SABIN-BERTHELOT, *op. cit.*, t. I, part. II, p. 98.)

Ce cippe prodigieux, dit Sabin Berthelot, offrait à l'intérieur une cavité profonde que les siècles avaient creusée; une porte rustique donnait entrée dans cette grotte, dont la voûte à moitié entamée supportait encore un énorme branchage; de longues feuilles, aiguës comme des épées, couronnaient l'extrémité des rameaux, et de blanches panicules,

changoient pour ayns ¹ à pescher, et pour vielles
ferrailles de fer, et pour petis coustiaulx, et eurent
du sanc de dragon qui valoit bien deulx cens doubles
d'or. Et tout tant qu'il leur baillerent ne valoit mye
deulx frans. Et puis quant ils estoient retrays, et le
batel s'acoustoit à la terre, ils couroient sus l'vn à
l'autre, et duroit l'escarmouche vne grant piesse.
Quant cela estoit passé, ils ce remetoient en la mer,
et venoient en la barge comme deuant, et apportoient
de leurs choses, et dura se fait deulx iours qui furent
là. Et transmit Gadiffer Pietre le Canare parler au
roy, qui estoit à chuncq lyeus de là. Et pour ce qu'il
ne retourna mye à la droite heure qu'il deuoit retournerent, les Espagnols qui estoient maistres de la
barge ne vouloient plus attendre, ains firent voile,
et s'en alerent à quatre lieus de là, et cuiderent
prendre eaue, mais les Canares ne les laisserent
prendre terre, et sans faulte ilz combatront qui y entrera à pou de gens, car ilz sont grant cantité de
nobles gens selon leur estat et leur manyere. Et nous
auons trouué le testament des freres Crestiens qu'ilz
tuerent, ore a xij ans, qui estoient xiij personnes ;
pour ce les tuerent ilz selon que dient les Canares,

qui s'épanouissaient en automne, venaient jeter un manteau de fleurs
sur ce dôme de verdure. Un jour, l'ouragan furieux ébranla la forêt
aérienne... on entendit un épouvantable craquement ; puis, tout-à-coup,
le tiers de la masse rameuse s'abattit avec fracas et fit retentir la vallée.
La date de cet événement (21 juillet 1819), est inscrite sur une plate-
forme en maçonnerie que l'on a bâtie au sommet du tronc pour recouvrir
la crevasse et prévenir l'infiltration des eaux.

¹ Hameçons.

car ilz auoient transmis lettres en terre des Crestiens à l'encontre d'eulx, lesquels ilz auoient demouré sept ans, qui de iour en iour leur annoncerent les articles de la foy; lequel testament dit ainsi, que nul ne se doit fier en eulx pour biau semblant qu'ilz fassent, car ils sont traystres de nature [1], et se dient entre

---

[1] Cette accusation est injuste. Les Canariens étaient affables, hospitaliers, doux, graves, confiants. Un sentiment de justice et de bonne foi, qui distinguait toutes leurs actions, semblait former le fond de leur caractère. Ils ne tuaient pas leurs prisonniers mais les employaient aux plus durs travaux, particulièrement aux fonctions de boucher, considérées comme flétrissantes. Ils punissaient de mort tout homme armé qui se comportait licencieusement ou injurieusement envers une femme. Ils étaient braves et très-adonnés aux travaux de la guerre. (GEORGE GLAS, *op. cit.*, pp. 79, 80. — M. D'AVEZAC, *Les Iles de l'Afrique*, II° part., pp. 138-142. — BORY DE SAINT-VINCENT, *op. cit.*, p. 70). Une trahison de leur part devrait beaucoup étonner. Aussi ne doit-on pas admettre l'appréciation des auteurs du testament trouvé par Gadifer.

D'après don Pedro del Castillo, voici comment se seraient passés les faits que rappellent les chapelains : « Une petite panetière de peau, remise au seigneur Gadifer, contenait certains papiers écrits, qui, mis au jour et lus, rapportaient comment, faisant le voyage de Sicile en Galice, le navire de François Loppez avoit été jeté par une tempête dans le *Baranco de Guinigada* en Canarie, le 5 juin 1382; comment le *guanartème* (roi) de l'île avait laissé la liberté à tous les naufragés, leur avait donné des chèvres, et les avait traités avec tendresse. Ces Européens étaient au nombre de treize; ils avaient appris leur langue et leur religion à plusieurs enfants; ils avaient vécu douze ans dans le pays, et pour certaines raisons on les avait enfin tous tués ». (Ce passage est traduit du ms. inédit de Castillo, par Bory de Saint-Vincent, *op. cit.*, p. 71).

Les raisons que l'auteur espagnol ne spécifie pas sont rapportées par les chapelains : Les treize prisonniers « auoient transmis lettres en terre des Crestiens à l'encontre » des Canariens.

On voit, comme le remarque Bory de Saint-Vincent, « que les Canariens n'étaient pas les traîtres, mais bien ceux qui, comblés de leurs bontés, les obligèrent à leur ôter la vie » pour conjurer les effets d'une cabale ayant pour but d'amener dans l'île un ennemi impitoyable et fanatique.

eulx six mille gentils homes [1]. Sy est le propos Gadiffer, se peult finer de C archiers, et autant d'autres gens, d'entrer au pais, et soy fortiffier, et

Ils furent d'ailleurs ainsi jugés par Viera y Clavijo, leur compatriote : « Los vicios de aquellos christianos, fueron majores que su virtudes ». (Lib. III, § 22).

Non-seulement les Canariens n'étaient pas traîtres, mais tous les récits de la conquête prouvent qu'ils étaient aussi généreux et braves que les Espagnols étaient perfides et cruels. En voici un exemple entre mille : Diego de Silva était entré avec deux cents hommes dans le district de Galdar, ravageait le pays, s'emparait des bestiaux et des femmes. Tenesor Semidor l'attaque, l'oblige à se retirer dans un édifice carré qui servait de lieu de supplice, l'investit, le réduit à la dernière extrémité. Rien ne peut l'empêcher de jeter à la mer tous ces Espagnols qui viennent pour la seconde fois porter la mort et la dévastation dans ses États. Il leur fait grâce au contraire et leur permet de retourner en Espagne. Silva l'embrasse avec émotion et lui remet son épée en témoignage de reconnaissance et pour attester le serment qu'il a fait de ne plus revenir à Canaria. (GALINDO, mss., lib. I, cap. 26. — CASTILLO, mss., cap. 31 (cités par BERTHELOT). — VIERA Y CLAVIJO, Noticias, t. I, lib. 6, p. 462.)

[1] La noblesse canarienne n'était pas aussi risible qu'au premier abord on pourrait le croire. Tous les citoyens pouvaient devenir nobles par une action d'éclat ou par une grande alliance. Le *Faycan*, ou grand-prêtre, pouvait seul conférer le titre et les prérogatives de la noblesse. Celui qui sollicitait cet honneur se présentait, les cheveux tombant sur les épaules, devant une assemblée spécialement réunie pour son admission. Le grand-prêtre disait alors : « Au nom du Dieu éternel, je
» vous conjure de m'apprendre si vous avez vu cet homme entrer dans
» son étable pour y tuer des animaux, ou préparer des mets de sa main,
» et s'occuper de quelques-uns des travaux que l'on réserve aux femmes.
» Dites-moi surtout s'il a manqué aux égards dus au sexe ». Si la réponse était négative, le Faycan lui coupait les cheveux derrière les oreilles et l'armait d'une pique. Il pouvait dès lors compter sur le respect du peuple et siéger parmi les patriciens. Mais si la réponse était affirmative, le Faycan lui rasait les cheveux et le renvoyait, sous le nom de *trasquilos*, dans la classe des roturiers, dont il ne pouvait plus sortir. (VIERA Y CLAVIJO, *Noticias*, t. I, lib. III, § XI.—BORY DE SAINT-VINCENT, *op. cit.*, pp. 91, 92).

demourer iusquez à tant que à l'ayde de Dieu il fust mys en nostre subiection et à la foy nostre Sr Ihesuscrist.

CHAPITRE XLI.

Comment la compagnie se partit de la grant Canare et passa l'ille d'Enfer iusquez à l'ille de Gomere.

Et lors se partirent la compagnye et prindrent leur chemin pour aler visiter toutes les autres isles; et vindrent à l'ille de Fer, et les costierent tout du lont sans prendre terre, et passerent tout droit en l'isle de Gomere, et arryuerent par nuyt. Et ceulx de l'isle faisoient du feu en aucuns lieux sur le ryuage de la mer[1]. Si se misrent des compagnons en vng coquet[2], et dessendirent au feu, et trouuerent vng homme et trois femes qu'ilz prindrent et les amenerent à la barge, et là demourerent iusquez au iour. Et puis dessendirent aucuns pour prendre eaue ; mais les gens du pais s'asemblerent, et leur coururent sus, et tant qui furent contrains eulx en retourner à la barge sans prendre eaue, car la place estoit en trop grant desauentage pour noz gens.

[1] Ces insulaires n'avaient point de maisons ; ils vivaient dans des huttes et dans des grottes naturelles. (Azurara, *Chronica de Guiné*, cap. 79.)
[2] Petit bateau.

CHAPITRE XLII

Comment Gadiffer et la compagnie se partirent de la Gomere et vindrent en l'ille de Fer, là où ils demourent xxij iours.

Après se partirent de là, et prindrent leur chemyn en l'isle de Palmes, mais ilz ourent vent contraire et grant tourment ; et leur conuynt tenir le chemin de l'isle de Fer [1], et y arriuerent de iour : et prindrent terre : et là demourerent bone piesse xxij iours : et prindrent quatre femmes et vng enffant, et trouuerent porcs,

[1] Fer ou Ferro est la plus petite et la plus occidentale des Canaries. Elle affecte la forme d'un croissant et sa surface est d'environ 50 milles carrés. La côte, qui s'élève presqu'à pic à 1,100 mètres de hauteur, est peu abordable. Les anciens géographes firent passer par cette île le premier méridien terrestre, et Louis XIII, par décision de 1634, ordonna l'usage exclusif de ce méridien. C'est à cette circonstance que l'île de Fer doit sa célébrité. (M. D'AVEZAC, *Les Iles de l'Afrique*, II° part., pp. 137, 138).

Les indigènes de Ferro étaient de moyenne stature, d'un esprit mélancolique déterminé peut-être par la vue d'une mer dangereuse et l'aspect plus que sévère du pays. Tous leurs chants étaient graves et sur un ton plaintif. Ils dansaient en rang, se tenant par la main, avec une précision parfaite. Au temps de Juan de Abreu Galindo, cette danse était encore en usage.

Les hommes portaient un *tamarco* à manches en peau de mouton, assez semblable à une petite veste. En hiver, ils en tournaient la laine en dedans. Ils portaient aussi des souliers, des bottes et des bottines dont les semelles étaient faites de cuir de porc.

Les femmes portaient, outre la veste, une jupe qui leur descendait à mi-jambes. Elles allaient tête nue, les cheveux tombant en tresses nombreuses sur les épaules.

Ils se réunissaient par groupes d'une vingtaine de familles dans une maison commune en pierre, couverte de branchages, de feuilles, de paille et entourée d'un grand fossé. Sur le littoral, ils habitaient dans de vastes grottes qui servent maintenant d'étables. Dans ces modestes demeures séjournaient, dit-on, l'amour et la paix. (GLAS, *op. cit.*, pp. 25, 26.)

cheures, brebis grant planté, et est le pais très malués vne lieue tout en tour par deuers la mer. Mais sur le millieu du pais, qui est moult hault, est byau pais et delictable, et y sont les bocages grans, et sont vers en toutes saisons, et y a des pyns plus de C*m*, dequoy la plus grant partie sont si gros que deulx homes ne les saroient embracer. Et sont les yaues bonnes à grant planté, et tant de cailles que merueilles, et y pleut souuent; et ne sont orendroit que pou de gens, car chacun an on les prent : et encore l'an mil cccc et deux, il fut prins, selon ce que l'en dit, quatre chents personnes ; mais ceulx qui y sont à present fussent venus s'il y eut [eu] quelque truchement.

CHAPITRE XLIII.

Coment ilz passerent en l'ille de Palmes, puis retournerent de l'autre bende, costeant les isles.

Sy a depuis trouué maniere d'auoir vng truchement qui sache le pais et parler le langage pour entrer en icelle isle et ès aultres ; puis se partirent et s'en alerent tout en tour par delà droit en l'ille de Palmes, et print port au droit d'une riuiere qui chiet en la mer, et là se fournirent d'iaue pour leur retour, et se partirent de là. Et quant ilz eurent doublé l'ille de Palmes, ilz eurent si bon vent que ilz furent en deulx iours et deulx nuits à port de Rubicom, là où il y a chunc chens mille entre deulx ; et s'en vindrent costeant de l'autre bende

toutes les illes iusquez aud. port sans prendre terre
nulle part. Et auoient demouré trois moys ou enuyron,
et reuindrent sains et haytiés, et trouuerent les compagnons en bon point, qui auoient plus de cent prisonniers en chastel de Rubycom ; et y en auoit eu grant
foyson de mors, et tenoient leurs ennemis en telle necessité qu'ilz ne sauoient plus que faire, et se venoient
de iour en iour rendre en leur mercy, puis les vngs,
puis les autres ; tant qu'ilz sont demourés pou de gens
en vye quilz ne soient baptizés, et especialement des
gens qu'ilz les puissent greuer et sont au dessus de
leur fait. Quant à l'ille de Lancelot en laquelle auoit
plus de deulx cens hommes, quant ils y arriuerent,
c'est vne bonne petite isle qui ne contient que xij lieues
de tour et quatre de large, et y descendit mons' de
Bethencourt au mois de juillet mil cccc et deulx.

CHAPITRE XLIV.

Coment toutes les autres isles furent visitées de Gadiffer et de quel vertu elles estoient.

Et quant des autres yles, mons' de Bethencourt les
a fait visiter par messire Gadiffer et autres chargez de
ce faire, et tant qu'ilz ont auisé comment elles seront
conquises, et y ont frecanté et demouré par espasse de
temps, et ont veu et cogneu de quelle maniere et de
quel prouffit ilz sont : et sont de grant prouffit et fort
plaisantes, et en bon ayr et gracieulx. Et ne faut

point doubter que cy en auoit gens come il y a en France, qui sceussent faire leur prouffit, se seroient vnes fort bonnes isles et profitables. Et si plaist à Dieu que mons' de Bethencourt soit venu, au plaisir Dieu on en vendra à chief et bonne intencion.

CHAPITRE XLV.

Coment mons' de Bethencourt arriua à Rubicon en l'ille Lancelot. et la chere que on luy fit.

Es iour proprement que la barge arriua au port de Rubicon au retour des isles, la barge se partit et s'en ala en vng autre port nommé Laratif[1]. Là leur fit on liurer char pour leur retour, et se partirent de là pour eulx en aler en leur pais en Espaigne. Et là transmit vers mons' de Bethencourt par Gadiffer vng gentil home nommé Gyeffrey d'Ausouuille, lequel porta lettres à mons' de Bethencourt come tout se portoit, et tout le demène que lad. barge auoit fait. Mais deuant que icelle barge arriuast en Espaigne, Monseigneur de Bethencourt fut arriué au port de Rubicom à belle petite compagnye, et messire Gadiffer et toute la compagnye vindrent au deuant de lui. On ne saroit dire la grant chere que on lui faisoit. Là y vindrent les Canariens qui c'estoient fait batiser, qui se couchoient à terre en lui cuidant faire reuerance, disant que c'est la coustume du pais et leur maniere, et

[1] Voir la note de la p. 47.

disent que c'est à dire quant ilz se couchent que du tout ilz se mettent en la grace et à la mercy à celui qu'ils le font. Vous eussiez veu pleurer tous grans et petis de ioye. Et tant que les nouuelles vindrent au roy qui tant de fois auoit esté prins, et c'est tousiours eschappé, et luy et tout ses alyés eurent si très grant paour que deuant qu'il fut trois iours accomplis led. roy fut prins luy xixe, qui leur auoit fait beaucoup de peine : ilz trouuerent à cause de sa prise assés de viures, orge à planté et plusieurs autres choses. Et adonc quant le demourant des Canares vit que leur roy estoit prins et qu'il n'y pouoient plus resister, ils se venoyent tous les iours rendre à la mercy de mons^r de Bethencourt, le roy requerant qu'il parlast à mons^r de Bethencourt, et fut mené vers led. seigneur en la presence de mess^e Gadiffer et plusieurs austres. Et adonc led. roy se print à se coucher disant qu'il se tenoit vaincu et se mestoit en la mercy de mons^r de Bethencourt et lui cria mercy et à mess^e Gadiffer. Et leur dist qu'il se vouloit faire baptiser lui et tout son hostellée, dont mgr. de Bethencourt fut bien ioieulx et toute la compagnie, car ilz esperoient que c'estoit vng grant commencement pour auoir le demourant des isles et pour les tirer toulz à la foy crestienne. Monsg^r de Bethencourt et mess^e Gadiffer se tirerent à part et parlerent ensemble et s'entracolerent et beserent, pleurant l'un l'autre de grant ioye qu'ils auoyent d'estre cause de mestre en voie de saluacion tant d'amez et de personnes. Et conclurent eulx deulx coment et quant ilz seroient baptisés.

CHAPITRE XLVI.

Come le roy de Lancelot requerut monsgr de Bethencourt que il fut baptizé.

L'an mil cccc et quatre, le ieudi xxve iour de feburier, deuant caresme prenant, le roy de l'ille Lancelot, payan, requist mgr. de Bethencourt que il fut baptisé, lequel fut batizé lui et tout son menage le premier iour de quaresme et monstroit par semblant qu'il auoit bon vouloir et bonne esperance d'estre bon crestien, et le baptiza mess^e Iehan Verrier, chappellain de monseigneur de Bethencourt, et fut nommé par led. seigneur Loys. Adonc tout le païs l'vn après l'autre se faisoit batizer et petis et grans.

Et pour ce on a ordonné vne instruccion ainssi comme ils ont sceu faire le plus legierement que ilz ont peu pour introduyre ceulx que ilz ont baptisés et qui penssent qui seront baptisez d'ores en auant, si plaist à Dieu. Lesd. relygieulx mess^e Pierre Bontier et mess^e Iehan Verrier estoient assés bons clercs qui là firent à myeulx qui peurent.

CHAPITRE XLVII.

C'est l'introducion que monsg' de Bethencourt a baillé aux Canariens crestiens baptisez.

Premierement il est vng seul Dieu tout puissant qui au comencement du monde forma le ciel et la terre, les estoilles, la lune et le soleil, la mer, les poessons, les bestes, les oisiaulx, l'omme nommé Adam. Et de l'vne des costes forma la feme, nommée Eue, la mere de tous vyuans, et la noma Virago, fame de ma coste. Et forma et ordonna toutes les choses qui sont soubz le ciel et fit vng lieu moult delittable nommé paradis terrestre, là où il mist l'omme et la femme. Et là fut premierement vne seulle feme coniointe en vng seul home : et qui autrement le croyt, il peche. Et leur abandonna à manger de tous les fruys qui là estoient, excété d'vn, lequel il leur deffendit expressement. Mais tantost après par l'annortement du Diable, qui se mist en guise d'vn serpent, et parola à la femme et lui fit menger du fruit, lequel Dieu auoit deffendu, laquelle en fit menger à son mari. Et par se peché les fit Dieu bouter hors de paradis terrestre et de delices, et donna trois maledicions au serpent et deulx à la feme et vne à l'omme. Et de là en auant furent condampnées les ames de tous ceulx qui auant la resurecion nostre Seigneur Ihesuscrist trespassoient, lequel voult prendre char humayne en la vierge Marie pour nous tous rachater des paines d'enffer où tous aloient iusquez au temps dessus dit.

CHAPITRE XLVIII.

De mesmes exemple de l'arche de Nouel pour introduire ceulx de l'ille.

Et après que les gens commencerent à multiplier sur terre ils firent moult de maulx et d'orribles pechés, de quoy nostre Seigneur se coursa [et] dit qu'il pluuroit tant qu'il destruyroit toute char qui estoit dessus terre. Mais Nouel, qui estoit homme iuste et Dieu craingnant, trouua grace deuant lui, auquel il dist qu'il vouloit destruyre toute cher de l'omme iusquez aux oisiaulx, et que son esperit ne demou[r]roit mye en l'omme parmanablement, et qu'il amenroit les yaues du deluge sur eulx, et lui commanda qu'il fit vng arche de bois quaré, polli, et qu'il oindroit dedens et dehors de bettuun (betuun est vng glu si fort et si tenant que quant deulx piesses de fait en sont assemblés et iointes on ne les peut par nul art desassembler si non par sanc naturel de fleur de femme, et le treuue l'en flotant ès grans lacs de Indie, sur les aygues) et qu'elle fut de certaine longeur et largeur là où il mestroit sa femme et ses trois filz et leurs trois femmes et de toutes choses portans vie, mist auescques luy vne paire de chacun, de quoy nous sommes tous issus après le deluge. Et quant ilz virent qu'ils furent multipliés grant nombre, vng nommé Nimbrod [1] vout rener

---

[1] Ce mot est illisible dans le ms. Bergeron et M. Major ont écrit Nimbrod. Nous les avons suivis, parce que c'est en effet de Nemrod que l'auteur a voulu parler.

par force et s'assemblerent tous en vng champ nommé le champ de Sanaar et ordonnerent à comprendre de comun les trois partiez du monde, et que ceulx qui estoient dessendus de Sem, l'aisné filz Noé, tendroient Asye, et ceulx qui estoient dessendus de Caam, l'autre filz Noué, tendroient Auffrisque. Mais anchois qu'ilz se departissent, ils commencerent vne tour si grande et si forte laquelle il vouloint quelle vensist iusquez au ciel en perpetuel memore d'eulx. Mais Dieu, qui veoit qu'ils ne laisseroient leur ouurages, leur confondi leur langagez en telle maniere que nul n'entendoit la vois de l'autre. Et là furent les langagez qui au iour d'uy sont et puis enuoia ces anges qui firent si grant vent venir que ilz abbatirent la tour iusques près des fondemens qui encores y paroist, se dient ceulx qui les ont veues.

CHAPITRE XLIX.

Encores pour introduire ceux des illes.

Et après se departirent ès trois parties du monde et encores y sont les generacions qui d'eulx sont estandues. Et de l'vne de ces generacions issi Abraham, home parfait et Dieu craignant, à qui Dieu donna la terre de promission, voire à ceulx qui de lui yssiront. Et Dieu les amast moult et les fit son sain peuple et s'appellerent les filz Israel, et les mist hors du seruage d'Egypte, et fit de grans merueilles pour eulx, et les exaussa sur toutes les gens du monde tant comme il les trouua bons et obbeissans à ly. Mais contre son commendement et sa voulenté ilz se prindrent aux femmes d'autres loys et à onorer les idoles et les viaulx d'or que Ieroboam auoit faiz en Samarre, pour quoy il se courroussa à eulx, les fit destruire, et les bailla ès mains des payens et des Philistes par plusieurs fois. Mais tantost qu'ilz se repentoient et il luy crioient mercy, il les releuoit et les metoit en grant prosperité, et fit telle chose pour eulx qu'il ne fit onquez pour nul autre peuple : car il leur donna les prophettes qu'il parloient par la bouche du Saint Esperist, et leur annonssoient les chozes à aduenir et l'auenement de nostre Ihesuscrist, qu'il deuoit naistre d'une vierge, c'est assauoir la vierge Marie, laquelle dessendi de ce peupple de la lygnée du roy Dauid, lequel roy dessendi de la lignée Iuda, le fils Iacob, et qui rachateroit tout ceulx qui estoient condampnés par le peché d'Adam. Mais ilz ne le vouldrent croire, ne connoistre son advenement, ains le crucifflerent et le misrent à mort, non obstant les grans miracles qu'il faisoit en leur presence. Et pour ce sont ilz ainssi destruis comme chacun scet. Car alés par tout le monde, vous ne trouuerés Iuifs qui ne soient en subjecion d'autruy, et qu'il ne soit iour et nuyt, en paour et en crainte de sa vie. Et pour ce sont ilz ainssi descoulourés comme vous vées.

CHAPITRE L. [1]

Encores de celle mesmes matiere pour introduire les Canariens.

Or est il vray que anchois que les Iuifs missent à mort nostre seigneur Ihesus, il [y] auoit moult de gens qui estoient ses dissiples, et especiallement il en auoit douze, de quoy l'un d'eulx le trahy, lesquels estoient continuellement [avec] luy et luy veoient faire les grans myracles par quoy ils crurent fermement, et le virent mourir. Et après sa resurection s'apparreut il à eulx par plusieurs fois et les enlumyna de son Saint Esperist. Et leur comanda qu'ilz alassent par toutes les parties du monde prescher de lui toutes les choses qu'ils auoient veuez et leur dist que tous ceulx qui croiroient en luy et seroient baptizés seroient sauués, et tous ceulx qui en lui ne croiroient seroient comdampnés. Or creons donquez fermement qu'il est vng seul Dieu puissant et tout sachant qui dessendi en terre et print char humaine en ventre de la vierge Marie, et vesqui xxxij ans et plus, et puis print mort et pacion en l'arbre de la croix pour nous rachater des paines d'enfer, en quoy nous dessendions toulz pour le peché d'Adam, nostre premier pere, et ressussita au tiers iour, et entre l'eure qu'il mourust et l'eure qu'il resussita dessendi en enfer et en tira hors ces amys et ceulx qui par le peché d'Adam y estoient trebuchez et delà en auant par se peché nul n'y entrera.

[1] C'est à ce chapitre que le manuscrit 18,629 de la Bibliothèque nationale, F. F., commence la table des matières.

CHAPITRE LI.[1]

Comme on doit croire les dix commendemens de la loy.

Nous deuons croire les x comendemens de la loy que Dieu escript de son doit en deulx tables au mont de Synay moult lonc temps deuant, et les bailla à Mouyze pour monstrer au peuple d'Israel, dont il y y en a deulx des plus principaulx. C'est que l'en doit croire, craindre et amer Dieu sur toutes choses et de tout son courage. Et l'autre que l'en ne doit faire à autruy que l'en voudroit que autruy luy fist. Et qui gardera bien ces commandemens, et les choses dessusd. croira fermement, il sera sauué. Et sachant de vray que toutes les choses que Dieu comanda à la vielle loy sont par figures en celle du Nouueau Testament, ainsi que seroit par figure par le serpent d'errain que Moises fist dressier au desert bien hault sur vng fust contre la morsure des serpens, qui parfigure nostre seigneur Ihesuscrist, qui fut pendu et leué bien hault en l'arbre de la croix pour garder et deffendre tous ceulx qui en luy croient contre la morsure du Diable, qui par aduant auoit puissance sur toutes ames lesquelles il perdi adonques.

[1] Dans le ms. original, tous les chapitres qui suiuent ne sont plus numérotés qu'au crayon.

CHAPITRE LII.

Come on doit croire le sacrement de l'austel.

En ce temps les Iuifs tuent vng aignel de quoy ils faisoient leur sacrifice à leur pasquez et ne lui brisoient nulz os, lequel pourfigure nostre seigneur Ihesuscrist qui fut crucifié et mort en la croix par les Iuifs le iour de leur pasque sans lui briser nulz os; et meugerent icellui aygnel auec pain azime (c'est pain sans leuain et auec ius de lettus champaitres), lequel pain nous profigure que l'en doit faire le sacrement de la messe sans leuain. Mais les Grecs ont le contraire. Et pour ce que nostre s' sauoit qu'il deuoit mourir le vendredi, auanssa il sa pasque et la fît le ieudi et peut estre qu'il la fît de pain leué. Mais nous, qui tenons la loy de Romme, disons qu'il la fît de pain sans leuain; et le ieus des lettues champaitres, qui est amer, nous profigure l'amertume en quoy les filz Ysrael estoient en Egipte en seruage, duquel ilz furent deliurés par le commendement et voulenté de Dieu. Et y a tant d'autres choses qu'il dist et qu'il fit qui sont plaines de si grant mistaire que nul ne les peult entendre s'il n'est moult grant clerc. Et pour peché que nous fachons ne nous desperons mye, ainsi que fit Iudas le traistre, mais en querons pardon auec grant contricion de ceur, et nous en confessons deuotement, et il nous pardonnera; et ne soyons mye pa-[re]sseux, c'est vng trop grant peril: car celon l'estat où il nous trouuera nous serons iugez. Si nous gardons de pecher mortellement le plus que nous pourons, et ce sera le sauuement de nous et de nos ames. Et ayons tousiours memore des parolles qui ycy sont escriptes, et les monstrons et apprenons à ceulx que nous faisons baptiser pardessà, car en ce faysant nous pouons grandement acquerir l'amour de Dieu et le sauuement des noz ames et des leurs. Et affin que le mieulx le puissent entendre, nous auons fait et ordonné ceste introduction le plus legierement que nous auons sceu faire selon le peu d'entendement que Dieu nous a donné. Car nous auons bonne esperance en Dieu que aucuns bons clercs preudommes venront vng de ces iours pardeça qui adresseront et metront tout en bonne fourme et en bonne ordonnance, et leur feront entendre les articles de la foy myeulx que nous ne sauons faire, et leur appliqueront des myracles que Dieu a faiz pour eulx et pour nous ou temps passé, et du Iugement à venir, et de la generalle Resurection affin d'oster leurs ceurs du tout de la maluaise creance en quoy ils ont longuement esté et sont encore en la plus grant partie d'eulx.

CHAPITRE LIII.

[De la bonté des isles et facilité de les conquérir auec les autres pays de l'Afrique[1].]

Nulz ne se doit esmeruiller se monsʳ de Bethencourt a entreprins de faire vne telle conqueste, comme de conquerir les illes de pardessà, car maints autres, au temps passé, ont fait d'aussi estranges entreprinses dont ilz sont bien venuz à chief. Et ne doubte l'en point que, se les Crestiens vouloient vng pou secourir le fait, toutes les isles, et vnes et autres, et grandes et petites, seroient conquises, dont si grant bien pouroit aduenir que toute Crestienté s'en resiouyroit. Et Bethencourt, qui toutes les ysles canariennes a veues et visitées,— et aussi a fait messᵉ Gadiffer de la Salle, bon cheuallier et sage, et aussi ont ils toute la costiere des Mores et du destroit de Maroch en venant vers les isles,·—dit ainssi que se aucuns nobles princes du royaulme de France ou d'ailleurs vouloient entreprendre aucune grant conqueste par dessà, qu'il seroit vne chose bien fesable et bien resonable, ilz le pouroient faire à pou de frais : car Portugal et Espaigne et Arragon les fournyroient, pour leur argent, de toutez vitailles, et de nauires plus que nul

---

[1] Entre ce chapitre et le précédent, il y a un intervalle de plusieurs lignes, mais pas de titre. Son commencement est indiqué, comme celui des autres, par une grande lettre rouge. Dans le ms. 18,629, il est considéré comme une continuation du chapitre LII. Le titre que nous donnons est celui pris par M. Major à Bergeron.

autre pais, et aussi de pillos [1] qui sauent les pors et les contrées. Et si on ne saroit dire par où ne par quel part qu'il vouldroit faire conqueste sur les Sarrazins, plus licitte ne plus propre, ne qui plus legierement se peut faire et [à] mendre paine et mendre coust quelle seroit par dessà. Car la raison qui est telle que le chemin est aysé, bref et court, et pou coustable au regart des autres chemins. Et quant aux isles de pardessà, le plus sayn pais est que on peult trouuer, et n'y habite nulle beste qui porte velin, especiallement ès isles canariennes ; et si y a demouré led. de Bethencourt bien longuement et sa compagnie, que nulz n'y ont esté malade, dequoy ilz ont esté bien esbahis. Et si y feroit on en temps conuenable de la Rochelle en mains de xv iours, et de Siuylle en chuncq ou en six, et de tous les autres pors semblablement. Vne grant raison y est, que c'est vng plain pais grant et large et garny de toulz biens, de bonnes riuyeres et de grosses villes. Encore y a il vne autre raison, les mescreans sont telz qu'ilz n'ont nulles armures quelconquez, ne sens de faire bataille. Ils ne seuent que c'est que de guerres, et si ne peuent auoir secours d'autres

[1] Pilotes.

[2] La zoologie des Canaries, comme celle de la plupart des îles du littoral de l'Afrique, ne comprend qu'un petit nombre d'animaux terrestres. Elle se compose de chauves-souris, de chiens, de porcs, de chèvres, de moutons, qui sont antérieurs à l'arrivée des conquérants : de chats, de lapins, de rats, de chevaux, d'ânes, de bœufs, de chameaux, que les Européens y ont introduits. On y trouve aussi plusieurs espèces de lézards. Les phoques, qui étaient très abondants, ont été complètement détruits. La *Faune* de MM. Webb et Berthelot ne cite aucun représentant de l'ordre des ophidiens. (*Note de M. Charton.*)

gens : car les mons de Claire [1], qui sont si grans et si meruilleus, sont entre eulx et les Barbariens qui leur sont moult lointains; et si ne sont mye gens qu'ilz soient à redoubter, ainssi que seroient autres nacions, car ils sont gens sans trait, et l'en le peult bien prouuer par mons^r de Bourbon, et par maints aultres qui furent deuant Auffrique [2] l'an mil...... [3], qui là [est] le milleur et le plus bel de toute leur puissance. Et c'est vne chose que chacun cest que en bataille c'est la chose qui est plus crainte que trait, et par especial ès marches de pardessà ; car on ne peult estre si fort armé come l'on seroit en France pour la longeur du chemin, et aussi pour le pais qui est vng pou plus chaut. Et pourroit on auoir legierement des nouuelles de prestre Iehan. Et qui seroit entré au pays on l'en trouueroit assés près de là vne maniere de gens qui s'apellent Farfus [4], qui sont crestiens, et pouroient adresser de moult de choses qui seroient grandement prouffitables, car ils sceuent les pais et les contrées, et parlent les langagez. Et en ceste compa-

---

[1] L'Atlas.

[2] *Afrikiah*, port important de la côte de Tunis; l'*Affrichat* de l'Atlas catalan de 1375.

[3] 1390.

[4] Maintenant encore il existe en Espagne une famille du nom de Farfan, qui descend d'une troupe de cinquante guerriers venus en Espagne au temps de Juan II de Castille et nommés *Caballeros Farfanes*. En devenant Espagnols, ils devinrent chrétiens : cela explique l'allusion à leur origine marocaine. Le nom de *Rabatins*, que Bergeron donne à ces chevaliers, est employé dans le sens unique de *guerriers*, ce nom étant dérivé de celui de Rabat, ville forte de la côte ouest du Maroc. (M. Major, *The Canarian*, note de la p. 94.)

gnie en a il vng qui tousiours a esté en la conqueste visitant lesd. isles, et par lui c'est on informé de moult de choses.

CHAPITRE LIV.[1]

Coment mons^r de Bethencourt cheuauche le païs pour le sauoir et congnoistre.

Or est l'intencion de mons^r de Bethencourt de visiter la contrée de la terre ferme de cap de Cantyn, qui est my voie d'ici et d'Espaigne iusques au cap de deBugeder qui fait la pointe de la terre ferme au droit de nous, et c'estant de l'autre bende iusquez au fiun de l'Or, pour veoir s'il pourra trouuer aucun bon port et lieu qui se peult fortiffier et estre tenable quant temps et lieu sera, pour auoir l'entrée du païs, et pour le mestre en treu [2], s'il chiet appoint. Et se led. seigneur de Bethencourt eut trouué quelque confort au roy^{me} de France [3], il ne fault point doubter que de present, ou bien tost après, il ne fut venu à son ententte, especiallement des isles canariennes, come, se Dieu plaist, led. seigneur y vendra. Et du seurplus par le conseil de son prince et souverain sgr. le

---

[1] Chap. LIII du ms. 18,629.

[2] *Treu, tru, truage*, vient de *tributum* et signifie subside, impôt. Etre fait sous *treu*, être rendu tributaire. (MÉNAGE, *Dictionnaire étymol. de la langue françoise*, verbo *Tru*).

[3] Ce passage semble indiquer que Béthencourt sollicita « son prince et souverain seigneur, le roi de France » avant de s'adresser au roi d'Espagne. Le contraire serait fort regrettable et difficile à justifier.

roy de France, son entencion estoit et est encores de bouter le fait plus aduant. Mais sans ayde il ne le pouroit mie bien maintenir pour venir à vne grant parfection, à l'onneur et exaussement de la foy crestienne, qui n'est mye de ça congnue par faulte de ceulx qui tellez chosez deussent entreprendre, et qui piessa le deussent auoir entrepris, pour monstrer au peuple qui y habite la congnoissance de Dieu. Et en se faisant, il puisse acquerir grant honneur en se monde et de Dieu grant gloire et grant merite.

CHAPITRE LV. [1]

Comment monsieur de Bethencourt met poine de sauoir les ports et passagez des pais des Sarazins.

Et pour ce que led. de Bethencourt a grant voulenté de sauoir la verité, l'estat et gouuernement du pais des Sarrasins, et des pors de mer, que l'en leur dit estre bons du costé de la terre ferme qui marche douze lieues près de nous au droit du cap de Bugeder et de l'ille d'Erbanye, là où led. s^r de Bethencourt est à present, auons si endroit mis aucunes choses, touchans ses marches, extraites d'un liure que fit vng frere mandeant, qui auironna iceluy pais, et fut à tous les pors de mer, lesquelz il diuise et nomme, et ala par tout les roy^{mes} crestiens, et des paiens, et des Sarazins qui sont de ceste bende, et les

[1] Chap. liv du ms. 18,629.

nome tous, et deuise les nons des prouinsses, et les armes des roys et des princes, qui seroit longue chose à descrire. Si n'en prendrons, quant à present, fors se qui nous est mestier pour nous adresser de moult de choses au fait de la conqueste là où il escherra appoint. Et pour ce qu'il parle si au vray des contrées et des pais dont nous auons vraie congnoissance, il nous semble que ainssi doit il faire de tous les autres pais. Et pour ce auons nous si apprès mis aucunes choses qui sont en son liure, dont nous auons mestier [1].

CHAPITRE LVI. [2]

Coment vng frere mandeant deuise des choses qu'il a veues par vng liure qu'il en fit.

Et commencerons quant il fut oultre les mons de Claire [3], il vint en la cité Maroc, laquelle Scipion l'Anfriqant conquist, qui iadis souloit estre Cartago,

[1] Ce livre doit être perdu. (*Note de Bergeron*.)
[2] Chap. LV du ms. 18,629.
[3] L'*Atlas*. La première planche hydrographique de l'Atlas catalan de 1375 donne sur cette montagne la curieuse légende qui suit :

Tota aquesta muntanya de lonch es appellada Carena per Serrayns, e per Crestians es appelade Muntis Claris. E sepiats que en aquesta dita muntanya ha moltes bones villes e castels, losquals combaten los huns ab lus altres. Encara con la dita muntanya es abunda de pa e de vi e d'oli e de totes bones fruytes.	Toute cette montagne dans sa longueur est appelée Carena par les Sarrazins, et par les Chrétiens est appelée *Monts-Brillants*. Et sachez qu'en cette dite montagne sont beaucoup de bonnes villes et châteaux, lesquels guerroient les uns contre les autres. Encore en la dite montagne est abondance de pain, et de vin, et d'huile, et de tous bons fruits.

et estoit chief de toute Auffrisque [1]. Et de là s'en vint vers la mer occeane à Nyfflet [2] et Samor [3] et à Safy [4], qui est bien près du cap de Cantin. Et puis vint à Moguedor [5], qui est en vne autre prouince qui s'apelle la Gazulle [6], et là comencent les mons de Claire. Et de là

[1] Cette référence à l'époque où la ville de Maroc était considérée comme la capitale de toute l'Afrique permet de placer le voyage du frère mendiant aux environs de l'an 1229-1230 de l'ère chrétienne, vers la fin de la dynastie des Almohades, un peu avant la déclaration d'indépendance de l'émir de l'Ifrikia, Abou Zekeria, fils d'Abou Mohammed, et petit-fils du cheikh Abou Hafs.

Quant à l'identification de Maroc avec Carthage, c'est une erreur manifeste.

[2] Anafe ou Anaf, ancien Darh-el-beida. (*Note de M. Major.*)

[3] Azamor, ville du Maroc, sur l'Atlantique, à l'embouchure de l'Omm-er-r-bieh, aux environs du 33e degré de latitude nord. Au temps de Léon l'Africain (commencement du xvie siècle), elle se composait d'environ mille feux. La richesse du pays, et surtout l'abondance de la pêche, excitèrent l'avidité des Portugais, qui la fréquentaient beaucoup. Ils tentèrent de s'en emparer et furent complétement défaits à l'embouchure du fleuve. Ils revinrent deux ans plus tard avec 200 navires, surprirent et pillèrent la ville. (*D l'Afrique, contenant la description de ce pays par Léon l'Africain; trad. de Jean Temporal*, Paris, 1830, t. I, pp. 221-224. — RAMUSIO, *Della descrittione del l'Africa et delle cose notabili che quivi sono, per Giovan Lioni Africano*, t. I, f. 22 r.)

[4] Saffi ou Asafi, ville murée du Maroc, sur l'Atlantique, bâtie par les anciens Africains. Elle compta jadis cent maisons de Juifs et quatre mille feux. Ses habitants étaient grossiers et ne savaient pas cultiver leurs terres, qui étaient fort bonnes. En 1517, Asafi était aux mains d'un puissant seigneur nommé Hebdurrahman, qui avait conquis le pouvoir, par un crime, sur la famille Farhon. (RAMUSIO, *op. cit.*, ff. 20 v. et 21 r.)

[5] Mogador.

[6] Écrit diversement Gozola, Godala, Guzzula et Gazula de l'ancienne forme bien connue Gætulia ou Gétulie. (*Note de M. Major.*) La première forme est celle de l'Atlas catalan. La Gozola est l'une des trois grandes régions que l'auteur place au sud de l'Atlas. Cette région, dit Léon

s'en vint à la Gasulle dessusdditte, qui est vng grant pais garny de tous biens, et s'en ala vers la maryne à vng port qui se nome Samateue¹; et de là au cap de Nom², qui est en venant vers noz isles. Et là se mist en mer en vng pensil³, et vint au port de Saubrun⁴ et toute la costiere des Mores qui se nomme les plaignes arenouseez iusques au cap de Bugeder, qui marche douze lieus près de nous, et est en vng grant roy^me qui s'appelle la Guinoye⁵. Et là prindrent leur chemin et alerent veoir et auyser les illes de pardessa. Et sercherent maints autres pais par mer et par terre, dont nous ne faisons nulle mencion. Et se partit le Frere d'eulx, et s'en ala contre orient par maintez contrées iusquez à vng roy^me qui s'apelle Dongala, qui est en la prouynce de Nubye, habitté de crestiens, et s'appelle prestre Iehan, en vng de ses tiltres, patriarche

l'Africain, confine à l'Atlas et à l'Ilda. Elle était fort peuplée, produisait beaucoup d'orge et de bétail, contenait des minières de fer et de cuivre que les indigènes savaient exploiter. On n'y trouvait ni villes ni châteaux, mais beaucoup de villages forts d'environ mille feux. Il n'y avait point de seigneurs, et les habitants se gouvernaient eux-mêmes. C'est peut-être pour cela que notre auteur les trouvait grossiers (*bestiali*) et de dur entendement (*di grosso ingegno*). Ils portaient des camisoles de laine courte, sans manches, et des chapeaux faits de feuilles de palmier. (RAMUSIO, *op. cit.*, f. 20.)

¹ Cap Sem? (M. Codine.) — Nom méconnaissable. Probablement cap Sin ou Tafelane, *alias* Tefetneh. (*Note de M. Major.*)

² Cap Noun, limite extrême des navigations portugaises en 1418, ceci de l'aveu même de Joao de Barros (*Decada primeira da Asia*, em Lisboa, 1628, liv. 1, cap. II, f. 5 r.)

³ Barque.

⁴ Port de Sabreira. (Bergeron.) Je ne trouve aucune autorité qui confirme ce nom. Je propose Porto Cansado. (*Note de M. Major.*)

⁵ Guinée.

de Nubye, [1] qui marchist d'un des costés aux dezers de Egypte, et de l'autre costé à la riuiere de Nylle, qui

[1] L'an 1145, l'évêque de Gabala, envoyé de l'église d'Arménie, apprit au pape Eugène III qu'un prince, appelé Jean, habitant derrière l'Arménie et la Perse, à l'extrémité de l'Orient, professait le nestorianisme, réunissait dans ses mains le sacerdoce et l'empire, avait porté la guerre en Perse et en Médie et conquis Ecbatane.

Bientôt après, des lettres de ce prince arrivèrent en Europe à l'adresse du pape Alexandre III, des empereurs d'Orient et d'Occident, du roi de France et même, dit-on, du roi de Portugal. L'authenticité de ces lettres est incertaine. Cependant, Alexandre III écrivit, le 5 des Kalendes d'octobre 1177, une lettre que la chronique d'Albéric de Trois-Fontaines dit positivement avoir été destinée au Prêtre Jean d'Asie.

En 1219, Jacques de Vitry racontait au pape Honorius III que le roi des Indiens, David, vulgairement appelé Prêtre Jean, était la terreur de l'Asie.

En 1237, Matthieu Paris apprit du frère Philippe, prieur des dominicains en Palestine, que le nestorianisme dominait dans l'Inde majeure, royaume du Prêtre Jean.

Le prêtre Jean, dit M. d'Avezac, était donc un personnage dont la chrétienté européenne était fort préoccupée avant que Jean du Plan de Carpin ne recueillit, en Tartarie (1245-1247), des nouvelles qui assignaient à ce potentat l'Inde majeure pour domaine.

Vincent de Beauvais énonce également, sous la date de 1203, d'après Simon de Saint-Quentin, que le Prêtre Jean était autrefois roi de l'Inde et suzerain des Tartares; que ces derniers se revoltèrent contre David, son fils, lui livrèrent bataille sous la conduite de Tchenkiz-Khan, le vainquirent et le tuèrent.

Joinville apprit, pendant le séjour de saint Louis en Chypre, que les états du Prêtre Jean étaient situés entre la Perse et la Tartarie.

D'après Rubruk, Coirchan, roi de Cara Catay en 1098, eut pour successeur un prêtre nestorien, chef des Naïmans, appelé Prêtre Jean, qui fut remplacé par son frère Unc, roi de Crit et Mécrit.

Abou-el-Faragj dit aussi qu'au temps de Unc, appelé le roi Jean, l'une des tribus de la Turquie orientale placée sous ses ordres professait la religion chrétienne.

Marco Polo indique comme ancien royaume du Prêtre Jean le pays de Tenduch, état tributaire des Tartares gouverné par Georges, descendant du Prêtre Jean.

Ricold de Monte-Croce comprend les états du Prêtre Jean parmi ceux

vient des marches de prestre Iehan. Et s'estant le
resne de Dongale iusquez [où] la riuiere de Nylle se

conquis par le *grant caan Canguis du grand royaume de Cathay
jusques à la fin de la Médie.*

Oderic de Frioul, dans son *Iter in Orientem*, place à cinquante
journées de marche du Cathay le pays de *Pretezoan* ou *Pertizane*,
royaume dont la capitale, appelée Casan, n'était pas aussi considérable
que Vicence. En vertu d'un ancien traité, le Pretezoan devait toujours
prendre pour femme une fille du Grand Caan.

Mandeville donne au royaume du Prêtre Jean le nom d'île de Pen-
texoire, et à sa capitale celui de Nyse.

En résumé, il y a sur le Prêtre Jean d'Asie deux versions distinctes :
l'une qui le place dans l'Inde ultérieure, l'autre dans le Qarâ-Khithây.
Celle-ci, la plus ancienne, est assez circonstanciée pour qu'on puisse la
rapprocher des événements historiques qu'elle rappelle en les défi-
gurant.

Dans le *Coir can* de Rubruk il est aisé de reconnaître le ghour-Khân
fondateur de l'empire de Qara Khithây, dont l'avènement remonte à
1126. Ses conquêtes sont celles racontées à Eugène III par l'évêque de
Gabala et mentionnées par Othon de Freisingen et Alberic de Trois-
Fontaines.

Les historiens chinois donnent au Prêtre Jean le nom de Yelou
Tatché.

Yelou Tatché eut pour successeur son fils, Yelou Ylief, qui laissa le
pouvoir, en 1155, à son fils Tchiloucou ; en 1208, Kûtchlûk, prince nây-
mân, se réfugia près de Tchiloucou et le supplanta. Kûtchlûk fut tué en
1218 par les troupes de Tchenkiz-Khân.

Kûtchlûk est le second prince asiatique signalé à l'Europe sous le
nom de Prêtre Jean et comme souverain du Qâra-Khythây.

Diverses relations, notamment celles de Jacques de Vitry et d'Alberic
de Trois-Fontaines, attribuent au Prêtre Jean les conquêtes de Tchen-
kis-Khân.

Survinrent des commotions politiques et religieuses qui changèrent
la face de l'Asie. Les investigations furent suspendues et les conquêtes
de Timour-lenk semblèrent ne plus laisser de place pour un grand
empire chrétien asiatique.

Cependant l'Europe ne perdait pas le souvenir du Prêtre Jean et
continuait à s'occuper de lui comme par le passé. Les religieux abys-
sins qui voyageaient en Terre-Sainte disaient aux latins qu'il y avait
dans leur pays un puissant monarque et un peuple chrétiens. Cela suf-

fourche en deulx parties, dont l'vne fait le fluu de-

fit pour transporter d'Asie en Afrique le royaume du fameux Prêtre Jean.

Sur la deuxième carte de l'Atlas catalan de 1375, entre les mots *Nybia* et *Affricha*, on voit un empereur, coiffé d'un turban, qui porte un sceptre d'or et un écu meublé de trois croissants ; à côté, on lit cette légende : ... *de Sarayns, ciutat de Nubia, Aquest Rey esta totz temps en guerra e armes ab los chrestians de Nubia qui son sotz la seynoria de lemperador de Etiopia de la terra del preste Johan.* Ce premier indice d'un Prêtre Jean africain est ainsi reproduit sur la carte mallorquine de Gabriel de Vallsequa, de 1439 : *Aci senyorie un rey de Nubia, lo qual sta continuament en guerra ab los crestians de Nubia sotsmesos del presta Johan.*

Peu après, en 1448, le 3 juillet, Jean de Lastic, grand maître de Rhodes, écrivant au roi Charles VII, parle du *Prêtre Jean d'Asie* de manière à ne pas laisser douter qu'il n'eût en vue le négous d'Abyssinie. Déjà, sur sa carte de 1436, Andrea Bianco avait placé dans l'Ethiopie africaine l'*Imperium Prete Jani*.

Cette opinion se fortifia et prit une grande vogue quand les Portugais trouvèrent, en Abyssinie, un monarque et un peuple professant le christianisme.

En 1573, Abraham Ortelius donne, dans son *Theatru.. orbis terrarum*, une carte de l'Abyssinie qu'il intitule : *Presbiteri Iohanis sive abyssinorum imperii descriptio.* Il nous apprend que le Prêtre Jean avait pour armes un lion lampassé appuyé sur une croix ; que les Maures l'appelaient *Aticlabassi* et ses sujets *Agegue* ou *Negus*, c'est-à-dire empereur ; qu'il descendait de la race de Juda et que son royaume fut christianisé par la reine Candace ou Judith dont il est parlé dans les Actes des Apôtres. Gérard Mercator, dans son *Atlas minor* de 1634, soutient aussi que l'Ethiopie avait pour souverain le *Prete gianni*. Notre confrère, M. Oberlender, nous a communiqué une petite carte française, de 1643, sans nom d'auteur, qui porte ce titre : *Le Royaume Abyssin ou l'Empire du Preste Iean.*

C'est ainsi que le Frère mendiant put dire qu'il avait vu, en Nubie, un pays « habitté de crestiens », un souverain qui s'appelle « Preste Iehan en vng de ses tiltres ».

Toute la partie de cette note qui concerne le Prêtre Jean d'Asie est tirée de la remarquable *Notice* de M. d'Avezac *sur les anciens voyages de Tartarie en général, et sur celui de Jean du Plan de Carpin en particulier*, notice qui sert d'introduction à la première

l'Or [1] qui vient vers nous, et l'autre s'en va en Egipte, et entre en mer à Damyate. Et de celles marches s'en ala le Frere en Egipte au Caire. Et à Damyate entra en vne nef de Crestiens, et depuis reuint à Sarette [2], qui est front à front de Granade, et s'en ala arriere par terre à la cité de Maroc, et trauersa les mons de

---

edition complète, publiée d'après les manuscrits de Leyde, de Paris et de Londres, de la *Relation des Mongols ou Tartares par le frère Jean du Plan de Carpin*. (Mémoires de la Société de Géographie, t. IV, pp. 397-779, et, pour ce qui concerne spécialement notre sujet, pp. 546-564.)

[1] D'après le frère mendiant, le Nil se divisait en deux branches: l'une traversait l'Egypte et se jetait dans la Méditerranée; l'autre, sous le nom de fleuve de l'Or, se jetait dans l'Atlantique. La même idée géographique se retrouve dans l'Atlas catalan.

« C'est un trait caractéristique de la géographie arabe de désigner par le nom de Nil tous les cours d'eau de l'Afrique centrale, de relier par une délinéation continue les principaux cours d'eau du bassin du Nil proprement dit, du lac Tchad, du Djoliba, du Sénégal, d'autres encore; de différencier cette appellation générique Nil par le nom des contrées ou des villes qu'arrose leur fleuve au cours mystérieux, tantôt apparent, tantôt souterrain, ainsi Nil d'Egypte, Nil de Kuku, et pour ce qui concerne la partie du fleuve qui débouche sur la côte du Sénégal, Nil de Gana.

« Dans la géographie latine, la délinéation continue dont nous venons de parler est moins unanimement acceptée, mais on y trouve la dénomination Nil adoptée d'une manière générale. De plus, le Nil est appelé Nil, Gion, Euphrate; le Nil de Gana des Arabes est particulièrement appelé Gion et fleuve ou rivière de l'Or. Ces trois noms Nil, Gion, fleuve ou rivière de l'Or, subsistent dans leur application au Sénégal, même après que le nom de Sénégal est définitivement imposé par les Portugais ». L'estuaire nommé *rio do Ouro* par les Portugais n'a aucun rapport avec le Sénégal ou fleuve de l'Or du frère mendiant. (M. J. CODINE, compte-rendu de *The life of prince Henry of Portugal, surnamed the navigator*, by Richard-Henri Major, apud *Bulletin de la Société de Géographie*, avril 1873, p. 401).

[2] Zera? (*Note de M. Major*).

Claire, et passa par la Gasulle [1]. Et là trouua Mores qui armoient vne galée pour aler au fluu de l'Or, et se loua auec eulx, et entrerent en mer, et tindrent le chemin au cap de Non, et au cap de Saubrun, et puis au cap de Bugeder, et toute la costiere deuers mydy iusquez au fluue de l'Or.

CHAPITRE LVII.[e]

Encores de mesmes.

Et celon que dit le liure du Frere, quant ils furent là où ils trouuerent fremys sur le riuage du fluve, dont les formis estoient moult grans, qui tiroient grauelle d'or [3] de desous la terre, et gaignerent les marchans

---

[1] Le passage ordinaire des caravanes est indiqué sur la première carte de l'Atlas catalan, par une coupure dans la chaîne des Monts de Claire et par une légende ainsi conçue : Per aquest loch pasen los merchaders que entren en la terra dels negres de Giuçua, lo qual pas es appellat Vall de Darha. (Wad-Drah ?)

[2] D'après le ms. 18,629, ce chap. doit être une continuation du précédent.

[3] « En Colombie, Juan Diaz découvrit une mine d'or qui l'enrichit, parce que des fourmis terrières, en creusant leur demeure souterraine, amenaient à la surface, parmi les petits cailloux qui les gênaient, de nombreuses pépites d'or. La tâche n'est pas au-dessus des forces de cet insecte, et on le voit souvent porter hors de sa demeure des grains de silex bien plus pesants que ne le sont communément les paillettes d'or. Il faut observer d'ailleurs que dans beaucoup de lieux la couche aurifère est très-superficielle ; j'ai souvent trouvé des fourmilières qui y pénétraient assez profondément, quoique, je l'avoue, je n'aie jamais vu d'or parmi les décombres amenés à la surface.

« Ce qu'il y a de plus absurde dans l'histoire des fourmis indiennes, la taille qu'on leur a supposée, ne tient peut-être qu'à une confusion de noms.... Je suis porté à croire qu'on n'aura prêté aux fourmis indiennes

meruilleusement en se voiage. Puis se partirent de là et tindrent le chemin selon le riuage de la mer, et trouuerent vne isle moult bonne et riche, où ils firent grandement leur proffit, qui s'apelle Insula Gulpis ¹. Là sont les gens ydolatres. Et de là se partirent et alerent plus auant, et trouuerent vne autre isle qui s'appelle Caable, et la laisserent à main destre. Et

la taille du renard que parce que leur nom aura eu de la ressemblance avec celui de quelque mammifère fouisseur des mêmes pays ». (Le docteur ROULIN, *Mémoire pour servir à l'histoire du tapir*, etc., apud *Mémoires présentés par divers savants à l'Académie royale des Sciences de l'Institut de France*, 2ᵉ série, t. VI, p. 633, note 1).

Weltheim suppose de même que cette prétendue fourmi était une espèce de chien ou de renard, le corsac (*Canis corsac*). B.-H. Hodgson a publié, dans le t. XVIII, p. 236, des *Asiatic researches*, un article sur le chien sauvage de l'Himalaya, avec planches sur le *Canis vulpes indicus* (renard indien), assez semblable au corsac, et le *Canis aureus indicus* (chacal indien). (M. CHARTON, *Voyageurs anciens et modernes*, t. I, p. 109, n. 2.)

M. Major ne voit dans cette partie du récit qu'une répétition de la vieille histoire d'Hérodote sur les fourmis indiennes qui étaient plus petites que le chien et plus grosses que le renard et qui, en creusant leurs terriers, chassaient un sable mêlé de parcelles d'or. (*The Canarian*, note 2 de la p. 100.)

« Conclurait-on, dit M. Codine, d'une histoire plus incroyable que celle-là à la non réalité du voyage de Cadamosto au Sénégal ? *Il y a au Sénégal*, dit Cadamosto, *un grand nombre de fourmis blanches, lesquelles de leur nature font des maisons aux serpents avec la terre qu'elles portent dans leur bouche et dressent des villes dont chacune a cent ou cent cinquante de ces constructions*. Abstraction faite du merveilleux, applicable aussi bien dans Cadamosto et dans le Frère mendiant que dans Hérodote, les termites et leurs constructions qui ont émerveillé les voyageurs, les alluvions aurifères ne sont-ils pas des souvenirs caractéristiques de la contrée du fleuve de l'Or ou Sénégal et des affluents sud du fleuve ? » (M. J. CODINE, *op. cit.*, p. 404.)

¹ Ces conditions de l'île Gulpis ne conviennent ni à l'île de la Madeleine ni à l'île Gorée ; elles nous portent déjà loin au sud du cap Vert, dans l'archipel des Bissagos. (M. CODINE, *op. cit.*, p. 405.)

puis trouuerent vne montaigne en terre ferme moult haute et moult abondante de tous biens, qui s'appelle Alboc, de laquelle naist vne riuiere moult grande[1]. Et de là s'en retourna la galée des Mores, et le Frere demoura aucun temps illec; puis s'en entra au royaulme de Gotome. Là sont les montaignes si haultez que l'en dit que se sont les plus haultes du monde, et aucuns les appellent en leurs langagez les mons de la Lune, et les autres les mons de l'Or; et sont six, et naissent d'elles six grossez riuieres qui toutes chéent au flun de l'Or, et y font vng grand lac; et dedens se lac a vne isle qui s'appelle Paloye, qui est peuplée de gens noirs[2]. Et de là s'en ala le Frere tousiours aduant iusquez vne riuiere nomée Eufrate, qui vient de Paradis terrestre[3], et la trauersa, et s'en ala par maint pais et par maintes diuersses contrées iusquez à la cité

[1] « En quittant les parages des Bissagos, on longe des côtes basses ; les terres commencent à s'élever dans l'intérieur, à partir du cap Verga, lui-même très-bas ; on dépasse les îles de Loos, et le premier lieu qui satisfait à la mention simultanée d'une montagne très-élevée d'où naît une très-grande rivière, est Serra-Leone ». (M. Codine, op. cit., p. 406).

[2] Nous inclinerions à croire que c'est cette île Paloye qu'Andrea Bianco a représentée, sous le nom de Citarlis, dans sa carte de 1436.

[3] Les anciens croyaient que des fleuves séparés par des bras de mer communiquaient par des canaux souterrains. Les Pères de l'Eglise ont admis cette hypothèse qui leur permettait d'accorder la géographie physique avec la géographie sacrée. De même que l'Alphée qui, sourdant en Achaïe, traversait la mer, émergeait en Sicile et se répandait dans la belle fontaine Aréthuse (Sen, Quœst. nat., III, 26, 2), le Gihon ou Géon, qui traversait le Paradis terrestre (Gen. II, 13), se frayait un passage sous la mer et allait *environner l'Ethiopie*. L'Euphrate et le Tigre, qui avaient, comme le Géon, leurs sources dans l'Inde et arrosaient le Paradis terrestre, étaient amenés par des canaux invisibles aux montagnes de l'Arménie et de l'Ethiopie, où ils sortaient de nouveau (V. Mé-

de Melée, là où demouroit prestre Iehan, et la demoura moult de iours. Pour ce qu'il y veoit assés de choses meruilleusez, desquelles nous ne faisons nulle mencion, quant à présent, en se liure, pour plus brieuement passer oultre, et pour doubte que se ne semblast au lysans estre mensongez [1]. Et maismement se parti

---

moire de Letronne, ap. Humboldt, *Examen critique de l'histoire de la géographie du Nouveau Continent*, t. III, pp. 118-124).

Cette théorie n'avait rien d'étrange pour le frère mendiant : il l'admit et la devait admettre. Quand il donne aux fleuves de l'Afrique les noms des fleuves de l'Asie, il imite les géographes de son temps, et ses descriptions ne manquent pas pour cela d'exactitude.

[1] « Les abréviations de la relation deviennent de plus en plus laconiques. Le Frère mendiant parcourt de nombreux et vastes pays ; on y reconnaît les montagnes de Kong qu'il appelle *monts de la Lune* et *monts d'Or* ; l'orographie caractéristique depuis les environs de Labé et de Timbo jusqu'au mont Loma est indiquée par *six montagnes d'où sortent six grosses rivières qui toutes chéent au fleuve de l'Or* ; le Frère mendiant a visité la capitale d'un royaume alors célèbre, celui de Méli, où, dit-il, demeurait le prêtre Jean ; au nombre des lieux qu'il a parcourus sont le royaume de Gottome et la rivière *Euphrate*.

« Ces noms se retrouvent sur quelques cartes. Nous ne prétendons pas, pour eux, à une identification précise des lieux auxquels ils s'appliquent avec les lieux qu'ils désignaient autrefois ; il suffit de reconnaître qu'ils n'ont pas entièrement disparu des contrées où nous conduit le laconique extrait de la relation du Frère mendiant.

« Dans son second voyage, Mungo Park étant à Sansandig sur le Djoliba, produit le renseignement suivant : « *Un voyage d'un mois au sud du Bœdou, à travers le royaume de Gotto, conduira les voyageurs au pays des chrétiens qui ont leur demeure sur les bords de la Ba-see-Frena ; — Miniana et Bœdou sont au nord du Kong; puis vient Kong, puis Gotto, puis Ba-see-Frena* (la mer) ». Sur la carte dressée par le missionnaire Borghero figure une ville de *Godome* dans le royaume de Dahomé. Un petit royaume de *Goto* voisin de Judah ou Ouidah figure sur nos cartes. Enfin remarquons encore que, par un itinéraire incertain dans le laconisme de la relation, le Frère mendiant, longtemps avant d'arriver à la cité de Méli, traverse la rivière *Euphrate*. La rivière *Euphrate* est mentionnée dans le voyage du chevail la saison auant mons' de Bethencourt. Vint pardessa vng batiau auec xv compagnons dedens, d'vne des isles nomées Arbanne, et s'en ala au cap de Bugeder, qui siet au royaulme de la Guynoie, à xij lieus près de nous. Et là prindrent des gens du pais, et s'en retournerent à la grant Canare, là où ilz trouuerent leurs compagnons et leur nauire qui les attendoient.

lier Des Marchais en Guinée et dans celui de Denis Bonnaventure. La rivière *Eufrate* est tracée à l'ouest du rio Lagos sur la carte d'Afrique de 1775 de d'Anville, elle arrose le pays de Judah ou Ouidah et s'unit au lac Curamo. Le même nom Efrat sur la carte de Bouet-Willaumez est appliqué à une des branches occidentales du rio Formose ou Kouara débouchant dans le lac Osa ou lac Cradou, l'ancien Curamo.

« Ainsi le Frère mendiant en parlant de l'Euphrate n'a nullement fait allusion aux plaines de la Mésopotamie; aucune comparaison érudite n'apparaît dans son récit; son second voyage, d'après ce qui nous en a été conservé, s'étend par mer jusqu'à Serra-Leone, et par terre jusqu'au Kouara nommé Euphrate, de même que le Sénégal était nommé Gihon, dénominations, nous l'avons vu précédemment, qui s'appliquent concurremment avec celle de Nil, à l'unique, systématique et mystérieux fleuve imaginaire dont tous les cours d'eau de l'Afrique centrale étaient des affluents ou des effluents. » (M. CODINE, *op. cit.*, pp. 406-408.)

CHAPITRE LVIII. [1]

Si parle le frère mandeant du fleuve de l'Or.

Et dit ainssi le Frere mandeant en son liure que l'en ne compte du cap de Bugeder iusques au fluue de de l'Or [2] que c et chincante lieus françoises [3] ; et

---

[1] Chap. LVI du ms. 18,629.

[2] Les Arabes de la Mauritanie avaient déjà vu, accidentellement, le golfe d'Arguin, qu'ils appelaient le golfe Vert, ainsi, dit M. d'Avezac, que le géographe Ebn-Sa'yd le raconte du voyageur Ebn-Fathymah.

[3] « Cette distance de 150 lieues nous conduit au golfe d'Arguin. On ne peut attendre, d'une relation d'une époque si reculée, une exactitude irréprochable que nous ne trouverons pas toujours dans des documents moins anciens, notamment dans les cartes antérieures à celles des Portugais, où les distances tantôt extrêmement réduites, tantôt presque annihilées au sud du cap Bojador seront bien loin de nous donner les cent cinquante lieues de la relation du Frère mendiant. Sur la côte du golfe d'Arguin il n'y a aucun cours d'eau que l'on puisse considérer comme une branche du Nil; force est donc d'atteindre le Sénégal, qui, nous l'avons dit ci-dessus (note 1 de la page 94), et on peut l'établir encore d'autre manière, est le même que le fleuve ou la rivière de l'Or ». (M. J. CODINE, *op. cit.*, p. 403).

La rivière de l'Or est appelée Vedamel à cause de sa longueur : *Istud flumen de longitudine vocatur Vedamel.* Elle est appelée Rujaura (rio do Ouro), parce qu'on y recueille de l'or en poudre : *similiter vocatur Rujauri (riu Auri) qui in eo recolligitur (colligitur) aurum de pajola.* Il faut savoir que la plus grande partie des peuples qui habitent ces contrées sont occupés à ramasser de l'or dans ce même fleuve, large d'une lieue et assez profond pour les plus grands navires du monde : *Et scire debeatis quod major pars gentium in partibus istis habitantium sunt electi ad colligendum aurum in ipso flumine quod habet latitudinem unius leguæ (legue) et fundum pro majori nave mundi* (ITINERARIUM ANTONII USUSMARIS, 81e légende, avec les modifications proposées par M. d'Avezac, d'après un manuscrit des archives secrètes de Gênes. — M. D'AVEZAC, *Notice des découvertes faites au moyen-âge dans l'Océan Atlantique,* note 1 de la p. 20. — M. CODINE, *op. cit.*, notes 10 de la p. 403 et 1 de la p. 418).

ainssi l'a monstré la carte, ce n'est singlure que pour trois iours pour naues et pour bargez ; car galées, qui vont terre à terre, prennent plus lonc chemin ; et quant pour y aler d'icy nous n'en tenons pas grant compte. Et si les choses de pardessa sont telles come le liure du Frere espaignol le deuise, et aussi ceulx qui ont frecanté en ces marches dient et racontent, à l'aide de Dieu et des princes et du peuple crestien, l'intencion de monsʳ de Bethencourt est d'ouurir le chemin du fluue de l'Or. Car s'il en venoit à bonne fin ce seroit grandement l'onneur et le prouffit du royaulme de France et de tous les royaulmes crestiens, veu que l'en approcheroit les marches de prestre Iehan dont tant de biens et de richesses viennent. Et ne doit on point doubter que moult de choses sont demourées au temps passé par deffaulte d'entreprinse, et si ne se vantent mye de se faire. Mais ils feront bien tant que l'en deura tenir pour excusés lui et toute sa compagnie, car il mettra paine de sauoir s'il se poura faire ou non, et s'il ne se peult orres faire en nulle maniere. Si conquerra il, à l'aide de Dieu, moult de peuple, et metront à la foy crestienne, qui s'est tousiours perdu par faulte de doctrine et d'enseignement, de quoy c'est grant pitié: car allés par tout le monde vous ne trouuerés nulle part plus belles gens, ne mieulx formés qui sont ès isles de pardessa, et homes et femmes, et sont de grant entendement, se ilz eussent qui leur monstrast. Et pour ce que il a grant voulenté de sauoir l'estat de tout les autres pais qui leur sont prochains, tant isles que terre ferme, led. seigneur de Bethencourt mettra paine et deligensse de soy informer tout applain de toutes ces marches [1].

CHAPITRE LIX. [2]

Come led. sieur et Gadiffer et la compagnie eurent biaucoup à souffrir en plusieurs manieres.

Or fault il retourner à nostre premiere matiere, et la poursuiure ainssi que les choses eschéent doranauant ycy en droit. Et dirons apprés la prynse du roy de l'ille Lancelot, et que les viures que led. Bethencourt et Gadiffer eurent recouuers à sa prinse furent despendues, ilz auoient eulx moult à souffrir, eulx qui auoient acoustumé de bien viure. Ils ont esté par l'espasse d'ung an sans pain et sans vin, et vescu de cher et de poisson, car faire le conuenoit ; et ont esté moult lonc temps couchans à terre plaine sans draps, linge ne lange, fors en la poure robbe dessirée que ils auoient vestue, dont ils sont moult greués. Et en oultre pour

---

[1] M. Major rapproche de ces derniers mots ce passage du même chapitre : « l'intention de monsʳ de Bethencourt est d'ouvrir le chemin du fleuve de l'Or », et il en conclut que les Français n'avaient pas encore doublé le cap Bajador. Nous ne partageons pas, sur ce point, l'avis de l'éminent écrivain. Les documents qui trancheraient la question ont malheureusement disparu, en 1694, dans le bombardement du port de Dieppe ; mais, comme on le verra dans notre préface, il reste encore assez de preuves pour permettre de considérer comme certaines les expéditions faites par les Normands, au xɪvᵉ siècle, sur les côtes de Guinée.

[2] Chap. LVII du ms. 18,629.

le grant trauail qu'il leur a conuenu prendre contre leurs anemis, lesquelz ilz ont tous mis à mercy, et par la grace de Dieu ils sont batiziés et mis en nostre foy, qui par la traison qui leur fut faicte, comme dessus est dit, se rebelerent contre eulx, en eulx faisant guerre mortelle [1], et par especial ceulx de l'ille de Lancelot.

CHAPITRE LX. [2]

Coment monsieur de Bethencourt et mess. Gadiffer eurent parolles enssemble.

Vn iour aduint que en l'an mil cccc et vn [3] mess. Gadiffer de la Salle estoit très fort penssif; tant que monsieur de Bethencourt lui demanda qu'il auoit et pour quoy il faisoit si estrange chere. Adonc led. Gadiffer lui dist qu'il auoit esté vng grant espasse de temps en sa compagnie, là où il auoit eu de grant trauaulx, et que il lui feroit bien mal d'auoir pardu sa paine, et

---

[1] Cet aveu échappé aux conquérants eux-mêmes, dit M. Charton, légitime l'éloquente protestation que Las Casas termine ainsi :

« Soyez-en certains, la conquête de ces îles, aussi bien que d'autres terres lointaines, est une injustice. Vous vous assimiliez aux tyrans; vous alliez envahir pour mettre tout à feu et à sang, pour faire des esclaves et avoir votre part du butin, pour ravir la vie et le patrimoine à ceux qui vivaient tranquilles sans penser à vous nuire.... Et croyez-vous que Dieu ait établi des priviléges parmi les peuples, qu'il ait destiné à vous plutôt qu'aux autres tout ce que la prodigue nature nous accorde de biens ici-bas? Serait-il juste que tous les bienfaits du ciel, que tous les trésors de la terre, ne fussent que pour vous? » (*Hist. de las Indias*, pp. 116, 117, ms. cité par Sabin Berthelot.)

[2] Chap. LVIII du ms. 18,629.

[3] C'est par erreur que le manuscrit porte 1401 ; il faut lire 1404.

qu'il lui baillast vne ou deulx de ces isles, à celle fin qui les omentast et mist en valeur pour lui et les siens ; et oultre dit aud. Bethencourt que il lui baillast l'isle d'Erbennye et vne autre isle qui s'appelle d'Enfer [1] et la Gomere, toute fois toutes ycelles isles n'estoient pas encores conquises, et y auoit beaucoup à faire à les

---

[1] Ténériffe. C'est sous ce nom, d'origine guanche, que cette île figura pour la première fois sur les cartes du commencement du quinzième siècle. Les Européens la connurent longtemps sous le nom de l'île d'Enfer, que lui valut sans doute le volcan qui la domine. C'est sous ce nom (*Insula de lo Fero*) qu'elle est désignée sur la première carte de l'atlas Catalan. L'ancien nom a cependant fini par prévaloir, « et c'est le seul que l'on donne aujourd'hui à cette reine des Canaries ».

D'après Cordeyro, le nom d'île d'Enfer vient tout simplement d'une fable : « Illa chamão Ferro, et por fabula Inferno ». *Historia insulana das ilhas e Portugal sugeytas no Oceano Occidental*, p. 48).

Sa superficie totale est de 700 milles carrés. En 1824, elle comptait 72,131 habitants. Sa principale ville est Santa-Cruz, qui possède un port bien protégé contre la grosse mer. (M. D'AVEZAC, *Les îles de l'Afrique*, II⁰ part., pp. 135, 136.)

En 1493, Ténériffe était encore au pouvoir des Guanches. Par une matinée d'avril, quinze caravelles de guerre envahirent la baie d'*Añaza* et débarquèrent mille fantassins et cent vingt cavaliers. A la tête de cette troupe, un guerrier, armé de toutes pièces, portait une grande croix de bois qu'il planta sur la plage. Ce guerrier était Alonzo de Lugo, l'un des élèves de Pedro de Vera, le sanguinaire et déloyal conquérant de la Grande-Canarie. Alonzo de Lugo devait être le conquérant de Ténériffe. Il établit son camp autour de la croix, qui plus tard donna son nom à la ville, et, sur l'autel rustique qu'il fit dresser sous sa tente, des moines demandèrent à Dieu la vie et les biens d'un peuple qui n'avait jamais demandé au Ciel que de vivre en paix sur la terre qu'il occupait. On pouvait croire, dit Viera, en voyant l'humilité profonde et la dévotion excessive de Lugo, qu'il était un ange de paix venu à Ténériffe uniquement pour prêcher l'Evangile et la mansuétude chrétienne : mais on se trompait. Alonzo de Lugo, ajoute-t-il, était un *Conquistador !* (*Noticias*, t. II, p. 199.) C'est dans la baie d'Añaza que Lugo établit son quartier général ; c'est par là qu'il commença la sanglante et laborieuse conquête de l'île.

aucir. Et quant monsieur de Bethencourt l'eut assés ouy parler, il lui respondit : « Monsr de la Salle, mon frere et mon amy, il est bien vray que quant ie vous trouué à la Rochelle, vous futes contant de venir auec moy et estions fort contens l'vn de l'autre sans quelque parolles ; le voiage que i'ay fait iusquez icy fut comenssé dès mon hostel de Grainuille la Tainturiere en Caux en Normendie, et ay amené mes gens, mon nauire, viures, et artillerie, et tout ce que i'ay peu faire, iusquez en ycelle ville de la Rochelle, là où ie vous trouué, come i'ay dit si deuant, tant que à la fin où ie suis venu, à l'aide de Dieu, de vous et de tous les bons gentilz homes et autres bons champions de ma compagnie. Et pour vous respondre à se que me demandés, les isles et pais que demandés ne sont pas encores conquises, ne myses là où, se Dieu plaist, ils seront ; car i'espoire que il seront conquis et baptizés. Je vous prie que il ne vous anuye point, car il ne m'anuye pas d'estre auecquez vous. Mon intencion n'est point que perdiés vostre paine, et que vous ne soiez remuneré, car il vous appartient bien. Je vous prie que nous paracheuons et fesons tant que nous soions freres et amys ».— « C'est très bien dit, ce dit mess^e Gadiffer de la Salle à mgr. de Bethencourt, mais il y a vne chose dont je ne suis pas contant, car vous avés desia fait l'ommage au roy de Castille des illes canariennes, et vous en distes du tout seigneur, et mesmes a fait crier led. roy de Castille par la plus part de son royaulme, et en especial en Syuille, que vous en estes seigneur, et que nulz ne viengne pardessa èsd. isles canariennes sans vostre congé; et oultre a fait crier que il veult que de toutes les marchandises qui seront prinses èsd. isles, et seront portées au roy^{me} de Castille, que vous en ayés le quint de la marchandise ou le quint denier ». — « Quant au regart de se que vous distes, dit Bethencourt, il est bien vray que i'en ay faict l'ommage, et aussi ie m'en tien le vray seigneur, puis qu'il plaist au roy de Castille. Mais quant pour vous contenter, se il vous plaist atendre la diffinitiue de nostre affaire, ie vous bailleré et laisseré tel chose, de quoy vous serés content ». — « Ce dit mess^e Gadiffer, ie ne seré pas tant en se pais, car il fault que ie m'en retourne en France; ie ne veulx plus ycy estre ». Monsgr de Bethencourt ne peult onques pour l'eure auoir plus parolles de lui. Et paroist bien que led. Gadiffer n'estoit point contant, si pour tant n'auoit il riens perdu, mès auoit gaigné en plusieurs manieres, come prisonniers[1] et autres choses qu'il auoit eus et prins èsd. isles; et si n'eust perdu sa nef, il en eust encores plus amendé. Lesd. cheualliers pour celle heure s'apaiserent le mieulx qu'ilz peurent, tant que ilz se partirent de l'isle Lancelot, et vindrent en l'isle d'Erbanne nommée Forteauenture, et besongnerent très bien come vous orrez cy après.

[1] Il semble résulter de ce passage, comme de plusieurs autres, que Gadiffer de la Salle vendait ses prisonniers.

CHAPITRE LXI.[1]

Comment monsgʳ de Bethencourt s'en ala en l'ille d'Erbanye et là fit vng fort grand voyage, et bon, car il lui besongna plus que onque mès.

Puis après passa Monsgʳ de Bethencourt en l'ille d'Erbane, et fit vne grant rese, et ont prins de leurs anemis, et les ont passés en l'ille Lancelot. Et après a comencé monsʳ de Bethencourt à se fortiffier à l'encontre des anemis, affin de mestre le pais en sa subiecion, et aussi pour ce que on leur a donné à entendre que le roy de Fez se veult armer contre lui et sa compagnie, et dit que toutez les illes lui doiuent appartenir. Et a esté monsgʳ de Bethencourt en ycelle isle bien trois mois, et coureu tout le pais. Et a trouué led. sieur des gens de grant estature, fors et moult fermes en leur loy. Monsgʳ de Bethencourt a fort entendu à soy fortiffier, et a commence vne fortresse en vng grant pandant d'vne montaigne, sur vne fontaine viue, à vne lieue près de la mer, qui s'appelle Richeroque, laquelle les Canares ont prins depuis que monsgʳ de…. retourna en Espaigne, et tuerent vne partie des gens que led. sgr. y auoit laissé.

[1] Dans le ms. 18629 (F. F.) de la Bibliothèque nationale, ce chapitre est indiqué comme devant porter le n° LIX.

CHAPITRE LXII.[1]

Coment Bethencourt et Gadiffer eurent parolles en semble.

Après que monsg' de Bethencourt eut commencé à soy fortiffier, led. sgr. et mess° Gadiffer ourent plusieurs parolles ensemble, lesquelles n'estoient pas fort plaisantes l'vn à l'autre, et estoit led. mess° Gadiffer en vne place qu'il auoit aucunement fortiffiée; et rescrirent l'vn à l'autre. Et y auoit aux lettres que mess° Gadiffer rescrit à mons' de Bethencourt, seulement pour toute escriture : « Se vous y venés, se vous y venés, se vous y venés », et non autre chose. Et adonc mons' de Bethencourt lui rescript par son poursuiuant, nomé Sejepuis : « Se vous y trouués, se vous y trouués, se vous y trouués ». Et furent vne espasse de temps en grosse hayne et en grosses parrolles, iusquez au bout de xv iours que mons' de Bethencourt enuoia vne belle petite compagnie en la grant Canare. Adonc mess° Gadiffer y ala. Ce fut le xxv° iour de iuillet mille cccc et vn°[2], et passa à la grant Quenare en la barge de mons' de Bethencourt, pour veoir le païs auecquez la compagnie que mons' de Pethencourt auoit ordonné, et entrerent en mer. Mais en aucuns iours apprès ilz eurent meruilleuse tourmente, car ilz singlerent en vng iour entre deulx soleils cent milles auec vent contraire. Et arriuerent en la

---

[1] Dans le ms. 18629 (F. F.) de la Bibliothèque nationale, ce chapitre est indiqué comme devant porter le n° LX.

[2] 1404 et non 1401.

grant Canare près de Telde, mais ilz n'oserent prendre port, car il ventoit trop fort, et estoit sur la nuytée; et passerent xxv milles plus auant, iusques à vne ville nomée Argyneguy [1], et là prindrent port, et demourerent xj jours à l'encre. Illeques vint Pietre le Canare parler à eulx, et puis y vint le filz Artamy [2], le

[1] La petite ville d'Argyneguy, ou mieux Arguineguin, pouvait contenir environ quatre cents maisons ; on en retrouve des restes dans un ravin qui porte le même nom. Les habitations sont placées sur plusieurs rangs autour d'un grand cirque, au milieu duquel on voit les ruines d'un édifice plus considérable que les autres et présentant, devant la porte d'entrée, un énorme banc demi-circulaire, avec son dossier, le tout en pierres sèches, ce qui a fait présumer que cette maison était la résidence d'un chef, et que le conseil s'assemblait dans cet endroit. De longues et fortes solives en laurier *(barbusano)*, bois presque incorruptible, recouvrent encore quelques-unes de ces habitations, dont la forme est elliptique, et qui offrent intérieurement trois alcôves pratiquées dans l'intérieur de la muraille, qui a de huit à neuf pieds de largeur. Ces alcôves paraissent avoir été destinées à recevoir des lits. Le foyer est placé près de la porte d'entrée, qui fait face à l'alcôve du fond. La muraille est sans ciment, en pierres brutes et très-grosses à l'extérieur, mais parfaitement taillées et alignées à l'intérieur. Ces pierres blanches sont aussi bien unies que pourrait le faire le meilleur de nos maçons. — D'après une relation de 1341, l'intérieur était d'une telle propreté qu'on l'aurait dit blanchi avec du gypse. (BARKER-WEBB et SABIN BERTHELOT, *Histoire naturelle des Canaries*, t. 1, part. 1, pp. 158, 159. — *Monumenti d'un manuscritto autografo di messer Gio Boccacci da Certaldo trovati ed illustrati* da S. Ciampi, Firenze, 1827, reproduit par Sabin Berthelot.)

[2] Avant la conquête, la Grande-Canarie était partagée en dix districts réunis par un lien fédéral et nommés, par les historiens, *Galdar, Telde, Aguimez, Texeda, Aquexada, Agaete, Tamarasayte, Artebirgo, Artiacar* et *Arucas*. Dix petites villes ou bourgages portent aujourd'hui les noms des dix tribus qui, aux siècles de l'indépendance, obéissaient aux guanartèmes. — (BARKER-WEBB et SABIN BERTHELOT, op. cit., t. 1, part. 1, p. 145.) — Andamana, femme remarquable par sa beauté, son intelligence et sa bravoure, fit la conquête de l'île, dont le

roy du pais, et des autres Canares grant foison, et venoient à la barge ainssi qu'ilz auoient fait autrefois. Mais quant ilz virent nostre comune, et que nous estions pou de gens, à la fin ilz nous cuiderent trayr. Et nous dit Pietre le Canare qu'ilz nous donroient de l'yaue fresche, et nous fît venir des pourciaulx qu'ilz nous deuoient donner, et mist vne embusche. Et quant le bastel fut abbordé près de la terre pour receullir les choses, les Canares tenoient le bout d'vne corde en terre et ceulx du batel tenoient l'autre. Adonc sailli l'embusche sur eulx et les chargerent de moult grand giet de pierres, tellement qu'ilz furent tous blessés, et leur tollirent deulx auirons et trois baris plains d'iau, et vng chaable, et saillirent tout accoup en la mer pour cuider prendre le batel. Mès Hanybal, bastart de Gadiffer, tout ainssi blessé qu'il estoit, print vng auiron en sa main, et les rebouta, et eslargy le bastel bien auant en la mer, car plusieurs des austres c'estoient laissés choir au fons de bastel et ne osoient dresser la teste. Il y en ot deulx ou trois gentilz homes de monsg' de Bethencourt qui auoient pauois qui y seruit biaucoup ; et puis s'en reuindrent

---

gouvernement, livré, comme une proie, à quelques vieux seigneurs ambitieux et corrompus, tombait en décomposition. Elle fut aidée dans son entreprise par Guimidafe, puissant seigneur canarien. Après le succès, elle lui donna sa main. Ils gouvernèrent ensemble d'après un nouveau code de lois. On voit encore la grotte *(la cueva del Cavallero de Facaracas)* où la reine Andamana vécut au milieu d'une suite aimable et polie. Son fils, Artemi Semidan, dont il est ici question, fameux par ses vertus et son courage, repoussa victorieusement les Européens, et reçut, après sa mort, le surnom de grand. (GEORGE GLAS, *op. cit.*, pp. 75, 76).

à la barge bien batus et naurés. Puis myrent des austres compagnons frais au bastel. Quant il virent que treues estoient rompeues, ils retournerent pour escarmoucher à eulx, mais les Canares vindrent contre eulx auesques pauois armoyez des armes de Castille, qu'ils auoient l'autre saison gaignés sur les Espaignos, et gasterent nos compagnons assés de bon trait sans porter dommage à leurs anemis se pou non. Sy s'en retournerent à la barge et leuerent leurs ancres et s'en alerent au port de Telde, et là demourerent deulx iours.

CHAPITRE LXIII.[1]

Come Gadiffer et le mestre d'une (nef) eurent parlement, comme vous orrés.

Puis s'en partirent de là, et s'en retournerent en l'isle d'Erbanne vers monseigneur de Bethencourt. Et quant ilz furent acostez à la terre, le vent leur fut contraire; si dessendi Gadiffer et s'en vint par terre et arriua sur vne embusche de Castillans qui estoient venus en vne barge, et estoit arriuée la barge à tout grant planté de viures pour monsgr de Bethencourt. Et disoient que vng iour de celle sepmaine quarante deux Canares auoient encontré dix de leurs compagnons très bien appareliés, et qu'ilz les auoient

[1] Dans le ms. 18,629 de la Bibliothèque nationale, ce chapitre est indiqué comme devant porter le n° LXI.

très asprement chassés, mais peut estre que ilz congnoissoient bien que c'estoient gens nouueaux, car ilz ne s'abandonnoient mie ainssi sur leurs voisins qu'ils congnoissoient. Et quant Gadiffer fut arriué à toute la compagnie, lui estant bien fort lassé de voir biaucoup de choses qu'il lui desplaisoient et voiet, et penssoit bien que tant plus il seroit au pais et tant mains acquerroit, et que mons^r de Bethencourt estoit de tout poins en la grace du roy de Castille, et encore oultre se qu'il ouit dire au maistre de la barge qui auoit amené les viures à monsg^r de Bethencourt. Car il disoit que led. roy de Castille l'auoit ennuoié par dessà pour le coustiller et rauitailler ; et des biens biaucoupt que il raportoit et disoit dud. Bethencourt, et tant que led. Gadiffer s'en esbahit fort, et ne se peut tenir que il ne dist au maistre de la barge que led. s^r de Bethencourt n'auoit pas tout fait de lui, et que se autres gens que lui n'y eussent besogné, les choses ne fussent pas si auancées ; et que se il fut venu à tout les viures qu'il auoit apportés depuis vng an ou deulx, ilz fussent venus encores plus appoint ; et y ot biaucoup de parolles. Et tant que les parrolles vindrent par led. maistre à monsg^r de Bethencourt, dont monsg^r de Bethencourt fut bien esbahy et bien courcé que led. Gadiffer auoit si grant enuye sur luy ; et tant que tantost après ilz s'entrencontrerent. Et lui dist mons^r de Bethencourt : « Je suis bien esbahy, mon frere, comment vous aués si grant enuie de mon bien et honneur, et ne cuidois pas que vous eussiés vng tel courage contre moy ». Et adonc respondit messe Gadiffer, qu'il ne deuoit pas avoir perdu sa paine, et qu'il auoit esté grant espasse de temps hors de son pais, et qu'il veoit bien que tant plus seroit là et tant mains gaigneroit. Monsgr de Bethencourt lui respondit : « Mon frère, c'est mal dit à vous ; car ie n'ay pas si deshonneste vouloir que ie ne le veulle recongnoistre quant les choses seront, se Dieu plaist, venues à plus grant parfecion qu'il ne sont ». Ce dit Gadiffer : « Se me vouliez bailler les isles que autres fois vous ay parlé, ie serois contant ». Respont monsgr de Bethencourt qu'il en auoit fait homage au roy de Castille, et qu'il ne s'en defferoit point. Il y eut de grans parrolles qui longuez seroient à raconter, et de quoy ie me passe pour le present. Ce vint dedens huit iours apprès que monsgr de Bethencourt eut arruné ces gens et ces besongnez, led. Bethencourt et Gadiffer se partirent des pais des Canares, et s'en alerent en Espagne, non pas fort bien contens l'vn de l'autre ; et se mist monsr de Bethencourt en sa nef, et led. Gadiffer se mist en vne austre, et besongnerent ensemble quant ilz furent en Espagne, comme vous orrez si apprès.

CHAPITRE LXIV.

Comment le sieur de Bethencourt et Gadifer arriuerent en Espagne, et Gadifer ne pouuant gagner autre chose contre luy, s'en retourna en France, et Bethencourt és Isles [1].

Dedens vng pou de temps après se partit d'Erbanne monsʳ de Bethencourt et messᵉ Gadiffer de la Salle non mye trop bien d'ascort. Monsʳ de Bethencourt estoit en vne barge et Gadiffer en vne autre pour passer la mer en Espaigne. Mais quant ilz furent en Syuille, monsʳ de Bethencourt empescha plusieurs choses que led. Gadiffer disoit [lui] appartenir, tant que le roy de Castille en eut les nouuelles. Mais rien ne valut pour led. Gadiffer, et incontinent dit qu'il vouloit aler en France, en son pais, et qu'il lui auoit bien affaire : le dit Gadiffer veoit bien qu'il n'y pouct autre chose faire, et pour ce c'en vouloit il aler. Et se partit led. Gadiffer du royᵐᵉ d'Espaigne, et s'en ala en France, en son pais, et onques puis on ne le vit és distes isles de Cauare. Et ot de puis monsʳ de Bethencourt bien à besongner à conquerir lesd. isles de Canare, ainssi comme vous orrez plus applain cy apprès. Sy nous tairons de ceste matiere quant à present, et parlerons des isles que monsʳ de Bethencourt a visitées et fait visiter, des manieres et des condicions et du gouuernement des isles.

[1] Dans le manuscrit original ce chapitre n'a pas de sommaire. Il est séparé du chapitre précédent par un intervalle de plusieurs lignes, et son commencement est marqué par une grande lettre rouge ornée. Le sommaire que nous donnons est emprunté à Bergeron. L'auteur du Ms. de la Bibliothèque nationale dit ici : *autre chapitre*, mais il ne donne à ce chapitre ni numéro ni sommaire.

CHAPITRE LXV.[1]

Ycy parle premierement de l'ille de Fer.

Sy parlerons premierement de l'ille de Fer[2], qui est vne des plus lointainez, et dit que c'est vne moult belle isle, et contient sept lieues de lonc et chinc de large : et est en maniere d'vn croissant, et est très forte, car il n'y a ne bon port ne bon entrage; et a esté visitée par ledit sieur et par autres, car Gadiffer y fut bien longuement. Et souloit estre bien peuplée de gens, mès ils ont esté prins par plusieurs fois et menés en chetifuoison en estrangez contrées; et y sont au iour d'uy demourés pou de gens. Et est le pais hault et assés plain, garny de grans bocagez de pyns et de loriers[3] portans meures si grosses et si longues que merueilles. Et sont les terres bonnes pour labou-

---

[1] Le ms. de la Bibliothèque nationale donne à ce chapitre le n° LXII.

[2] *Fer*, *Ferro* paraît une traduction de *hero* (fissure de rocher), mot qui rend assez bien la topographie accidentée de l'ile, et non de *hierro* (fer), mot espagnol que les indigènes ne connurent qu'après la conquête. « Outre que les habitants de Fer n'avaient point tiré le nom de leur pays d'un mot espagnol, on a judicieusement remarqué que les anciens Canariens ne connurent jamais d'autre fer que celui des chaînes dont les chargèrent les Européens ». (BORY DE SAINT-VINCENT, *op. cit.*, pp. 218, 219.)

M. Major pense que de *Esero* (citerne), les Espagnols ont fait *Hierro*, les Portugais *Ferro* et les Français *Fer*; les premiers, pour avoir mal saisi le son de *Esero* en ont fait *Hierro* et les autres ont traduit *Hierro*. (*Note 1 de la page 124.*) Cette hypothèse semble moins admissible que celle de Bory de Saint-Vincent.

[3] Le *Laurus indica*.

rer, pour blés, pour ving et pour toutes autres choses. Et si on y trouueroit maintez autres arbres portant fruyt de diuersses condicions. Et y sont faucons, et espreuiers, alouettez et cailles à grant planté, et vne maniere d'oesiaulx qui ont plume de faisant [1], et est de la taille d'ung papegaut, et ont courte volée. Les yaues y sont bonnes [2], et y a grant planté de bestes, c'est assauoir : pourciaulx, chyeures, et brebis ; et y a des lesards grandes comme vng chat, mais elles ne font nul mal, et si sont bien hydeuzes à regarder [3]. Les habitans d'ilesquez sont moult belles gens, homes et femmes [4], et portent les hommes grans lances qui ne sont point ferrées : car ils n'ont point de fer ne d'autre metail. Et y croit blés de toutes manieres assés. Et au plus hault du pais sont arbres qui tousiours degoutent yaue belle et clere qui chiet en foces au près des ar-

---

[1] Probablement le Pterocles arenarius. (*Note de M. Charton.*)

[2] « Pendant l'hiver, les habitants ont grand soin de recueillir les eaux pluviales dans les *héres* ou citernes. A un quart de lieue environ du bourg de Valverde, on en a creusé une quarantaine dans l'épaisseur du tuf. On en voit aussi de semblables dans d'autres vallées de l'île, et chaque commune entretient des gardiens près de ces précieux reservoirs ». (*Note de M. Charton.*)

[3] « Ces animaux étaient très-communs dans l'île et y atteignaient presque la grosseur des iguanes d'Amérique ». (*Note de M. Charton.*)

[4] « Les *Herrenos* ou habitants de l'île de Fer, dit Viera, sont comme la terre qui les a vus naître, forts, sains et féconds. Agiles de corps et bien proportionnés, ils ont en général le teint plus blanc que les autres insulaires. Vifs, gais, amateurs du chant et de la danse, ils sont très enclins au mariage ». (*Note de M. Charton.*) Abreu de Galindo (voir page 69, note 1) fait des Herrenos un portrait sensiblement différent. Peut-être faut-il attribuer à la servitude l'esprit mélancolique qu'il remarquait en eux.

bres, la miller pour boire que l'en saroit trouuer ¹; et est ycelle yaue de telle condicion que quant on a tant mengé que on ne peut plus, si on boit d'icelle yaue, anchois qu'il soit vne heure la viande est toute digerée, tant que on a aussi grant voulenté de manger que on auoit eu par aduant que on auoit beu.

¹ Ce passage fait allusion à l'*arbre saint* ou *garoé*.

Pour les uns, c'était un arbre merveilleux, unique, distillant une quantité d'eau suffisante à l'alimentation de huit mille personnes et de cent mille têtes de bétail. D'autres ont vu dans cette légende une fable ridicule.

Juan de Abreu Galindo n'a voulu parler de ce phénomène qu'après l'avoir étudié sur place. Voici le résumé de ses observations :

Le tronc de l'*arbre saint* a douze palmes, environ 2ᵐ 94 de circonférence, 0ᵐ 98 de diamètre, de 10 à 12ᵐ de hauteur. Sa tête, qui est ronde, a 40ᵐ de tour. Ses branches sont très-ouvertes. Son fruit ressemble au gland. Sa graine a la couleur et l'arôme des amandes de pomme de pin. Ses vieilles feuilles tombent quand les jeunes sont formées ; elles sont comme celles du laurier, dures et luisantes, mais plus grandes, courbées et assez larges. Une grande ronce entoure l'arbre et plusieurs de ses rameaux. Aux environs croissent des lauriers, des hêtres et des buissons.

Du côté du nord se trouvent deux bassins en pierre de vingt pieds carrés, profonds de seize palmes et disposés pour que l'eau tombe dans l'un et se conserve dans l'autre.

Il arrive très-souvent, surtout le matin, qu'il s'élève de la mer des vapeurs et des nuages que les vents d'est, fréquents en cet endroit, poussent contre les rochers qui les retiennent. Ces vapeurs s'amoncèlent sur l'arbre et coulent en eau, goutte à goutte, de ses feuilles polies. Plus il y a de vents d'est, plus la récolte est abondante. Un homme, payé pour garder l'arbre, distribue aux voisins l'eau recueillie pendant la nuit. (V. BORY DE SAINT-VINCENT, *op. cit.*, pp. 220-226.)

Il en est donc de l'arbre de Fer comme de beaucoup d'autres phénomènes physiques : exagérés outre mesure, revêtus de circonstances invraisemblables, ils passent pour des miracles ou pour des contes ; étudiés par des hommes instruits et de bonne foi, on reconnaît en eux de ces

CHAPITRE LXVI.[1]

De l'ille de Palme qui est la plus lointayne.

L'isle de Palme [2], qui est la plus auant d'ung costé de la mer oceane est plus grande qu'elle ne se monstre en la carte, et est très haulte et très forte, garnie de grans bocagez de diuersses condicions, comme de pins et de dragonnyers portant sanc de dragon, et d'autres arbres portant lait de grant medecine, et de fruitagez de diuerces manieres, et y court bone riuyere parmy, et y sont les terres bonnes pour tous labouragez et bien garnies d'herbagez. Le pais est fort et bien peuplé de gens [3], car il n'a mye esté ainssi

---

choses admirables, mais parfaitement naturelles, dont la divinité a largement doté notre petit monde.

Le phénomène qui émerveillait nos ancêtres, dit M. Charton, nous est maintenant clairement expliqué : les arbres agissent comme de véritables alambics en distillant, par leur action réfrigérante, les vapeurs contenues dans l'air. Les modernes habitants de l'île de Fer renouvellent de nos jours le miracle de l'arbre saint. Dans les lieux éloignés des *héres*, les pâtres se procurent de l'eau potable en creusant sur les troncs de certains arbres des trous que les vapeurs et la rosée ne tardent pas à remplir.

[1] Chapitre indiqué par le ms. de la Bibliothèque nationale comme devant être le LXIIIe.

[2] Quand l'île de Palme fut conquise par les Européens, elle s'appelait *Bena Haave* (Ma Terre). On dit que les Espagnols lui donnèrent son nom actuel parce qu'elle a, de loin, la figure d'un palmier déraciné. (BORY DE SAINT-VINCENT, *op., cit.*, p. 214.)

[3] La superficie de l'île est de 500 mille carrés. Vers 1848, sa population étoit de 29,683 habitants. — Au moment de la conquête il y avait 1,200 âmes et 20,000 têtes de bétail. (PEDRO QUESADA DE MOLINA.

foulé comme les autres pais ont esté [1]. Ils sont belles

Diversos fragmentos para la historia de las islas de Canaria, ms., ch. 129, cité par Sabin Berthelot.)

« La ville chef-lieu porte aussi le nom de Palma. Assise sur les escarpements du littoral, elle fut érigée en capitale dès sa fondation. On y retrouve encore les gothiques coutumes et les mœurs des anciens conquérants. L'heureuse situation de son port, sous la pointe de *Baxamar*, à l'endroit où la côte se recourbe en forme d'arc, et où les vaisseaux peuvent mouiller en face de la ville sur un fond de 15 à 20 brasses, devait en faire une des principales échelles du commerce de l'Amérique. Aussi les bâtiments européens n'ont pas tardé à fréquenter ce mouillage, et plus tard même on y établit des chantiers de construction, auxquels les forêts de l'île fournirent les matériaux principaux pour les besoins de la marine marchande ». (M. D'AVEZAC, *Les îles de l'Afrique*, IIe part., p. 137).

[1] « Les Harouarythes, tribu qui formait l'ancienne population de l'île, résistèrent à toutes les invasions jusqu'à la fin du quinzième siècle. Les tentatives de Béthencourt sur la Palma échouèrent. Guillen Peraza, comte de la Gomère et seigneur de l'île de Fer l'envahit, avec des forces considérables : il fut battu à la première rencontre et perdit la vie.

« Quand les herreños tentèrent de venger la mort de leur seigneur et pénétrèrent de vive force sur le territoire d'Abenguarène, le prince Echentive trompa toutes leurs prévisions, et la sœur de Guachargua, chef de Tigalate, leur donna un premier exemple du courage et de la force des femmes guanches.

« Ils étaient tous gens de cœur, dit Viera, et les femmes palmaises, douées la plupart d'un courage viril, s'élevaient au rang des hommes par leur force et leur audace ». (*Noticias*, t. II, p. 149. — BARKER-WEBB et SABIN BERTHELOT, *op.*, *cit.*, t. I, part. v, pp. 115, 116).

Tanausu, prince d'Acero, victime d'une trahison, rend les armes après une défense désespérée. Fait prisonnier au mépris des traités, il est envoyé en Espagne pour être présenté aux rois catholiques comme un trophée de la victoire de l'*Adelantado*. Le malheureux prince ne peut survivre à sa honte et se laisse mourir de faim. Mayantigo, chef de la tribu d'Aridane, reçoit en combattant une blessure grave, et bientôt la gangrène attaque son bras fracassé. Alors le guerrier, voulant prévenir les ravages du mal, s'arme de son *tafrigue*, espèce de tranchet d'obsidienne, et opère lui-même la désarticulation du coude. (GALINDO, ms., lib. 8, cap. 5, cité par Sabin Berthelot).

gens[1] et ne viuent que de cher. Et est le plus delictable pais que nous ayons trouué ès isles de pardessà. Mais il est bien à desmain, car c'est la plus lointayne isle de terre ferme. Toutes fois il n'y a du cap de Bugeder, qui est terre ferme de Sarazins, que chent lieues françoises. Et aussi c'est vne isle où il y a fort bon ayr, ne iamès voulentiers non n'y est malade ; les gens y viuent longuement.

[1] Ils étaient grands et robustes de corps ; leur visage n'avait rien de disgracieux ; les traits en étaient réguliers, et le prince Mayantigo fut appelé, dit-on, *Morceau-du-Ciel*, à cause de sa belle physionomie. Quant à la couleur de leur teint, il paraîtrait qu'elle était généralement assez blanche, puisqu'un des princes d'Abenguarème avait été surnommé *Azuquahé*, qui signifiait *le brun*, sans doute pour le distinguer des autres ». (Barker-Webb et Sabin Berthelot, *op. cit.*, tome I, part. I, p. 119).

« Ce sont des hommes au teint hâlé, plus ou moins blancs, au front saillant et un peu étroit, aux grands yeux vifs, fendus, foncés, quelquefois verdâtres, à la chevelure épaisse, un peu crépue, et variant du noir au brun rouge. Le nez est droit, les narines sont dilatées, les lèvres fortes, la bouche grande, les dents blanches et bien rangées ; le corps est sec, robuste, musculeux, la taille, médiocre dans certaines îles, et au-dessus de la moyenne dans quelques autres. Le regard, chez ces insulaires, ne dément pas leur naturel, il est plein d'expression chez les femmes et presque provocateur ». (Barker-Webb et Sabin Berthelot, tome I, part. I, p. 255.)

« Les Palmeros, dit Azurara, sont d'une telle adresse à lancer les pierres, qu'il leur arrive rarement de manquer leur coup, tandis qu'ils évitent ceux de leurs adversaires par les mouvements de souplesse et de contraction qu'ils savent imprimer à leur corps ». *(Chronique de la conquête de Guinée*, chap. LXVIII, cité par Sabin Berthelot.)

CHAPITRE LXVII. [1]

Sy après de l'ille de Gomere.

L'ylle de Gomere est quatorze lieues pardessà, qui est très forte isle, en manyere d'un treffle, et le pais bien hault et assés plain. Mais les baricanes [2] y sont meruilleusement grandes et parfondes [3]. et est le

---

[1] Chapitre LXIV du ms. de la Bibliothèque nationale.

[2] Fondrières.

[3] Cette île est couverte de forêts et arrosée de sources limpides. Elle est montueuse et sillonnée de ravins d'une profondeur extraordinaire. Bien que de constitution volcanique, comme les îles voisines, elle ne porte aucune trace d'éruption moderne.

Elle produit en abondance blé, vin, racines, fruits, miel, bétail, volailles. Elle produit aussi la laine et la soie grège que les insulaires savent travailler et transformer en vêtements. A l'exception du fer, on y trouve tous les matériaux de construction. En résumé, Gomère, comme la Grande-Canarie, peut se suffire à elle-même.

Son port, San-Sebastian, le meilleur de l'archipel, est parfaitement protégé par les pointes de San Cristoval et de Los Canarios. C'est de ce port que Christophe Colomb partit à la découverte de l'Amérique. (GLAS, op. cit., p. 273. — M. D'AVEZAC, Les îles de l'Afrique, IIe part., pp. 136, 137. — BORY DE SAINT-VINCENT, op. cit., pp. 213, 214.)

Dans tout l'archipel la forme des vêtements variait selon les îles et les conditions des personnes. La matière, toujours la même, était du poil artistement ajusté, mais non tissu, des nattes parfaitement travaillées et rehaussées de peintures vives. Les femmes étaient chargées de leur confection. Elles prenaient, pour aiguilles, des arêtes de poisson, pour fil, des tendons d'animaux ou de fines lanières de cuir. Avec ces secours grossiers, elles cousaient cependant d'une manière parfaite.

Il y avait des tanneurs, des teinturiers, des nattiers et des peintres de profession. Les peintres, dont l'art était très-apprécié, tiraient leurs couleurs de diverses terres, de sucs de plantes et de fleurs.

Les Gomérytes portaient le *tamarco*, espèce de manteau qui allait du cou au bas des jambes. Les femmes se faisaient, avec des peaux de moutons, des jupes qu'elles appelaient *tahuyan*. Elles se coiffaient de

pais habité de grant peuple qui parlent le plus estrange langage de tous les autres pais de pardessà. Et parlent des baulievres ainssi que si fussent sans langue, et dit on par dessà que vñg grant prince pour aucun meffait les fit là mestre en essil, et leur fit tailler leurs langues, et selon la maniere de leur parler on le pouroit croire. Le pais est garny de dragonnyers et

toques légères ornées de plumes qui leur tombaient sur les épaules et se chaussaient de sandales en cuir de porc. (BORY DE SAINT-VINCENT, *op. cit.*, pp. 79, 80. — GLAS, *op. cit.*, pp. 22, 23. — BARKER-WEBB et SABIN-BERTHELOT, *op. cit.*, t. I, part. I, p. 114.)

Les Guanches s'appliquaient particulièrement à faire de leurs enfants des hommes agiles et forts. Les Gomérytes étaient surtout redoutés pour leur adresse et leur bravoure. Un chant national, qui mérite d'être cité, rappelle un trait de courage extraordinaire :

« Un jour Gualhegueya, suivi de plusieurs compagnons, avait gagné
« à la nage un rocher solitaire pour y ramasser des coquillages, lors-
« qu'une troupe de requins affamés vint cerner le récif.

« Les féroces poissons avaient coupé la retraite aux Gomérytes et se
« préparaient à les dévorer, mais Gualhegueya, se dévouant pour ses
« frères, se précipita sur le plus grand de la bande, et le saisit de
« ses bras nerveux.

« Le monstre se débat sous l'ennemi qui le presse, et frappe la mer
« de sa large queue ; la mer gronde, écume, bouillonne, et la bande
« vorace s'enfuit épouvantée.

« Alors les Gomérytes profitent de la lutte pour passer le détroit ;
« Gualhegueya redouble d'efforts, il tourmente son ennemi, le laisse à
« demi expirant, et s'élance triomphant sur la plage.

« Gualhegueya vainquit le monstre et sauva ses frères. Il fut brave ce
« jour-là. » (GARCIA DEL CASTILLO, *Antiquitades de la isla de Hierro*, ms., cité par Sabin Berthelot).

Les habitants de Goméra combattaient avec de petits dards dont la pointe était durcie au feu. Ils allaient nus, possédaient de l'orge, des porcs et des chèvres. Ils vivaient de laitage, d'herbes et de racines. Ils habitaient dans des grottes et avaient l'étrange habitude d'offrir leurs femmes à ceux qui les visitaient. Ils aimaient le chant, la danse et le repos. Au moment de la conquête, l'île comptait 500 combattants. (AZURARA, *op. cit.*, ch. 79.)

d'autre bois assés, et de bestial menu, et de moult d'autres choses estranges qui seroient longuez choses à raconter.

CHAPITRE LXVIII.[1]

De l'ille qui s'apelle l'ylle (Tonerfiz) aucuns l'apellent l'ille d'Enffer.

L'ille d'Enffer, qui se dit Tonerfiz[2], est en maniere d'une herche, presque ainssi que la grant Canare, et contient environ xviij lyeues françoizes de lonc et x de large, et en tour le millieu a vne grant montaigne la plus haute qu'il soit en toutes les isles Canariennes, et s'estent la partie de la montaygne de tous costés par la plus grant partie de toute l'ille[3] ; et

---

[1] Chap. LV du ms. de la Bibliothèque nationale.

[2] Voir p. 104, note 1.

[3] Le Teyde, ou pic de Ténériffe, un des plus grands cônes volcaniques connus, occupe le centre d'un plateau dont la base a plus de dix lieues de tour, et lance sa pointe à plus de 1900 toises au-dessus de l'Océan. Le cratère qui occupe le sommet du pic n'est plus aujourd'hui qu'un solfatare d'environ 300 pieds de diamètre et 100 pieds de profondeur. Ce chapiteau volcanique a près de 500 pieds de haut et repose sur une ceinture de lave qui s'est épanchée en larges coulées le long des pentes du cône.

« Nos regards, dit Sabin Berthelot, plongeaient sur le vaste océan d'une hauteur de 11,430 pieds ; la section du globe que nous pouvions embrasser d'un coup d'œil mesurait un diamètre de plus de 100 lieues, car, vers l'orient, nous apercevions *Lancerote* au bout de l'horizon, à la distance de cent soixante milles ; puis *Fortaventure* qui s'allongeait vers la grande Canarie ; à l'occident, l'ombre du Teyde s'étendant jusque sur la *Gomere* en immense triangle ; et, un peu plus loin, *Palma* et l'*ile de Fer* nous montraient leurs cimes escarpées. Ainsi, tout l'archipel canarien était là réuni comme sur un plan en relief, et, sous nos pieds, *Ténériffe* avec ses groupes de montagnes et ses profondes vallées. » (BARKER-WEBB et SABIN BERTHELOT, *Histoire naturelle des Canaries; Miscellanées canariennes*, 1er vol., 2e part., p. 161.)

tout en tour sont les baricanes garniz de grans bocagez et de belles fontaines courantes, de dragoniers et de moult d'autres arbres de diuerses manieres et de diuerses condicions. Le pais est moult bon pour tous labouragez, et moult grant peuple y habyte, qui sont les plus hardis de tous les autres peuples qui habitent ès isles [1]; et ne furent onquez courus ne menés en

---

[1] A Ténériffe les femmes étaient plus aimables et les hommes plus galants que dans les autres îles. Leur toilette était soignée ; il paraît même qu'elle subissait les lois de la mode. Les peaux servant à la confection des vêtements étaient parfaitement préparées. Une tunique bien faite, d'un jaune tendre, rehaussée d'une ceinture teinte de couleur vive devait, sans doute, « très-bien aller à ces beaux Guanches, un peu bruns et si bien proportionnés ».

Lors de sa première tentative sur Ténériffe, Alonzo de Lugo vit que le mencey Bencomo était homme à lui tenir tête et, peut-être même, à le jeter à la mer. Il lui proposa d'accepter son amitié, d'embrasser le christianisme et de se soumettre au roi et à la reine de Castille. Le mencey lui fit répondre: « Je ne puis refuser mon amitié à celui qui ne m'a pas « fait d'offense ; quant à la religion nouvelle, je ne saurais l'embrasser « sans la connaître ; pour ce qui est de l'obéissance à d'autres hommes, « sachez que les menceys de Ténériffe ne se sont jamais avilis ».

Le P. Espinosa n'a pas craint d'applaudir cette fière réponse. « La guerre que l'on fit aux naturels de ces îles, de même que celle intentée aux Indiens d'Amérique, fut vraiment, dit-il, fort étrange, car ces peuples étaient sur leurs terres, et les chrétiens n'y avaient aucun droit. Ils n'étaient jamais sortis de leur pays pour ravir le bien d'autrui. Pourquoi se présenter chez eux, tambour battant et enseignes déployées, pour apporter l'Evangile, au lieu de les persuader par des paroles de paix et de douceur? Il fallait employer la prière et non pas la force ». Espinosa, *Del origen y milagros de la Santa imagen de Nuestra Señore de Candelaria, que apareció en la isla de Tenerife*, con la descripcion de esta isla, Sevilla, 1594, l. 3, cap. 4 et 5).

Bernaldez s'est chargé de répondre à la question d'Espinosa. « Quand les Espagnols débarquèrent à Ténériffe, les Guanches, dit-il, demandèrent à recevoir le baptême et à reconnaître la souveraineté des rois catholiques en conservant leurs biens et leur liberté. Mais les Espagnols

seruage come ceulx des autres illes. Et marche leur pais près de la Gomere, à six lieues deuers le mydi,

avaient besoin de faire la guerre pour rentrer dans leurs frais d'armement, les Guanches ne s'étaient pas soumis aux sommations antérieures, on ne se fiait point à leur parole et l'on craignait qu'ils ne se révoltassent dans l'avenir. *Ainsi ce ne fut pas pour servir Dieu que les « Espagnols leur déclarèrent la guerre, mais bien pour faire des « esclaves et leur ravir leurs biens ».* Bernaldez, *Historia de los Reyes catholicos*, cap. 131).

Comme nous l'avons dit plus haut, la guerre déclarée par Alonzo de Lugo ne dura pas moins de trente-deux ans. Malgré l'infériorité de leur armement, les Guanches ont souvent mis en déroute les armées castillanes. Pour les vaincre, les Espagnols durent les diviser, les tromper et jeter sur eux les insulaires des îles déjà conquises. Ils ont toujours été loyaux, généreux et braves.

Plus d'un héros de Ténériffe méritait, comme le canarien Doramas, que l'armée castillanne lui rendît les honneurs militaires. Alonzo de Lugo n'eut même pas la générosité de son maître Pedro de Vera. Tout l'honneur de la guerre revient aux Guanches de Ténériffe.

« Les femmes ne dérobaient aux regards qu'une faible partie de leurs charmes ; leurs épaules, leur beau cou, en un mot, le haut de leur corps n'était couvert que par leurs cheveux flottants et bouclés, quelquefois négligemment tressés. Une jupe étroite de peau chamoisée, flexible, serrée par une espèce de coulisse vers le dessus des reins, descendait mollement jusques un peu au-dessus de la cheville, et, par sa souplesse, dessinait des formes gracieuses, promises par celles qu'on ne cachait pas.

« Partout où les hommes sont galants, les femmes semblent avoir recours à la coquetterie ; à Ténériffe, l'usage du fard était connu.... La chaussure des deux sexes était des bottines semblables à celles en usage dans les autres îles ; on connaissait aussi des espèces de bas, mais les nobles seuls avaient droit d'en porter ».

Parmi les charmantes poésies que Bory de Saint-Vincent a traduites de l'espagnol, nous en prendrons une qui peint à merveille la douceur des mœurs et la délicatesse de sentiment des naturels de Ténériffe :

« Défiez-vous, jeunes filles, de ceux qui vous disent qu'ils aiment : ceux qui aiment vraiment osent-ils le dire? Nénédan a dit à Zorahaya : « De« puis longtemps, bergère, tu règnes sur mon cœur, et je ne pourrai « vivre, si tu ne partages ma tendresse ». Il a accompagné ce discours

et de l'autre costé, deuers le nort, à quatre lieues de la grant Canare. Et dit on par dessà que c'est vne des bonnes isles qui y soient.[1]

d'un profond soupir, et il a serré la main de la jeune fille. Pouvait-elle résister au plus beau des hommes?

« Insensée! elle a laissé cueillir du miel sur ses lèvres, et son haleine s'est mêlée à celle du séducteur.

« Mais Nénédan a passé au-delà des montagnes; il a quitté celle dont le cœur l'a suivi. Zorahaya, abandonnée, passera sa vie à gémir; elle ne goûtera plus les douceurs de l'amour, puisqu'elle n'a plus de cœur à donner; elle pleurera jusqu'à ce que la mort lui rende la paix. Mais quand elle reposera entre les os de ses pères, Nénédan sera-t-il digne d'entrer dans le tombeau des siens? N'est-il pas le plus odieux des mortels? » (BORY D. SAINT-VINCENT, *op. cit.*, pp. 89, 90.)

[1] Les Guanches de Ténériffe sont, de tous les Canariens, ceux qui ont le plus longtemps résisté à la conquête. En 1464, le 21 juin, les menceys ou rois de l'île, acceptèrent, selon leur expression, *l'amitié de Diego de Herrera, du roi de Castille et de tous les rois du monde*. Cette convention était une duperie des Espagnols, qui n'achevèrent cependant la conquête de l'île que trente-deux ans plus tard, en 1496. Pendant le combat, les femmes attendaient avec des provisions. Les morts étaient enlevés des champs de bataille et enterrés dans des caves. L'avantage du lieu pour engager l'action était ce qu'ils recherchaient le plus. Ingénieux en stratagèmes, ils disposaient leurs embuscades, se divisaient en plusieurs bandes pour tomber sur l'ennemi à un signal convenu. En temps de guerre, les tribus confédérées se communiquaient les avis au moyen de feux qu'elles allumaient au sommet des montagnes, et les vedettes, placées de loin en loin, s'avertissaient par des sifflements qui se faisaient entendre à une grande distance. Les prisonniers étaient toujours respectés, et chaque parti les échangeait contre ceux du sien qui avaient eu le même sort. — GLAS, *op. cit.*, p. 151. — BARKER WEBB et SABIN BERTHELOT, *op. cit.*, 1er vol. 2e part., pp. 181-184).

CHAPITRE LXIX.[1]

Sy parle de l'ille de la grant Canare et des gens qui y sont.

La grant Canare [2] contient xx lyeues de lonc et xij de large ; et est en maniere de herche, et compte l'en douze lieues de la grant Canare iusquez en l'ille d'Erbanne, et est la plus renommée de toutes les autres illes qui y sont; et y sont les montagnes grandes et merueilleuses du costé de mydy, et deuers le nort assés plain pais et bon pour labouragez. C'est vng pais garny de grans bocagez de pins et de sappins, de dragonniers, d'oliuiers, de fyguiers, de palmyers portans dattes, et de mout autres arbres portans fruis de diuerses manieres. Les gens qui y habitent sont grant peuple, et se dient gentilz homes [3], sans ceulx d'autre condicion. Ils ont formens, feues, blés de toutes sortes; tout y croit. Et sont grans pescheurs de pois-

[1] Chapitre LXVI du ms. de la Bibliothèque nationale.
[2] Voir page 2, note 1.
[3] Il y avait plusieurs castes parmi les Guanches : l'alliance à la famille royale, la bravoure et la fortune étaient des titres de noblesse. Pour que les titres des nobles fussent respectés, on leur donnait une origine divine, et les enfants apprenaient, dès leur jeune âge « qu'au commencement, « et après avoir créé le monde, Dieu fit des hommes et des femmes, et « leur distribua des troupeaux pour les nourrir ; que depuis, ayant fait « un supplément à la race humaine, il ne donna pas de troupeaux aux « nouvelles créatures, mais qu'il leur dit: Servez ceux auxquels j'ai « donné des animaux, et ils vous donneront des animaux pour manger ; « depuis ce temps, les roturiers doivent servir les nobles. »

A Canarie surtout, les nobles jouissaient de grands priviléges : seuls ils occupaient les charges du gouvernement et les dignités militaires; on les reconnaissait à leurs cheveux arrondis ou coupés à la hauteur des oreilles, et à la barbe qu'ils avaient le droit de porter. (BORY DE SAINT-VINCENT, op. cit., pp. 90, 91. — GLAS, op. cit., p. 65).

son ¹, et nagent meruilleusement bien : ils vont tous nus fors que les braies qui sont de feulles de palmiers, et la plus grant partie d'eulx portent deuises entaillés sur leur cher de diuerses manyeres, chacun celon sa plaisance. Et portent leurs cheueulx liés par derriere ainssi que en maniere de tresses. Ils sont belles gens et bien formés, et leurs femmes sont bien belles [et] affublées de piaulx pour couurir leurs membres honteulx².

¹ Viera cite deux sortes de pêches usitées aux Canaries : la pêche au flambeau, d'abord, faite la nuit, sur le rivage. Les pêcheurs entraient dans l'eau avec des torches enflammées, et avec des dards, ils harponnaient les poissons qu'attirait la lumière. La seconde pêche, dite à la Tabaïba, consistait à empoisonner avec du suc d'euphorbe (*Euphorbia piscatoria*) les flaques d'eau que la mer laisse à la marée basse dans les anfractuosités de la côte. Le poisson, étourdi par le suc caustique de cette plante, se laissait prendre facilement. — BARKER-WEBB et SABIN BERTHELOT, *op. cit.*, t. I, part. I, p. 263).

² « A Canarie, les manteaux de poil étaient très-bien faits et ornés de couleurs agréablement distribuées ; on y ajoutait une sorte d'ornement agrémenté de figures, qui s'appliquait, comme un collet, derrière les oreilles et le long du cou : le reste du costume était un tissu de feuilles de palmier ou de jonc. Les femmes portaient une petite robe courte, faite d'étoffes végétales, parfaitement ajustée au corps, et ne passant pas la moitié des jambes. Leurs cheveux noirs ou noircis, selon quelques auteurs, étaient tressés avec des joncs de couleurs différentes ; ces tresses étaient flottantes, ou diversement entrelacées. De petites sandales, qu'un lien rattachait en dessus, protégeaient le plus joli pied du monde ».

Les Guanches, braves, sensibles et bien constitués, étaient passionnés pour la musique. C'est par des chants qu'ils se transmettaient le souvenir des faits les plus intéressants de leur histoire. Ils aimaient surtout les airs tristes et tendres. Ce qui paraîtra singulier, c'est qu'ils dansaient sur des airs tristes. Deux choses, dit Gomara, ont rendu ces îles célèbres dans le monde : les oiseaux canariens, si estimés par leur chant, et la danse canarienne, si gracieuse et si artistique. Cette danse a été imitée dans certains ballets. Ils en avaient une autre qui s'exécutait dans les fêtes publiques avec accompagnement d'instruments et souvent de chœurs composés en vers sur des événements tristes.

Les femmes canariennes étaient très-respectées. Il est vrai, dit un auteur, qu'elles ne souffraient pas une inconvenance. (BORY DE SAINT-VINCENT, *op. cit.*, pp. 82, 86, 87, 105. — GLAS, *op. cit.*, pp. 68-70.)

ils sont bien garnis de bestes, c'est assauoir : pourciaulx, chieures et brebis, et de chiens sauuagez qui
semblent loups, mais ils sont petis. Monsg' de Bethencourt, et Gadiffer, et plusieurs autres de sa compagnie
y ont esté, tout en effet pour veoir leur maniere et leur
gouuernement, et pour aduiser les dessendues et les
entréez du pais qui sont bonnes et sans danger, mais
que on y tiengne ordonnance, et assonde et mesure.
Les pors et les costieres de la terre partout où nauire
peult approucher est à demie lieue ; près de la mer, du
costé du nordest sont deulx villes à deulx lieus l'vne
de l'autre, l'vne nommée Telde, et l'autre Argones,
assises sur russaulx courans. Et à xxv milles de là, du
costé de suest, si est vne autre ville sur la mer en très
bon lieu pour fortiffier. Et illec lui bat la mer en très
bon lieu pour fortiffier et d'vn costé, à vng russiau d'iaue
douce de l'autre costé, laquelle se nomme Argynegy.[1]
Et y pourroit on faire très bon port pour petit nauire
au danger de la fortresse. Il ne faut point dire que ce
ne soit vne fort bonne isle plaine de tous biens ; et y
viennent les blés deulx fois l'an sans y faire nul amen-
dement, et si ne saroit on trop maluaisement labourer
la terre qu'il n'y viengne plus de biens que on ne saroit
dire.

[1] V. Suprà, note 1 de la p. 109.

CHAPITRE LXX.[1]

S'y parle de l'ille d'Erbanye dit Fortauenture, en laquelle y auoit deulx roys.

L'ille de Forteauenture, que nous appelons Erbanne, aussi font ceulx de la grant Canare, est xij lieus par dessà du costé de nortest, laquelle contient enuiron xxvij lieues de lonc et viij de large, mais en tel lieu y a qu'elle ne contient que vne lyeue de vne mer à autre. Là est pais de sablon, et est là vng grant mur de pierre qui comprent le pais tout au trauers de vn costé à l'autre. Le pais est garny de plain et de montaigne, et peut on cheuaucher d'vn bout à l'autre [2], et y trouue l'en en quatre ou en chinc lieues russiaulx courans d'iaue douce, de quoy moulins pouroient moudre, et a sur ces russiaulx de grans bocagez de bois qui s'apellent Tarhais [3], qui portent gome de sel bel et blanc; mais ce n'est mie bois de quoy on peut faire bonne ouurage, car il est tortu et semble bruyere, de la feulle. Le pais est moult garny d'autre bois qui porte lait de

---

[1] Chapitre LXVII du ms. de la Bibliothèque nationale.

[2] Le sol de Fortaventure est moins accidenté que celui des autres îles; les plus hautes montagnes ont à peine 500 mètres d'élévation. La chaîne qu'elles forment parcourent la grande terre de Maxorata dans toute sa longueur. (*Note de M. Charton.*)

[3] « Le Rev. R. T. Lowe, auteur de *The Flora of Madeira*, qui a fait de la flore de ce groupe d'îles une étude spéciale, me donne sur ce mot la note suivante : « Je ne trouve aucun nom parmi ceux des plantes origi-
« naires de Fortaventure que l'on puisse identifier avec celui de Tarhais.
« Il s'agit probablement de l'*Erica arborea*. L., quoiqu'elle ne se trouve
« plus à Fortaventure et qu'elle porte dans les autres îles le nom de
« Brezo. » (M. MAJOR, note 1 de la p. 134.)

grant medecine en maniere de baume, et autres abres de meruilleuse biauté qui portent plus de lait que ne font les autres arbres, et sont cayres de plusieurs caires [1]; et sur chacune cayre a vng renc d'espine en maniere de ronce, et sont les branches grosses come le bras d'vn home, et quant on les couppe tout est plain de lait qui est de meruilleuse vertu [2]. D'autres bois, come de palmiers portant dattes, d'oliuiers et de mastiquiers y a grant planté. Et y croit vne grayne qui vault biaucoup que on appelle orsolle; elle sert à taindre draps ou autre chose, et est la milleur grayne d'icelle graine que l'an sache trouuer en nul pais pour la condicion d'elle. Et si l'ille est vne fois conquize et mis à la foy crestienne, ycelle graine sera de grant valeur au s^r du pais. Le pais n'est pas trop fort peuplé de gens ; mais ceulx qui y sont sont de grant estature, et appaine les peult on prendre vifs. Et sont de telle condicion que se aucun d'eulx est prins des Crestiens, et il retourne deuers eulx, ilz le tuent sans remede nul. Ilz ont vilages grant foison, et se logent plus ensemble que ne

---

[1] Carrés de plusieurs carrés.

[2] L'*Euphorbia Canariensis* décore les rochers de tout l'archipel. Ses touffes, de couleur verdâtre, se distinguent de loin en mer. A la moindre égratignure, elle laisse échapper une grande quantité de suc semblable au lait par sa consistance, sa couleur et même son odeur. Ses tiges ont l'aspect de cierges et atteignent jusqu'à quatre pieds de hauteur. Elles ont quatre faces et quelquefois cinq. Les angles sont brunâtres et garnis de spinules graminées. Les Canariens donnent à l'Euphorbe le nom de *Cardones* et l'utilisent comme bois de chauffage. Ils attribuent à son suc une action malfaisante qu'il a réellement, ainsi que Bory de Saint-Vincent en a fait l'expérience. Quand on a touché sa tige ou son suc, il faut se laver les mains pour éviter de violentes inflammations. (BORY DE SAINT-VINCENT, *op. cit.*, pp. 350-355.)

font ceulx de l'ille Lancelot. Ilz ne mengent point de sel, et ne viuent que de char, et en font grant garnyson sans saler, et la pendent en leurs hostieulx ¹, et la font secher iusquez à tant que elle est bien fanée, et puis la mengent, et est ycelle cher biaucoup plus sauoureuse et de milleur condicion que celle du pais de France sans nulle comparaison. Les maisons sentent très mal, pour cause des chars qui y sont pendues. Ils sont bien garnis de suyf, et le mengent aussi sauoreusement comme nous faisons le pain. Ils sont bien garnis de fromages, et si sont souuerainement bons, les millers que on sache ès parties d'enuiron : et si ne sont fais que de lait de chieure, dont tout le pais est fort peupplé plus que nulle des autres ysles, et en pouroit on chacun an prendre lx mille, et mestre à proufit les cuirs et les gresses, dont chacune beste rent biaucoup, bien xxx, xl liures : c'est merueilles de la gresse qu'ilz rendent, et si est merueille que la cher est bonne, trop biaucoup milleur que ceulx de France, sans nulle comparaison. Il n'y a point de bon port pour yuerner gros nauire, mais pour petit nauire il y a très bons pors. Et par tout le plain pais pouroit on faire puys pour auoir yaue douce, pour aroser iardins, et faire ce que on voudroit. Il y a bonnes vaines de terre pour labourages. Les habitans sont de dur entendement, et moult fermes en leur loy, et ont esglise où ils font leur sacrifice ². C'est la plus près ille qui y soit de terre

---

¹ Maisons.

² Il existait à Fortaventure de grands édifices de pierre destinés au culte. Ces temples, qu'on appelait *efequenes*, étaient circulaires : deux

des Sarazins, car il n'y a que douze lieues françoizes du cap de Bugeder, qui est terre ferme.

CHAPITRE LXXI.[1]

Sy parle de l'ille Lancelot.

L'ille Lancelot est à quatre lieues de l'ille de Forteauenture du costé de nord nordest ; et est entre deulx l'ille de Louppes, qui est despeuplée, et est presque ronde, et ne contient que vne lyeue de lonc et autant de large, à vng cart de lyeue d'Erbanne, dit Forteauenture, et de l'autre part à trois lieues de l'ille Lancelot. D'un costé d'Erbanne [2] est très bon port pour galeres. Là viennent tant de loups maryns que c'est merueilles, et pourroit on en auoir chacun an des piaulx et des gresses chinc C doubles d'or ou plus. Et

---

murs concentriques formaient une double enceinte, dont l'entrée principale n'avait guère plus de largeur que celle des habitations ordinaires. C'était dans ces temples, situés pour la plupart sur le sommet des montagnes, qu'ils déposaient les offrandes de beurre et faisaient des libations avec du lait de chèvre en l'honneur d'une divinité protectrice à laquelle ils adressaient leurs prières, en élevant leurs mains vers le ciel. Des prétresses, dont les mystérieuses révélations entretenaient leur crédulité, exerçaient chez eux une grande influence. L'histoire a conservé les noms de deux de ces femmes devineresses, *Tibabrin* et *Tamonanto*, sa fille, qui prédisaient l'avenir et présidaient aux cérémonies religieuses. — (VIERA, *noticias*, t. I, p. 167. — BORY DE SAINT-VINCENT, *op. cit.*, pp. 95, 96. — BARKER-WEBB et SABIN BERTHELOT, *op. cit.*, t. I, part. I, p. 167).

[1] Chap. LXVIII du ms de la Bibliothèque nationale.

[2] Voir la note 2 de la page 11.

quant à l'ille Lancelot, qui s'apelle en leur langage Tytheroygatra, elle est aueques du grant et de la façon de l'ille de Rodes. Il y a grant foison de vilagez et de belles maisons, et souloit estre moult peupplée de gens. Mais les Espagnoz et autres coursaires de mer les ont par maintez fois prins et menez en seruaige tant qu'ilz sont demourés pou de gens [1]. Car qant monsg[r] de Bethencourt y arriua, ils n'estoient environ [que] trois chent personnes qu'il conquesta à grant paine et à grant trauail et, par la grace de Dieu, baptizés ont esté. Et du costé de l'ille Gracieuse, le païs et l'entrée est si forte que nul n'y pourroit entrer à force. Et de l'autre costé deuers la Guynoye, qui est terre ferme de Sarazins, le païs est assés plain, et n'y a nulz bois, for que petis buyssons pour ardoir, ce se n'est vne manyere de bois qui s'appelle hyguyerez,

[1] Abreu Galindo raconte deux expéditions faites par les Espagnols sous le patronage de Henri III de Castille. La première, commandée par Gonzalve Perazza, se présenta devant Lancelote en 1390. Les naturels vinrent en foule au-devant des Espagnols. Ceux-ci leur lancèrent des flèches, en tuèrent quelques-uns, en blessèrent d'autres, et le reste, effrayé, prit la fuite. Les Espagnols se rendirent au village, le pillèrent et firent prisonniers, avec cent soixante-dix personnes, le roi Guanarème et la reine Tinguafaya. Prisonniers et butin furent reconnus de bonne prise par le gouvernement espagnol. En 1393, une nouvelle flotte partit de Séville pour la même destination. Elle ne tenta pas la conquête de l'île; comme celle de 1390, elle se contenta de voler des pelleteries et d'enlever des hommes pour ses marchés d'esclaves. La catholique Espagne trouvait tout naturel cet odieux trafic (GLAS, *op. cit.*, pp. 2, 3). — Cette dernière expédition est confirmée par le jésuite Cordeyro, qui la rapporte en quelques mots sans approbation ni désapprobation (*Historia insula das ilhas a Portugal sugeytas no Oceano Occidental*, p. 48). — Gomara la cite avec éloge. (*La Historia general de las Indias*, Anvers, 1554; cap. ccxxiii, p. 284).

de quoy tout le pais est garny d'vn bout à l'autre, et portent lait de grant medecine. Il y a grant foison de fontaines et de citernes, de pasturagez et de bonnes terres à labourer; et y croit grant cantité d'orge, de quoy on fait de trèsbon pain. Le pais est bien garny de seel, les habitans sont belles gens, les hommes vont tous nus, hors que vng mantel par derriere iusquez au garet, et ne sont point honteulx de leurs membres. Les femes sont belles et honnestes, vetues de grandez houppelandes de cuyrs traynans iusquez à terre. La plus grant partie d'elles ont trois maris, et servent par mois. Et celui qui la doit auoir apprès, les sert tout le mois que l'autre la tient, et font tousiours ainssi à leur tour. Les femes portent moult d'enffans, et n'ont point de lait en leurs mamelles, ains allaitent leurs enffans à la bouche, et pour ce ont elles les baulieures de dessoubz plus lonc que ceulx de dessus, qui est layde chose à veoir. L'ille Lancelot est vne fort plaisante ille et bonne, et y peult arriuer biaucoup de marchants et de marchandizes, car il y a par especial deulx bons pors et aysés. Il y croit de l'oursolle qui est fort marchande et proffitable. Nous laisserons à parler de ceste matiere, et parlerons de mons^r de Bethencourt, qui est au roy^{me} de Castille deuers le roy du pais.

CHAPITRE LXXII.[1]

Coment monsg' de Bethencourt print congé du roy d'Espaigne.

Quant monsg' de Bethencourt eut fait à mess° Gadiffer, il receullit lettres du roy de Castille come il auoit fait son hommage des illes de Quenare, et print congé dud. roy pour s'en retourner ès illes, car il en estoit besoing. Ledit Gadiffer auoit laissé son batart et aulcuns autres auec lui, pour laquelle cause led. sg' de Bethencourt vouloit retourner le plus bref que il pouroit. Il ne fut jà alé en Castille, se ce n'ut esté qu'il doubtoit que mess° Gadiffer eut entreprins sur lui, et qu'il eut rapporté quelque choses au roy de Castille de quoy il n'eut pas esté contant, non pas que on lui sceut dire chose que led. s' eut deseruy. Mais come i'ay dit par cy deuant, il desiroit auoir ces lettres toutes faites, grossies et scellées. Le roy lui en auoit en parauant baillé et fait bailler lettres en Ciuille, mais ils n'estoient point come les dernieres. Le roy lui donna plain pouer de faire monnoie au pais ; il lui donna le chinquiesme denier de toutes les marchandises qui vendroient desd. isles en Espaigne. Et furent les lettres passées deuant vng tabellion nommé Sariche, demourant en Siuille : et en lad. ville de Siuille on trouuera tout le fait et gouuernement dud. Bethencourt. Et auecquez ce que le roy estoit fort content de lui, aucuns bourgois de Siuylle l'esmoyent fort, et lui firent biaucoup de

---

[1] Chapitre LXIX du ms. de la Bibliothèque nationale.

plaisir, come d'armures, de viures, d'or et d'argent à son grant besoing. Il estoit fort bien congnu en lad. ville et fort amé. Led. seigneur de Bethencourt print congé du roy, et s'en retourna aux yles tout ioieulx, comme cellui à qui il sembloit qu'il auoit bien fait ces besongnes, et arryua à l'ille de Fortcauenture, là où il fut receulli de ces gens bien ioieusement, come vous orrez cy apprès plus applain.

CHAPITRE LXXIII[1].

Come led. sgr arriua en l'ille d'Erbanne.

Or est arriué monsgr de Bethencourt en l'ille d'Erbanne nomée Fortauenture, et a trouué Hannybal bastart de messᵉ Gadiffer, lequel lui vint au deuant lui faire la reverance, et led. seigneur le rechut honnestement : « Monsʳ », dit Hanybal, « qu'est deuenu monsgʳ mon maistre? » Ce dit monsgʳ de Bethencourt : « Il c'en est allé en France, en son païs ». — « Adonc », se dit Hanybal, « ie voudrois bien que ie fusse auec lui. » — Ce dit led. sʳ : « Ie vous y menré, se Dieu plaist, mais que i'aye fait mon entreprise ».— « Ie suis fort esbahy », ce dit Hanybal, « comment il nous a laissés sans nous enuoier quelque nouuelles ». — « Ie pense » se dit monsʳ de Bethencourt, « qu'il vous ait rescript par mon poursuiuant ». Aussi auoit il. Ledit seigneur arriua en vne fortresse nommée Ri-

---

[1] Chapitre LXX du ms. de la Bibliothèque nationale.

cheroque, laquelle il auoit fait faire, et trouua vne partie de ces gens en ycelle place. Il en estoit sailli xv de la place ycelluy iour, et estoient alés courir sur leurs anemis, et leurs anemis Canariens vindrent sur eulx et leur coururent sus vigoreusement [1], et en tuerent incontinent les vj, et les autres moult batus et froissés se retrairent en la fortresse. Adonc led. Bethencourt y mist remede bien tost. Or y auoit il vne autre fortresse là où se tenoit vne partie de la compaignie, et y estoit Hanybal, et se nomme lad. fortresse Baltarhayz. Monsr de Bethencourt se partit à toute sa compagnie, et laissa Richerocque despourueu, pour plus se saisir de gens pour venir à

[1] Les habitants de Lancelot et de Fortaventure, dit Abreu Galindo, étaient très-bien constitués et d'une grande bravoure, habiles nageurs et d'une étonnante légèreté. On vante leur humanité et leur sociabilité, leur amour de la danse et de la musique. (GLAS, op. cit., pp. 6, 7.) Ils étaient très-carnivores, ce qui tient peut-être à ce qu'ils ne récoltaient presque pas de fruits. Ils avaient d'ailleurs beaucoup de chèvres dont la chair était plus délicate que dans nos contrées. Comme les naturels des autres îles, ils ne buvaient que de l'eau pure et jouissaient d'une excellente santé. Leurs médecins n'avaient à combattre que des dérangements accidentels et ne pratiquaient qu'une chirurgie bornée.

A Fortaventure, les hommes portaient toute leur barbe et la faisaient tenir, ainsi que leurs cheveux, en pointes hérissées pour se donner un air redoutable. Ils se coiffaient de grands bonnets à poil ornés de plumes.

Les femmes de Lancelot avaient une robe de cuir qui les tenait comme dans un étui. Celles de Fortaventure portaient de jolies tuniques, justes au milieu du corps, dessinant la taille, ne passant pas les genoux, et laissant à découvert un côté de la gorge. Elles se coiffaient d'une bandelette de peau très-fine, peinte de couleurs brillantes et surmontée d'une aigrette de plumes disposées avec grâce. Elles se chaussaient de sandales, nommées mawo, fixées aux pieds par des liens. (BORY DE SAINT-VINCENT, op., cit., pp. 73, 75, 81, 82.)

Baltarhays. Et incontinent qu'il fut party, les Canariens vindrent rompre et destruire Richeroque [1], et s'en alerent au port des Iardins, qui est vne lieue près de là où estoient les viures de monsg^r de Bethencourt, et ardirent vne chappelle qui y estoit, et gaygnerent de leurs abillements, c'est assauoir force fer et canons, et rompirent coffres et tonnyaulx, et prindrent et destruirent tout ce qui là estoit. Sy assambla monsg^r de Bethencourt tout tant qu'il peut trouuer de gens en lad. isle, car il y en auoit en l'isle de Lancelot qu'ilz n'y pouent estre, et se mist le bon seigneur sur les champs, et ont eu affaire auec leurs anemis par plusieurs fois. Et tousiours ont eu victoire, espessiallement en deulx iournées, ès quelles ont esté mors plusieurs Canariens. Et ceulx qu'ilz ont peu prendre vifs, il les ont fait passer en l'ille Lancelot, auesquez le roy, qui auoit demouré auec eulx depuis que mons^r de Bethencourt et Gadiffer se partirent de là affin qu'il fit labourer et rouurir les fontaines et les citernes, que monsg^r de Bethencourt auoit fait destruire par Gadiffer et la compagnie, durant la guerre d'entre eulx, pour certaines causes, par auant qu'il eut le pais conquis. Et orendroit y a tant de bestial, tant de priué comme sauuage, qui est de nécessité que elles soient ouuertes, car autrement les bestez ne pouroient viure. Et a mandé led. roy à monsg^r de Bethencourt que on lui enuoie draps pour vestir, et artillerie, car tous les

---

[1] Le district d'Oliva, le plus septentrional de l'île, comprend dix hameaux, au nombre desquels est celui de Richeroque, où l'on voit les ruines du château de ce nom bâti par Béthencourt.

habitants de l'ille Lancelot se prenent à estre archiers et gens de guerre. Et se sont trèsuaillamment maintenulz auec les Crestiens contre ceulx d'Erbanne, et font de iour en iour, et ont esté mors plusieurs d'eulx en la guerre combatans et aydans aux nostres [1]. Et ont ceulx d'Erbanne, pour mieulx soutenir leur guerre contre eulx ceste saison, mis ensemble toulz les hommes de xviij ans en sus. Et pert bien qu'ilz ont eu guerre entre eulx, car ils ont les plus fors chastiaulx que on puisse trouuer nulle part, lesquelz ils ont abandonnés et ne s'y retraient plus pour doubte qu'ilz ne soient enclos, car ils ne viuent que de char. Et qui les encloroit en leurs fortresses, ilz ne pouroient viure, car il ne salent point leur cher, pour quoy elle ne pouroit longuement durer. Et se n'est mye de merueilles se entre nous qui sommes en terre ferme grant multitude de peuple, et en grant estendue de pais, faisons guerre les vngs les autres l'vn contre l'autre, puis que ceulx qui sont ainssi enclos ès illes de mer se guerroient et occient l'vn l'autre. Mais Dieu seuffre toutez telles choses, affin que en nos trybulacions nous puissions auoir de lui vraie cougnoissance, car de tant

---

[1] Si ces peuples eussent été unis et solidaires, ils auraient pu opposer aux Européens une plus longue résistance, et peut-être seraient-ils sortis vainqueurs de la lutte. Mais par suite de leur isolement et de leurs divisions, les lancerotains aidèrent à soumettre les indigènes de Fortaventure, comme plus tard ils furent employés les uns et les autres à l'asservissement de Canarie, et, comme les habitants de cette dernière île, furent eux-mêmes les instruments de la conquête de Ténériffe. — (BARKER-WEBB et SABIN-BERTHELOT, t. 1, part. I, p. 96. — *Note de M. Charton.*)

que nous arons plus d'auersitez en se monde, de tant nous deuons nous plus humilier deuers lui. Et come dessus est dit de la mort des gens de mons' de Bethencourt, le fait auint le vii° iour d'octobre mcccciiij.

CHAPITRE LXXIV[1].

Comment led. seigneur fit abiller le chastiau de Richerocque.

Après ce, le premier iour de nouembre enssuiuant, mons' reuint à Richerocque et la fit remettre en poinct, et enuoia querir grant cantité de ces gens en l'ille de Lancelot, fut de ceulx du pais et d'autres, lesquelz vindrent vers lui. Et puis enuoia Iehan le Courtois et Guill° Dandrac, et yceux de Lancelot, et plusieurs autres en la mer, pour escouter et pour voir se il vendroit riens sur eulx : et s'en aloient en peschant à la lygne. Sy vindrent sur nos gens lx Canariens et leur coururent sus moult asprement, et nos gens se defendirent si bien et si vigoreusement qu'ilz s'en vindrent à l'ostel qui estoit à deulx lieues françoises de là tousiours combatant auec leurs anemis sans riens perdre. Mais se n'eust esté vng pou de trait qu'ilz auoient, ilz n'en fussent iamès retournez sans perte. Et le troisieme iour enssuiuant estoient alé sur les champs aucuns des compagnons de la compagnie auecquez ceulx de l'ille de Lancelot les mieulx appare-

[1] Chapitre LXXI du ms. de la Bibliothèque nationale.

liés qu'ils pourent. Et s'entrencontrerent auecquez leurs anemis qu'ilz leur coururent sus et combatirent longuement, mais en la fin ceulx d'Erbanne furent desconfis et mis en chasse. Item tentost après Iehan le Courtois, et Hanybal, bastart de Gadiffer, se partirent de Baltharhays. Mons' de Bethencourt estoit à Richeroque où il la faisoit rabiller : yceulx Courtois et Hanybal prindrent des compagnons de l'ille Lancelot et s'en alerent à leur aduenture. Sy vindrent en vng vilage là où ils trouuerent vne grant partie des gens du païs assemblés. Si leur coururent sus et combatirent à eulx bien appertement, en telle maniere que leurs anemis furent desconfis, et en mourust en la place x, dont l'vn estoit geant de ix piés de lonc, non obstant que mons' de Bethencourt leur auoit expressement deffendu que nulz ne l'occit se il leur estoit possible, et que ilz le print vif; mais ilz dient qu'ilz ne le pourent autrement faire, car il estoit si fort, et se combatoit si bien contre eulx, que se ils l'eussent espargné ils estoient en aduenture d'estre tous desconfis et mors. Si s'en retourna Hanybal et d'aucuns de la compagnie à l'ostel bien batus et naurés, et amenerent auec eulx mille chiernes à lait.

CHAPITRE LXXV[1].

Diverses rencontres et combats contre les Canariens.

En ce temps et en par aduent, led. batart de Gadiffer et aucuns de ses alliés auoient enuie sur les gens de monsg{r} de Bethencourt, [par qui][2] a esté faitte toute la conqueste, et le commencement et la fin. Et non pourtant, se ilz eussent peu estre les plus fors, ils eussent fait honte aux gens de mond. sr de Bethencourt. Mais quelque chose que on dist aud. Bethencourt, il dicimuloit tousiours pour cause qu'il auoit ayde d'eulx, et aussi qu'il estoit en estrange pais, et ne vouloit point que on leur fit nul desplaisir, si non en raison. Toutefois Iehan le Courtois et des compagnons de l'ostel de mond. seigneur se armerent très bien come se ils vouloient aler combatre contre leurs anemis, et estoit bien matin quant ils vindrent, et cuidoit on qu'ilz alassent en embuche, car il n'auoit pas quatre iours qu'ilz s'estoient embuchez mout de Canares pour cuider encontrer aucuns de nous; il n'y auoit gueres de temps qu'ilz nous auoient bien batus, tant qu'ilz nous ont enuoiés à l'ostel les testes sanglantez et les bras, les ianbbes rompues de coups de pierre : car d'autres harnois il n'ont point Et créés qu'ilz iettent et manyent biaucoup mieulx vne pierre que vng

---

[1] Le ms. 18,629 de la Bibliothèque nationale considère ce chapitre comme une continuation du précédent.

[2] A la place des mots « par qui » que nous avons mis entre crochets, il y a dans le manuscrit « lequel par lui », ce qui est inintelligible.

crestien; il semble que se soit vng carriau d'arbalestre quand ils la iettent; et sont fort legeres gens; ilz courent come lieures. La mercis Dieu, quelque choses qu'ilz nous firent, ils n'eurent nulz de nous. Si avint, aucuns iours apprès cela, que les enffants qui gardoient les bestes trouuerent les lieux où ilz auoient couché la nuytée. Sy le vindrent dire là où Hanybal estoit logé, et ceulx de Bethencourt estoient qui tiroient de l'arc et de l'erbalestre, et leur dirent comment ilz auoient trouué la trasse des anemis. Donc demanda vng nommé Dandrac, qui auoit seruy Gadiffer, [aux] autres, se ilz vouloient aler auec eulx pour veoir se les pouroient encontrer; mais ilz auoient autre propos, et n'y alerent point. Adonc y alerent incontinent vj des compagnons Gadiffer, car ilz n'estoient nyent plus, si non deulx qui gardoient le logis là où ilz se tenoient. Et se partirent par nuit, chacun son arc en sa main, eulx embucher en vne montaygne près de là, où les Canares auoient esté l'autre nuit deuant. Si s'en partì Dendrac pour aler vers eulx landemain au matin accompagné des compagnons de l'ostel de mond. seigneur, et de ceulx de l'ille Lancelot; et auoient des chiens auec eulx come s'il allassent esbanoyant à val l'ille. Quant ilz furent au pié de la montaigne ou l'embuche estoit, ilz aduiserent leurs anemys qui les suiuoient. Adonc enuoierent vng des compagnons pour dire à Dandrac que [ils] gaignassent la montaigne, car les Canares estoient grant nombre de gens. Si monterent amont la montaigne, et les anemis les costoient comme s'ilz les voulsissent enclorre. Adonc dessendirent nos gens à l'encontre d'eulx, et se fery vng des compagnons parmy eulx, et emporta ius vng d'vn coup d'espée, qui le cuidoit saisir entre ses bras, et les autres s'enfouirent quant ilz virent noz gens assemblés à eulx si appertement, et se retrayrent aux montagnes, et nos gens s'en reuindrent à l'ostel.

CHAPITRE LXXVI [1].

Comment ledit seigneur enuoia Iehan le Courtois parler [à] Hanybal qui estoit à Baltharays.

Après, mons' de Bethencourt enuoia Iehan le Courtois et aucuns autres à la tour de Baltharhays [2] parler à Hanybal et à Dandrac, seruiteurs de Gadiffer, car ils disoient biaucoup de paroles qui ne plaisoient point fort à mond. sg'. Et leur manda par ledit Courtois qu'ils tinssent le serment qu'ilz deuoient faire. Et ilz respondirent qu'ilz se voudroient garder de mesprendre. Adonc demanda Iehan le Courtois à Hanybal et à Dendrac pourquoy ils auoient despecié vne lettres que mons' de Bethencourt auoit enuoié. Ilz respondirent que par la volenté d'Alfonse Martin et d'autres il auoit esté fait. Il y eut biaucoup de paroles qui longuez seroient à raconter. Iehan le Courtois manda par vng truchemen les Canariens prisonniers qui estoient ès

[1] Chap. LXXII du ms. de la Bibliothèque nationale.
[2] Dans le val de Tarahal.

mains d'icelluy Hanybal : car on luy en auoit baillé en garde bien vne xxx⁰, lesquelz estoient espartis à faire aucunes vacacions, come à garder bestes ou autre chose à quoy on les auoit mis à faire. Et quant ilz furent venus, Iehan le Courtois dit à son truchement qu'il les menast à son logis, et ainssi fut fait. Adonc Dendrac fut moult yré et courcé contre lui, et luy dit que il ne lui appartenoit point de ce faire, et que il n'auoit point de puissance de commender sur eulx fors Gadiffer. Adonc lui respondit Iehan le Courtois que Gadiffer n'auoit nulle puissance. « Prenés que vous soiés ou ayés esté son seruiteur, si n'aués vous, ne vous ne lui, nulle puissance en cet endroit. Il a pleu à monsg' de Bethencourt que ie sois son lieutenant, moy indine; mais puis qu'il luy plaist, ie le seruiré ainssi que ie doy faire. Mais suis esbahy come vous ozés mouuoir, car ie sçay bien que Gadiffer a fait le mieulx qu'il a peu envers monsg' de Bethencourt, nostre mestre; et tant ont besongné ensemble, que led. Gadiffer, que vous distes vostre maistre, ne reuendra iamès en ce pais pour y rien demander ». Ledit Andrac fut moult courcé d'ouir dire tieulx paroles, et lui requerut qu'il se deportast de faire et dire vng itelle deshonneur de son maistre, et qu'il n'auoit pas deseruy à mons' de Bethencourt et que, se n'ut esté mons' leur maistre, les ysles ne fussent pas si auencés qu'ils sont. « Mais ie vois bien que ie suis trop flebe de résister à l'encontre de vous, et fais clameur à l'encontre de vous, et demande l'ayde de tous les roys crestiens, ainssi que le cas appartient ». Led. Endrac et Hanybal estoient principalement courcés de ce que on leur vouloit tolir leur part des prisonniers : ce n'estoit pas l'entente de monsr de Bethencourt, qui depuis les appaisa. Mais de tousiours led. Endrac et Hanybal auoient envie sur les gens de mond. seigneur de Bethencourt; et s'ilz eussent esté les plus fors, ilz leur eussent fait desplaisir et de piessà. Mais [ceux de] monsr de Bethencourt estoient tousiours dix contre vng. Quant led. Hanybal et Dendrac virent qu'ilz ne pourent faire autre chose, et qu'ilz ne tenoient conte de nulles parrolles qu'ilz dissent, il fallut qu'ils obbeissent. Ledit Iehan le Courtois s'en alla atout ses prisonniers, et s'en vint deuers monsr de Bethencourt à Riche Roque, et comensa à dire à monsr qu'il auoit trouué de terribles gens et de bien orguelleux, et qu'ils ont respondu fort fierement. « Et qui esse ? » se dit monsr de Bethencourt. — « C'est », se dit Iehan le Courtois, « Hanybal et Dandrac, pour ce que i'ay voulu auoir les prisonniers qu'ils auoient; les autres y ont part aussi bien que eulx, et n'apartient point qu'ilz en ayent la garde, et semble à les ouyr parler que [ils] doivent estre seigneurs du pais, et que on n'eut riens fait se n'vssent ils esté. Et en bonne foi, monsr, qui les eut voulu tousiours croire, ne vous ne vos gens ne fussiés pas ainssi comme vous estes, et ie cuide que vous l'aués bien apparceu ». — « Taisez vous », se dit monsgr, « il ne fault point que vous m'en parlés, car ie say bien le comun de piessà, je cuide que leur maistre leur ait rescript de ces nouuelles, et comment il a besongné en Castille deuers le roy ». Se dit monsg' de Bethencourt : « Ie ne suis pas content que vous leur faciez aucune desraison, et aussi qu'ils ayent leur part et porcion des prisonniers come les autres. Au seurplus, ie y metré si bon remede que chacun sera content. Quant ie m'en yré, ie les amenré auec moy en leur pais; ainssi on en sera deliuré. Il ne faut pas faire tout tant que l'en pouroit bien faire : on doit tousiours dicimuler et garder son honneur plus que son profit ».

LXXVII[1].

Comment Jehan le Courtois reprit le chastiau à Hanybal et d'Andrac.

Dedens aucuns iours apprès enuoia ledit Courtois vng nommé Michelet Helye et autres en sa compagnye deuers Hanybal et Dandrac, qui leur dit comment Courtois leur mandoit de par monsg' de Bethencourt que l'en luy enuoyast toutez les femes Canares qu'ilz auoient. Adonc respondit Dendrac que par lui n'en auroit il point; mais à force et son oultrage, coment ilz auoient prins les autres prisonniers, le pourront ilz faire : car ilz ne s'en pensoient point à combatre contre

[1] Dans le ms. 18,629 de la Bibliothèque nationale, ce chapitre est considéré comme une continuation du précédent. Dans Bergeron, il forme la fin du chapitre LXXVI. Le sommaire que nous donnons est emprunté à M. Major.

lui ne autres. Après ce que Iehan le Courtois ot eu la responsse, il lui vint et y fit son effort, et trouua les compagnons plus embesognez que piessà n'auoient esté, qui couuroyent leurs maisons pour la force du temps et de la pluye qu'il faisoit. Ils estoient pou de gens à l'ostel. Si vindrent ainssi qu'ils auoient entreprins, et se mirent entre l'ostel et eulx. Il y auoit vne tour, et là se myrent à costé. Et quant Dendrac vit sella, il lui acourut tant qu'il peult courre, et leur commenssa à dire : « Et que esse cy, biaux seigneurs, que nous penssés vous faire? Ne vous souffit il pas, ne nous auez vous pas assés fait de mal, du deshonneur et villenie que aués fait à nostre mestre mess^e Gadiffer? Ne vous souuient il pas de l'aide que nous vous auons faicte au temps passé, de laquelle chose il nous semble que vous faictez poy de compte? » — Adonc dit Iehan le Courtois: « Faictez nous maistre ces femmes dehors »; et comenda à ces gens que l'en rompit tout, et l'on fit tant que on les eust. Adonc demanda vng allemant en son langage du feu pour ardoir la tour. Et Dendrac l'entendit bien et dit: « Biaulx seigneurs, vous pouez bien tout ardoir se vous voulés »; et leur dist biaucoup de parolles qui seroient longuez à dire et raconter. Mais il leur dist qu'ils faisoient grand deshonneur à mons^r de la Salle de prendre ainssi son hostel et ces besongnez qu'ilz nous auoient laissés en garde, et ne faittes pas bien, et ceux ycy les en appelle à tesmoing de l'outrage que vous nous faictez. Adonc dit Iehan le Courtois que l'ostel estoit à mons' de Bethencourt, non pas seulement tout le pais, et que led. s' en estoit roy et seigneur et maistre, et que diès deuant que mess° Gadiffer se partist des illes, il le sauoit bien. « Ie suis bien esbahy » se dit Courtois, « come vous ozés rebeller à l'encontre de mons' de Bethencourt, qui encore de present est en ceste ille ; et quant il le sara, ià gré ne vous en sara ; et encore plus y a, vostre maistre est en son pais, qui est si loing d'icy ; et encore y a il plus, qu'il en a fait tout son effors enuers le roy de Castille, tant qu'il s'en est allé, comme i'ay dist, en son pais, et cy est parti assez d'ascort de mons' de Bethencourt. Se me créés, vous vendrés vers mons' de Bethencourt : il est tel qu'il vous fera mieulx que ne l'aués deseruy ». Ce dit Dandrac et Hanybal : « Nous yrons voirement, et croy fermement qu'il nous fera raison, et qu'il nous fera bailler nos prisonniers, ou telle part que nous deurons auoir ». Ce dit, Courtois entra dedens la tour et hostel, et print les femes et les amenerent auecquez tous les autres Canares en l'ille Lancelot, et à tant se partirent et s'en alerent.

CHAPITRE LXXVIII [1].

Comment les deulx roys sarazins de l'ille d'Arbanye parlementerent pour eulx rendre et faire crestiens, car ilz voient que ilz ne ponent plus durer.

En aucun pou de temps apprès, ceulx de l'ille d'Erbanne non sachant le discort d'entre eulx, voians la guerre que monsg[r] leur auoit faicte, consider[ere]nt qu'ilz ne la pouroient longuement maintenir à l'encontre de ycelui sg[r] et les Crestiens, et que les Crestiens estoient armés et artillés, se qu'ils n'estoient pas. Car, comme autres fois i'ay dit, ils n'ont nulles armures, et si ne sont vestus que de piaulx de chieures et de cuirs, et si pour se reuengent de pierres et de lansses de bois non ferrées qui faisoient biaucoup de mal. Ils sont surgues [2] et alegres. Ils voient bien qu'ils ne pouoient longuement durer. Et veu la relacion d'aucuns de leur part qui ont esté prisonniers entre eulx, qu'ilz leur ont raporté la maniere du gouuernement des Crestiens et de leur emprinse, et comme ilz traictent gracieusement tous ceulx qui veullent estre leurs subgiez. Et pour ce ont eu en leur conseil qu'ils vendront par deuers ledit s[r] de Bethencourt, qui estoit le chief de la compagnie et roy et sg[r] du pais, come tout nouuel con-

---

[1] Chap. LXXIII du ms. de la Bibliothèque nationale.

[2] Bergeron a lu *Surges*, qu'il explique en note par *disposts*. Le ms. porte *surgues*, mais nous pensons que c'est par suite d'une erreur de copiste. *Surges* nous paraît une traduction du *surge* des latins et semblerait mieux rendu par *prompts* que par *dispos*.

questeur sur les mescreans, car onquez ils ne furent crestiens, ne iamès n'auoit crestien que on puisse sauoir ne l'auoit entreprins. Et est de vray qu'ilz sont en ycelle ille d'Erbenne deulx roys qui lonc temps ont eu guerre ensemble, en la quelle guerre il en y a eu par plusieurs fois biaucoup de mors, tant qu'ilz sont bien affieblés. Et come deuant est dit, en aultre chappitre, il pert bien que ilz ont eu guerre entre eulx, car ilz ont les plus fort chastiaulx edifflés selon leur maniere que on pourroit trouuer nulle part [1]. Et ont aussi, come au millieu du pais, vng trèsgrant mur de pierre qui comprent là endroit tout en trauers de l'vne mer à l'autre [2].

---

[1] De toutes ces constructions, on ne trouve plus aujourd'hui que les ruines du château de Zonzamas, situées dans la partie centrale de l'île. De grands blocs de pierre brute forment, dans cet endroit, une enceinte circulaire. Leur disposition n'a rien de bien artistique; cependant ces quartiers de roches sont entassés là dans un certain ordre, et leur assemblage dénote encore quelque chose de monumental. (BARKER WEBB et SABIN BERTHELOT, op. cit., tome I, part. I, p. 102).

[2] Le rempart gigantesque qui traversait l'isthme de Pared d'orient en occident, sur un espace d'environ quatre lieues, divisait le pays en deux principautés : celle de *Maxorata*, au nord, embrassant la majeure partie de l'île, et celle de *Handia*, au sud, comprenant toute la presqu'île de ce nom. (BARKER-WEBB et SABIN BERTHELOT, op. cit., tome I, part. I, p. 103).

CHAPITRE LXXIX [1].

Come les deulx roys d'Erbanye enuoierent vng Çanare vers led. sgʳ de Bethencourt.

Or est venu deuers monsgʳ de.... vng quenarien qui a esté enuoié par les deulx rois d'Erbanne payens, lesquels mandent à monsgʳ de Bethencourt qu'il lui plaise qu'ilz viennent parler à lui à treues, et qu'ilz auoient grant desir de le veoir, et de parler à lui, et leur vouloir estoit d'estre crestiens; et à ceste cause c'estoit qu'il auoit desir de parler aud. seigneur. Et quant monsʳ de Bethencourt out entendu, par vng truchement qu'il auoit dit que c'estoit la voulenté de yceulx deulx rois de venir vers lui pour eulx faire crestiens, il fut bien fort ioyeulx, et rendit response audit Canarien, et lui fit dire par son trussement que quant il leur plaira à venir pour faire se qu'il raportoit et disoit, que ilz leur feroit tresbonne chere, et ioyeuse, et seront les tresbien venus quant ilz vendront. Et s'en retourna auesquez led. Canarien vng nomé Alfonce, canarien, qui c'estoit fait crestien, auquel l'en fit tresbonne chere, quant ilz furent venus deuers les deulx roys lesquieulx furent fort ioyeulx quant ilz ouyrent la responce que auoit fait monsʳ de Bethencourt. Les deulx rois voudrent retenir Alfonce le truchement pour et affin qu'ilz les conduissit quant il vendroient vers mondit sʳ de Bethencourt, mais il

---

[1] Chap. LXXIV du ms. de la Bibliothèque nationale.

ne le vout pas, car on ne lui auoit pas comendé. Adonc les roys le firent conuoier seurement iusquez à l'ostel de mond. s'. Et raporta aud. s' de Bethencourt toute la maniere qu'ilz auoient dit et fait, et vng biau present de ie ne cès quel fruit qui croit en pais bien lointain, et odoroit si trèsbon que c'estoit merueilles [1].

CHAPITRE LXXX [2].

Comme le roy Sarazin de l'ille Lancelot vint et se fit crestien.

Il est venu premierement vng des roys deuers monsg' de Bethencourt, celui du costé de l'ille Lancelot, soy xlij° et fut baptizé, lui et ces gens qu'il auoit amenés auecquez lui, le xviij° iour de ianvier mil cccc et chincq, et fut nomé Louys. Et trois iours apprès vindrent xxij personnes et furent baptizés icellui iour mesmes. Le xxv° iour de ianvier enssuiuant, vint le roy qui estoit du costé deuers la grant Canare, deuers ledit seigneur, soy xlvij° de ces gens, et ne furent mie baptizé cellui iour; ilz le furent le tiers iour apprès, et fut led. roy nommé Alfonse. Et de là en auant se venoient tous [faire] baptiser, puis les vngs, puis les autres, ainssi come ilz estoient logez et espars parmy le pais, tant que auiourd'uy, la mercis Dieu, ils sont tous crestiens, et apporte l'en les petiz enffans, tantost

[1] Chez les Guanches, les présents précédaient toujours les traités de paix.
[2] Chap. LXXV du ms. de la Bibliothèque nationale.

qu'ilz sont nez, à la court de Baltarhays, et là sont batizés en vne chappelle que mons' de Bethencourt a fait faire. Et vont et viennent auesques les gens de mons' de Bethencourt, et leur amenistrent ce qui leur fault de tout se que l'en peult finer. Ledit seigneur a commendé que on leur face la plus grant douceur que l'en pourra. Et ordonna en la presence des deulx roys que Iehan le Courtois seroit tousiours son lieutenant come il auoit esté, et que il c'en vouloit aler [faire] vng tour en France, en son pais, et qu'il demouroit tout le mieux qu'il pouroit, et aussi fit il, car il eut si bon temps, qu'il n'y demoura, que d'aler que de venir, que quatre mois et demy. Il ordonna mess° Iehan le Verrier et mess° Pierre Bontier qu'ilz demouroient pour tousiours monstrer et enseiner la foy catolique, et amena le mains qu'il peut de gens auec lui, si non qu'il en amena trois Canariens et vne Canarienne auec lui pour veoir le pais de France, à celle fin qu'ilz vissent la maniere de faire du roy^{me} de France pour raporter quant il les ramenroit au pais de Canare. Et se partit le derrain iour de ianuier monsg' de Bethencourt de l'ille d'Erbenne en pleurant de ioye. Et tous les autres de l'ille d'Erbanne pleuroient de ce qu'il s'en aloit, et plus encort les Canariens que les autres, car led. seigneur les auoit doucement traités. Le dit seigneur de Bethencourt amena auec lui aucuns des gens de Gadiffer, non pas Dandrac ne Hanybal, et se partit. Dieu le veulle conduire et raconduyre!

CHAPITRE LXXXI.[1]

Coment led. sieur se partit de l'ille Lancelot et arriua à Herfleu.[2]

Le dit seigneur de Bethencourt partit de l'ille d'Erbenne et se mist en mer, et singla tant que en xxj iours il arriua au port de Herfleu, là où il trouua mess° Ector de Bacqueuille, lequel lui fit grant bienuenue et plusieurs du païs qui le congnoissoient. Et ne fut que deulx nuis à Herfleu qu'il vint à Grainuille son hostel, et là trouua mess° Robert de Bracquemont chlr et prochain parent, oncle dud. sg'. Ledit seigneur lui auoit baillé, pour aucun sertain temps, la terre de Bethencourt et la baronnye de Grainuille, et lui en faisoit sertaine somme de deniers chacun an iusquez au bout du terme[3]. Le dit Bracquemont ne sceut onques riens tant que on lui dist qu'il estoit au bout de la ville de Grainuille, et adonc saillit hors du chastiau, et s'entrencontrerent sur le marché. Il ne fault pas demander s'ilz firent grant chere l'un

[1] Chap. LXXVI du ms. de la Bibliothèque nationale.

[2] D'après le sommaire du chapitre, Béthencourt partit de l'île Lancelot, et, d'après le texte, de Fortaventure. Le sommaire, fait après coup, ne semble pas mériter la même confiance que le texte.

[3] Dès le samedi avant les Rameaux 1362, Jean de Béthencourt avait baillé à ferme à Mathieu de Braquemont pour 200 florins d'or à l'écu de Jean, tout le domaine de Grainville-la-Teinturière, les bois exceptés. (1er Registre du Tabellion. de Rouen, f° 81.) — Le bail dut être plusieurs fois renouvelé. (Communication de M. de Beaurepaire.)

à l'autre. Les gentilz homez d'autour y vindrent, et les homes de la ville, qui estoient homes dud. seigneur de Bethencourt; il ne faut point demander la chere que on lui faisoit tous les iours. Il ne saissoit de venir de ces parens et autres gentilz homes du pais. Il y vint mess° Ystace d'Erneuille [1], et Ystasse d'Erneuille son fils; le baron de la Heuse [2] le vint veoir, et plusieurs austres grans seigneurs que ie ne sarois dire. Ils auoient bien ouy parler de la conqueste des isles de Quenare, et de la grant paine et trauail que led. seigneur de Bethencourt y auoit eue; car premierement madame de Bethencourt, que ledit seigneur auoit renuoiée du roy^{me} d'Espaigne, auoit apporté les premieres nouuelles de la conqueste; et aussi auoit fait Berthin de Breneual qui s'en estoit venu sans congé, et n'y a pas eu fort grant honneur come vous aués peu ouyr si deuant; aussi led. seigneur rescrisoit fort souuent, parquoy on auoit tousiours des nouuellez.

---

[1] Eustache d'Erneville chevalier, seigneur du fief d'Erneville et d'un autre fief à Villerets. (*Communication de M. de Beaurepaire.*)

[2] Robert de la Heuse dit le Borgne, chevalier seigneur châtelain de Bethencourt. — (*Communication de M. de Beaurepaire.*)

CHAPITRE LXXXII[1].

Comment Bethencourt engagea plusieurs gentils hommes et gens de mestiers pour les amener aux Canaries.

Monsgʳ de Bethencourt ne trouua point madame de Bethencourt à Grainuille, car elle estoit à Bethencourt[2]. Il [l']enuoia querir, et quant elle fut venue, il ne faut point demander la chere qu'ilz firent ensemble; oncquez mais monsgʳ ne fit si grant chere à madame et lui donna et apporta des nouuiautés du pais de par de là; et vint auec lad. dame messᵉ Regnaut de Bethencourt son frere dud. seigneur. Et quant le seigneur out esté à Grainuille environ huit iours, led. messire Ystasse d'Erneuille et autres voudrent prendre congé dud. sʳ. Adonc il leur dit que le plus tost qu'il pourroit il retourneroit en Canare, et leur dist son intencion et qu'il emmeroit le plus des gens du pais de Normendie qu'il pourroit, et que son intencion estoit qu'il conquerroit, s'il pouoit, la grant Canare, au mains il lui bailleroit vne touche. Led. messᵉ Ytasse, qui present estoit, dit que s'il lui plaisoit qu'il yroit.

---

[1] Dans le manuscrit, ce chapitre n'a pas de sommaire. Il est séparé du précédent par un intervalle de plusieurs lignes, et son commencement est marqué par une grande capitale rouge. M. Major, d'après M. d'Avezac, lui donne le sommaire que nous avons transcrit. Dans le manuscrit nᵒ 18629 de la Bibliothèque nationale, il est indiqué comme devant être une continuation du précédent.

[2] Je ne saurais dire de quel Béthencourt il est ici question. Il y avait, dans la Haute-Normandie, plusieurs fiefs du nom de Béthencourt. — (*Communication de M. de Beaurepaire.*)

« Mon nepueu », ce dit monsgr de Bethencourt, « ie ne vous veulx pas donner cette poine, ie prendré auec moy de plus legeres gens que vous ». Aussi plusieurs gentilz homes qui là estoient s'i offrirent. Il s'i offrit vng nommé Richart de Grainuille [1], parent dud. sgr, vng nommé Iehan de Bouille, lequel y fut, vng nomé Iehan du Plessis [2], lequel y fut, vng nomé Maciot de Bethencourt, et aulcuns de ces freres, lesquieulx y furent, et plusieurs autres qui s'offrirent aud. sgr, desquelz y eut grant partie qui y furent auec led. seigneur de Bethencourt, et des gens de plusieurs condicions, « car, » ce dit monsgr de Bethencourt, « ie y veulx mener des gens de toulz mestiers que l'en saroit dire ne deuiser. Et quant ils y seront, il ne fault point doubter qu'ils seront en bon pais pour viure bien ayzes, et sans grant paine de corps. Et ceulx qui y vendront ie leur donne[ray] assez [de] terre pour labourer se ils veullent prendre celle paine. Il y a beaucoup de gens mescaniqz en se pais qui n'ont pié de terre, et qui viuent à grant paine, et si veullent venir par de là, ie leur promés que ie leur feré tout le mieulx que ie pouré, et mieulx que à nulz autres qui y sachent venir, et biaucoup plus que aux gens du pais qui sont du pais

---

[1] La seigneurie de Hanouart appartenait alors à la famille de Grainville.—(*Communication de M. de Beaurepaire.*)

[2] Pierre du Plessis portait le sobriquet de Guinaie en souvenir de son voyage sur les côtes de Guinée. Le 18 mai 1419, Henri V donna à Robert de Stafford, jusqu'à concurrence de 300 fr. de revenu, le bien ayant appartenu, dans le bailliage de Caux, à Guinaie du Plessis dont les hoirs étaient hors de son obéissance. (V. Chronique de P. Cochon, p. 272.) — (*Communication de M. de Beaurepaire.*)

maismes et sont fait crestiens ». Chacun print congé dudit s`r`, fors mess`e` Regnault de Bethencourt son frere, et mess`e` Robert de Bracquemont qui estoit demourant au chastiau de Grainuille quant mons`r` arriua. Et tantost apprès tout le pais sceut que mons`r` de Bethencourt vouloit retourner ès dictes illes de Canare, et vouloit mener gens de tout mestiers et gens mariés et à marier, ainssi qu'ilz les pouet trouuer, et qu'ilz auoient bonne voulenté d'y aler, et tant que vous eussiés veu tous les iours venir puis x, puis xij, xxx pour vng iour, qui s'offroient à mons`r` de Bethencourt à lui tenir compagnie sans demander nulz gages quelconques; encore y en auoit il qui estoient contens de y porté leur prouuision de viures. Ledit seigneur y assembla biaucoup de gens de bien et d'une maniere et d'autre. Il lui mena viii`xx` homes de deffensse dont il y en eut xxiij qui y menerent leurs femmes. Premierement Iehan de Bouille, Iehan du Plecis, Maciot de Bethencourt, et aucuns de ces freres, qui tous estoient gentilz homes, vindrent auec led. seigneur de Bethencourt et le demourant estoient tous gens meschaniquez et gens de labour. Il [y] en eut xj de Grainuille. dont l'vn auoit non Iehan Avisse et vng autre Pierre Girat. Il y en eut trois de Bouille et de Hanouart, de Beuzeuille, de biaucoup des vilagez de Caulx; de Bethencourt, Iehan le Verrier, Pierre Loysel, et quatre ou v autres de Picy, et du pais enuiron, et y en auoit de tous mestiers, tant que led. seigneur eut le nombre qu'il vouloit auoir. Et quant il vit qu'il eut son nombre qu'il vouloit auoir, il fit ces apprestes pour s'en retourner en Canare. Il achata vne nef qui estoit à mess⁵ Robert de Braquemont. Et auoit deulx nefs au voiage lesquieulx estoient siennes, et fit la plus grant deligensse qu'il peut pour s'en retourner en Canare. Et quant il out fait ces apprestes, et qu'il eut mandé à tous ceulx qui vouloient venir auesques lui, que ilz fussent près de partir le vj⁰ iour de may enssuiuant et qu'ilz se trouuassent à Herfleu là où estoient les deulx barges, il manda à tous ces amys et voyzins qu'il se partiroit audit iour, vj⁰ iour de may, et que le premier iour de may il prendroit congé de ces amis et poiroit sa bien allée. Les s⁽ʳˢ⁾ chlrs et gentiz hommes se trouuerent à ycelui iour à son hostel à Grainuille, et là furent receus dudit s⁽ʳ⁾ qui leur fit grant chere. Et y eut dames et damoiselles plusieurs que ie ne saroit dire ne escrire, fors que led. seig⁽ʳ⁾ leur fit la plus grant chere que ilz peut. Et dura la faite et la chere trois iours acomplis. Et au quatriesme iour, led s⁽ʳ⁾ se partit de Grainuille et s'en ala atendre sa compagnie à Herfleu. Led. vj⁰ iour de may se comparurent à Herfleu et se mist en mer led. s⁽ʳ⁾ et sa compagnie le ix⁰ iour et eurent vent à désir.

CHAPITRE LXXXIII [1].

Comment mons^r de Bethencourt à son retour de Normendie arriua en l'ille Lancelot, là où il fut receulli à grant chere.

Or se partit monseigneur de Bethencourt le ixe iour de mai mil cccc et v, et singla tant qu'il dessendit en l'isle Lancelot, et en l'isle de Forte Aventure; trompettes sonnoient et clerons, tabourins, menestrés, herpes, rebebets [2], busines, et de tous instrumens. On n'eut pas ouy Dieu tonner de la melodye qu'ilz fesoient, et tant que ceulx d'Erbenye et de Lancelot furent tous esbahis, especiallement les Canariens. Non obstant que ledit seigneur ne cuidoit point auoir amené tant d'instrumens; mès il y auoit biaucoup de iones gens de quoy led s^r ne se guetoit point, qui en ioiaient, et auoient apporté leurs ynstrumens auec eulx. Aussi Maciot de Bethencourt, qui en partie auoit eu la charge de s'enquerir quelz compagnons c'estoit, conselloit led. sg^r de les prendre ainssi qu'il lui sembloit qu'ilz estoient propres et abilles. Banyere et estandars estoient estandus; et estoient tous les compagnons en leur abillement quant ledit seigneur dessendit à terre : ilz estoient assés honnestement abillez. Monsg^r de Bethencourt leur auoit doné à chacun vng hoqueton, et à six gentilz homes qui estoient auec lui, ilz estoient argentez, que led. sg^r

[1] Chapitre LXXVII du ms de la Bibliothèque nationale.
[2] Rebequets.

paia : non obstant qu'il y en auoit biaucoup d'autres argentés, mais cellui qui le portoit le poiet. Ilz estoient tous fort honnestes. Onques monsg' de Bethencourt n'y ala sy onnestement. Et quant le nauire fut à demye lieue prez, les gens de l'isle de Lancelot virent et apperceurent bien que c'estoit leur roy et leur sg'. Vous eussié veu de la nef les Canariens, fames et enfans, qui venoient au riuage au deuant dud. sg', et disoient et crioient en leur langage : « Vecy notre roy venir! » et estoient si ioieulx que [ils] sailloient et s'entreboutoient de ioye, et s'entraccoloient. Et paret bien clerement qu'ils auoient grant ioye de la venue de leur roy; aussi il ne fault point doubter que ceulx que monsg' de Bethencourt laissa esd. illes de Lancelot et Fortauenture, qu'ilz n'auoient pas mains de ioye. Et come i'ay dit, les instrumens qui estoient ès bargez fesoient si grant melodie que c'estoit belle chose à ouyr, et les Canariens en estoient toulz esbahis, et leur plaisoit terriblement. Et quant monsg' fut arriué à terre, il ne fault pas demander si tout le peuple lui fit grant chere ; les Canariens se couchoient à terre, en lui cuidant faire le plus grant honneur qu'ilz pouoient, c'estoit à dire qu'ilz se couchoient que cors et biens estoient à luy. Led. seigneur les receullit, et leur fit la plus grant chere qu'il peut, et par especial au roy qui c'estoit fait crestien. Ceulx de l'ille de Fortauenture seurent bien que leur roy et seigneur estoit venu et arriué en l'isle de Lancelot. Iehan le Courtois, lieutenant dud. seigneur, print vng bastel et vj compagnons auequez lui, dont Hanibal en estoit vng, et vng nomé de la Boissiere, et quatre aultres, et vindrent en l'ille de Lancelot deuers leur dit sg^r, et firent la reuerance, ainssi qu'il apartenoit. Adonc monsg^r de Bethencourt demanda à Iehan le Courtois comme tout se portoit. « Se [dit] Iehan le Courtois, « monsg^r, tout se porte bien et de myeulx en myeulx, et cuide et croy que tous vos subjez seront bons crestiens, car ils ont biau commencement, et sont si ioieulx de vostre venue, que iamès nulles gens ne pouroient plus estre. Les deulx roys crestiens vouloient eulx en venir auec moy, mais ie leur ay dit que vous y vendrez bien tost, et que ie ne retournerois point que se ne fut auesques vous ». — « Non feré vous, » se dit led sg^r, « ie yré demain, se Dieu plaist ». Ledit seigneur fut logé à Rubicon, au chastiau, et la plus part au chastiau. Il ne faut pas demander si les gens que led. seigneur auoit amené derrainement de Normendie estoient esbahis de voir le pais et les Canariens ainssi abillés qu'ilz estoient ; car, comme i'ay dit si deuant, ils ne sont vestus que par dariere, et de cuyr de cheure. Et les femes sont vestues de houppelandez de cuir iusquez à terre. Ils estoient bien ioieulx de veoir le pais et leur plaisoit fort, et plus le regardoient et plus leur plaisoit. Et mengoient de ces dattes et des fruis du pais, qui leur sembloient fort bons, et rien ne leur faisoit nul mal. Mais estoient fort ioyeulx de eulx y trouuer, et leur sembloit qu'ilz viuroient bien au pais. Ie ne vous sarois que dire fors qu'ilz estoient fort contens; et encore le seront ils plus quant ils verront l'isle d'Erbenne dit Fortaventure. Monsg' demanda à Hanybal comme il le faisoit et qu'il lui sembloit de sa compagnie. « Monsg', » se dit Hanybal, « il me semble que se du premier on y fut venu par telle maniere, les choses n'eussent pas duré si longuement qu'ils ont fait, et si on fut encore plus auant que l'en est; c'est vne fort belle compagnie et bien honneste; et quant les autres Canares des autres isles qui ne sont point crestiens verront sy belle ordonnance, ilz s'esbahyront plus qu'ils n'ont fait ». — « C'est bien mon intencion », se dit monsg', « de aler veoir la grant Canare, et de leur [en] bailler vne touche ».

CHAPITRE LXXXIV.[1]

Come led. sg' aryua à l'ille de Fortauenture, et là les deulx rois vindrent au devant, et tout le pais pour faire la reuerence.

Monsg' de Bethencourt se partit de l'ille Lancelot pour aler en l'ille de Fortauenture, et print tous ces gens qu'il auoit amenés. Là vissiés quand monsg' fut arriué grant nombre des Canariens qui estoient arriués à la riue de la mer à l'encontre de leur roy et sg'; et là estoient les deulx rois qui c'estoient fais crestiens. Il ne fault pas demander s'ilz estoient ioieulx

[1] Chap. LXXVIII du ms de la Bibliothèque nationale.

et tous les autres du pais. On ne saroit dire la ioie qu'ilz en menoient celon leur façon et maniere ; ils voloient tous de ioye. Ledit seigneur arriua à Richeroque que [il] trouua moult fort bien rabillé ; car Iehan le Courtois y auoit fait fort besongner depuis que le dit seigneur c'estoit parti pour aler en Normendie et hesta fort audit sg'. Lesd. deulx roys crestiens se vindrent encore offrir audit sg', lequel leur fit la plus grant chere qu'il peut, et les retint à soupper auec lui. Led. seigneur ne les entendoit point. Mais monsg' auoit vng truchement qui parloit le françois et leur langage, par quoy on entendoit se qu'ils disoient. Et tandis que led. sg' soupoit, il y auoit des menestrés qui iouoyent, de quoy yceulx roys ne pouoient menger du plaisir qu'ils prenoient à ouir ces dis menestrés ; et aussi de voir ces hoquetons brodés, car il y en auoit bien chinquante et quatre fort chargés d'orfauerie ; car il y auoit d'aucuns qui s'abilloient à l'enuye qui mieulx mieulx, et par especial aucuns fils des homes dud. sg'. de Bethencourt, de Grainuille et de Bethencourt. Et dirent lesd. deulx roys que se du premier ils fussent venus en se point, ilz eussent esté piessà vaincus, et qu'il ne tendroient que au roy si [il] ne conqueroit encore biaucoup de pais. Les dis Canariens n'apellent autrement monsg' de Bethencourt que le roy, et pour tel le tenoient. « Or sà, » se dit monsg' de Bethencourt, « mon intencion est de faire vne cource à la grant Canare, et de sauoir que c'est ». — Ce dit Iehan le Courtois : « Monsg', se sera bien fait ; il me semble qu'ilz ne du[r]ront gueres, mais qu'il plaise à Dieu que on puisse sauoir l'entrée et congnoistre aucunement le pais ». Se dit Hanybal, qui y estoit : « I'ay intencion de y mouller mes souppes, et de y gaigner bon butyn ; ie y ay autres fois esté, il me semble que ce n'est pas si grant chose que on dit ». A ce dit monsg^r : « Si est, c'est grant chose, ie suis aduerti qu'ilz sont x mille gentilz homes, qui est bien grant chose, et ne somes pas gens pour eulx. Mais pour congnoistre le pais pour le temps aduenir, nous ferons nostre effort d'y aler, et ne fut [ce] que pour sauoir les pors et passagez du pais. Et se Dieu plaist, il vendra quelque bon prince de quelque pais qui les conquerra, le pais et autre chose auec. Et Dieu par sa grace le veulle ainssi faire ! » Se dit monsg^r de Bethencourt : « Il faut regarder quant ie y pouret aler, et qui ie laisseré par dessà ; car quant au regart de vous, Iehan le Courtois, vous en vendrés auesquez moy au voiage ». — « Et bien, monsg^r, » ce dit le Courtois : « je en suis trèsfort ioyeulx ». Ce dit monsg^r de Bethencourt : « Ie laisseré Maciot de Bethencourt, affin que [il] congnoisse le pais, car mon intencion n'est point de le remener en France, car ie ne veulx plus que se pais soit sans le nom de Bethencourt et sans vng de mon lygnage ». Ce dist Iehan le Courtois : « Monsg^r, se Dieu plaist, ie m'en retourneré auecquez vous quant vous retourneré en France. Ie suis vng maluès mary, il y a chincq ans que ie ne vis ma femme ; » et à la verité il n'y en faisoit point trop de mal. Et quant monsg^r eut souppé, chacun s'en ala là où il deuoit aler. Le landemain led. seigneur s'en alla à Baltarhays et là fut batizé vng enfant canarien, à la bien venue dud. sg^r. et led. seigneur fut le parrain et le nomma Iehan. Il fit apporter en la chappelle des vestemens, vne ymage de nostre dame, et des vestemens d'esglise, et vng fort biau missel et deulx petites cloches de chacune vn chent pesant; et ordonna que on appelast la chappelle *Nostre Dame de Bethencourt* [1]; et fut mess^e Iehan Verrier curé du pais, et y vescut le demourant de sa vie bien ayse. Et [quant] monsg^r de Bethencourt ot esté vne piesse de temps ou pais, il print iournée de aler à la grant Canare. Il ordonna que se seroit le six^e iour d'octobre mil cccc et v et ycelle iournee il fut prest pour y aler, atout les nouueaulx homes qu'il auoit amenés et plusieurs autres, et se myrent en mer ycellui iour, et se partirent trois gallées dont les deulx estoient aud. seigneur, et l'autre estoit venue du roy^{me} d'Espaigne laquelle le roy lui auoit enuoié. Fortune vint dessus la mer que les barges furent departies et vindrent touls trois près des terres sarazines, bien près du port de Bugeder. [2] Et

---

[1] Cette chapelle, construite en 1410 par Jean le Masson, fut dévastée en 1539 par les pirates marocains que commandait Xaban-Arraez. Restaurée plus tard, elle se voit encore au milieu de la petite ville gothique de *Bethenouria*. *(Note de M. Charton).*

[2] Le port de Bugeder ou de Bojador est au sud du cap du même nom. Ce cap est célèbre dans les annales de la géographie. Les Portugais prétendent qu'il fut doublé pour la première fois en 1434, après douze ans de tentatives infructueuses, par Gil Eannes, écuyer de l'infant don Henrique. (Zurara, *Chronica de descobrimento e conquista de Guine*, cap. viii, pp. 53, 56, 57. — *Decada primeira da Asia* de Ioao de Barros, em Lisboa, 1628, cap. iii, f. 10 r.) M. d'Avezac a établi que le port

là dessendit monsgr de Bethencourt et ces gens, et furent bien huit lieus dedens le pais, et prindrent homes et femes qu'ilz amenerent auec eulx, et plus de trois mille chamyaux;¹ mais ilz ne les purent recueillir au nauire, et en tuerent et iarerent.² Et puis s'en retournerent à la grant Canare, come monsgr de Bethencourt l'auoit ordoné. Mais [telle] fortune les print au chemin, que des trois bargez l'vne arriua en Erbenne, et les autres deulx en l'ille de Palmes, et là demourerent iusques à tant [que] l'autre barge, là où estoit monsgr de Bethencourt, fut arriuée en faisant guerre à ceux du pais.

de Bugeder est au sud du cap du même nom, ce qui revient à dire que le normand Bethencourt a doublé ce cap vingt-neuf ans avant le portugais Gil Eannes. (M. D'AVEZAC, *Note sur la véritable situation du mouillage marqué au sud du cap Bugeder dans toutes les cartes nautiques*; Paris, 1846). Encore faut-il remarquer que Béthencourt avait une carte sur laquelle le *Fleuve de l'Or* (Rio do Ouro) était marqué à 150 lieues françaises au sud du cap Bugeder, que le cap et le port sont indiqués sur l'atlas catalan de 1375, ce qui suppose des expéditions antérieures à celle même de Béthencourt.

¹ C'est par Bethencourt que le chameau fut introduit aux Canaries.

² C'est un acte de sauvagerie, un reste de cet esprit de destruction qui fut longtemps l'une des faces les plus saillantes du caractère des pirates du Nord.

M. de Beáurepaire pense qu'il faudrait *gecterent* au lieu de *jarerent*.

CHAPITRE LXXXV.[1]

Come led. sieur ala à la grant Canare.

Tantost apprès monsg' de Bethencourt s'en ala à la grant Canare, et par plusieurs fois parlerent ensemble lui et le roy Artamy. Et là arriua vne des barges qui auoi[en]t esté à la coste de Bugeder, en laquelle estoit des gens de mond. sg' de Bethencourt, vng nommé Iehan le Courtois, Guill° d'Auberbost, Hanybal, Dendrac, et plusieurs autres compagnons. Quant ils furent là arriuez, ilz furent vn pou orgeulleux de ce qu'ilz estoient si auant entrés en terre ferme au pais des Sarrazins; là dit vng norment nomé Guill° d'Auberbost que atout vint hommes il cuidroit bien trauerser toute l'ille de la grant Canare, malgré tous les Canariens, lesquelz ce dient bien dix mille homes de deffence. Et contre la voulenté de monsg' de Bethencourt, commencerent l'escarmouche, et dessendirent à terre, en vng vylage nommé Arguyneguy, en deux batiaulx, xlv hommes, et y en auoit de ceulx qui estoient à Gadiffer, et reboutèrent les Canares bien auant à la terre, et se deshordonnerent moult. Quant les Canares virent leur desarroy, ilz se ralierent et leur coururent sus, et les desconfirent, et gaignerent l'vn des bastiaulx, et tuerent xxij homes. Là mourut Guill° d'Auberbost, qui auoit fait et com-

[1] Chap. LXXIX du ms. de la Bibliothèque nationale.

menché l'escarmouche, Gieffroy d'Ausouuille, Guill"
Dalemague, Iehan le Courtois, lieutenant dud. s^r de
Bethencourt, Hanybal, bastart [de] Gadiffer, vng
lecto [1] nomé Seguirgal, Girard de Sombray, Iehan
Chevalier, et plusieurs austres.

CHAPITRE LXXXVI.[1]

Come led. s^r se partit de la grant Canare.

Apprès se partit monsg^r de Bethencourt de la grant
Canare à tout ses deulx bargez qui là estoient auesquez
aucuns qui estoient eschappés d'icelle iournée, et passa
oultre iusquez en l'ille de Palmez, là où il trouua l'autre
barge qui estoient dessendue à terre, et faisoient grosse
guerre à ceulx de l'ille. Sy dessendit monsg^r de Bethencourt à terre avec eulx, et lui et ces gens entrerent
bien auant au pais et eurent afaire par plusieurs fois à
leurs anemis, et en furent de mors de costé et d'autre,
et biaucoup plus des Canares que des nostres. Il mourut v de nos gens, et il en mourust des leurs plus de
chent. Apprès qu'ilz ourent demouré vj sepmaines au
pais, ils se receullirent aux barges qui les atendoient.

---

[1] Ce nom est bien écrit dans le manuscrit. M. Major le signale comme
inintelligible. Nous pensons qu'il faut lire *lector* et qu'il s'agit, soit d'un
clerc (*secundus gradus Ordinis Ecclesiastici*), soit d'un tabellion
(*Cancellarius, Scriba, Notarius*).— (Du Cange, *Glossarium mediæ
et infimæ latinitatis*, verbo *Lector*).

Adonc fut ordonné deulx barges pour aler en l'isle de Fer, là où ilz demou[re]rent bien trois mois. Et quant ils eurent esté si longuement, monsg' s'auisa qu'il enuoiroit à ceulx du pais vng truchement nommé Augeron, lequel estoit de Gomere, et l'auoit eu led. seigneur en Arragon dès deuant qu'il vint à la conqueste, et lui fit auoir le roy d'Espaigne, qui s'appelloit le roy Donnerique, c'est à dire Henry, et la raine s'apelloit Katheline. Ledit seigneur enuoia ycellui truchement aux Canares d'icelle isle de Fair, et estoit ycellui Augeron frere du roy d'icelle isle [1]; et tant fit ycellui truchement, qu'il amena son frere roy du pais, et chent et xj personnes soubs celle assuransse, et furent amené deuers monsg' de Bethencourt. Et en retint monsg' de Bethencourt pour sa part xxxj, dont le roy estoit le premier; les autres furent departis au butin; et y en eust de vendus come esclaues. Et se fit monsg' pour deulx causes : pour appaiser les compagnons, et aussi pour y bouter des mesnages que led. seigneur auoit amené de son pais de Normendie, a selle fin qu'il ne fit pas si grant desplaisir à ceulx de Lancelot et de Fortauenture. Car il eut falu qu'il eut mis èsd. compaignons et mesnagiers aux dictes isles de Lancelot et Fortauenture, desquelz yl y en eut vi^{xx} mesnages de lad. compagnie, et de ceulx qui congnoissoient mieulx le labour, et le demourant fut mis en l'isle de For-

[1] Armiche était le nom de ce prince qui, n'ayant personne à combattre, gouvernait paternellement sa petite principauté, et ne recevait de ses sujets qu'un tribut volontaire et proportionné aux ressources de chacun d'eux. (VIERA, ex Galindo, *noticias*, t. I, p. 168.)

tauenture et l'ille de Lancelot. Et se n'vst esté icellez gens que monsg^r de Bethencourt y mist, l'ille de Fair eut esté deserte, et sans creature du monde. Autre fois et plusieurs fois elle a esté desheritée de gens, et les anan[1] prins tousiours, et toutefois c'est vne des plus plaisantes illes qui soit en pais par dessa, de autant de pais qu'elle contient.

CHAPITRE LXXXVII.

Comment le sieur de Bethencourt ordonne du departement des terres, et de la iustice et police du pais. [2]

Apprès que monseigneur de Bethencourt eut conquis l'isle de Palme et celle de Fair, ledit seigneur s'en reuint en l'isle de Fortauenture auec ces deulx bargez et se loga à la tour de Baltarhays que mess^e Gadiffer auoit comenssé à faire tandis qu'il estoit en Espaigne, et ordona biaucoup de choses en ce pais qui longez seroient à raconter. Il loga ceulx qu'il auoit amené, come i'ay dit, iv^{xx} en l'ille de Fair, et le demourant en l'ille de Fortauenture et en l'isle Lancelot. Et leur bailla à chacun part et porcion de terres, de manoirs, et maisons, et logis à chacun selon qu'il

[1] *A on* ou *a en*.
[2] Ce chapitre n'a pas de sommaire dans le manuscrit original. Le manuscrit 18629 de la Bibliothèque Nationale le donne comme une continuation du précédent. Nous avons pris le sommaire composé par M. Major.

lui sembloit bon et que [il] lui appartenoit; et fit tant que il n'y eut nul qui ne fust content. Et si ordonna que ceulx qu'il auoit amenés de son pais ne paieroient quelque chose du monde iusquez à ix ans; et au bout de ix ans, ils paieroient come les autres, c'est à dire que ils paieront le quint denier, la ve beste, le chinq^{me} boissel de blé, et de tout le chinquiesme pour touttes charges. Et quant au regart de l'oursolle, nullui ne l'osera vendre sans le congé du roy et sg^r du pais: c'est vne graine qui peut valoir biaucoup au sg^r du pais et qui vient sans main mestre. Quant au regart des deulx curés d'Erbenne et Lancelot, il est tout nottaire qu'ils doiuent auoir le xe: mais pour ce qu'il y a biaucoup de peuple et pou de secours d'esglise, ils n'aront que le xxxe, tant qu'il y ait prelat. « Et au plaisir de Dieu, [dit Bethencourt], quant ie partiré d'icy ie yré à Romme requerir que vous ayez prelat esuesque en se pais, qui ordonera et manyfira la foy catolique ». Et après, led. seigneur ordonna son lieutenant et gouuerneur de toutes les isles que ledit seigneur a conquestéez, et lui comenda coment il fut, que Dieu y soit seruy et honnoré tout le mieulx que l'on peut, et que les gens du pais fussent tenus doucement et amoureusement. Et sy lui comanda qu'il fit à chacune ille deulx sergens qui aucunement aroient le gouuernement de iustice soubz lui et soubz sa deliberacion, et qu'il fit iustice ainssi qu'il pourra congnoistre que le cas le requiert; que les gentilz homes qui y demourront soient de bon gouuernement, et que s'il luy [auoit] aucun iugement à faire, que premier yceulx gentilz homes y soient appellés, à celle fin que le iugement soit fait par grande deliberacion de plusieurs gens, et des plus sçachans, et des plus notables ; « et tant que Dieu y ait ordoné, et que le pais soit plus peuplé, ie ordone que ainssi soit fait. Aussi ie ordone que tous les ans du moins deulx fois, que enuoiez en Normendie vers moy, et m'enuoiés des nouuelles de par dessa ; et que le reuenu qui sera desd. illes Lancelot [et] Fortauenture soit mis à faire deulx esglises telles que Iehan le Masson, mon compere, ordonera et edifira : car autre fois ie lui ay conté et dit come ie les veulx auoir. Car i'ay amené charpentiers et massons assés pour quoy on le peult bien faire. Et quant est de vostre prouision et pour vos gages pour vous viure, ie veux que s'il m'apartient chunq deniers de la reuenue qui en yssira desd. illes, que vous en ayés vng à tousiours tant que vous vivrez et serés en se pais mon lieutenant. Et du seurplus de la reuenue, que de cy à chinc ans il soit mis aux églises, et l'autre part en ediffices telz que vous et led. Iehan le Masson ordonera, soit en reparacions ou en nouuiaulx ediffices. Et oultre ie vous donne plain pouer et auctorité que en tout choses que vous verrés qu'il sera proffit et honneste, vous ordonnyez ou faciés faire, en sauuant mon honneur premier et proffit. Et que au plus près que vous pourez que vous teniés les coustumes de France et Normendie, c'est à dire en iustice, et en autres choses que vous verrez bon faire. Aussi ie vous prie et charge que le plus que vous pourez vous ayés paix et vnyon enssemble, et que vous entramez toulz comme frères, et especiallement entre vous gentilz hommes: n'ayés point d'enuye les vng sur les autres. Ie vous ai à chacun ordonné vostre fait, le pais est assé large, appaisés l'vn l'autre et vous apparentés de l'vn l'autre et aidés l'vn à l'autre. Ie ne vous sarois plus que dire, fors principallement vous ayés paix ensemble, et tout se portera bien.

CHAPITRE LXXXVIII.[1]

Come monsg' de Bethencourt cheuauches par le pais en le reuisitant.

Le dit seigneur auoit deulx mulles que le roy d'Espaigne luy auoit donnés, qu'il cheuauchoit parmy les ysles. Sy fut trois mois en ycellui pais apprés qu'il fut venu de la grant Quenare. Et en ycelles ysles il cheuaucha et chemyna par tout en parlant bien doucement au peuple du pais auecquez trois truchemens qu'il auoit auec lui. Iasoit que il y auoit desia biaucoup de gens qui parloient et entendoient le langage du pais, par especial ceulx qui y estoient venus au premier de la conqueste. Et là en cheuauchant le pais il estoit auec lui led. Macyot et les autres gentilz hommes, lesquelz y vouloit que [il] demourassent au pais, et si y estoit Iehan le Masson et autres du mestier ; il y auoit charpentiers

[1] Chap. LXXXI du ms. de la Bibliothèque nationale.

et gens de tous mestiers qui cheminoient auec luy, et le dit seigneur leur monstroit et deuisoit se qu'il vouloit en les ouant et escoutant parler. Et quant il eut esté par tout le pais au mieulx qu'il peut. Et qu'il eut deuisé se qu'il lui sembloit estre bon de faire, il fit crier par le pais qu'il se partiroit du pais à de au iour duy en vng mois qui seroit le xve iour de desembre; et que s'il y auoit nul qui voulsist riens deuers le roy et sg^r du pais, qu'ilz vinssent vers lui et qu'il feroit tant que chacun seroit content. Led. seigneur vint à Rubicon en l'ille Lancelot, et se tint là iusquez à son partement, qui fut led. iour deuant dit xve iour de decembre. Il lui vint plusieurs gens, et de plusieurs façons de la dicte isle de Lancelot et de Fortauenture. Quant au regart de l'ille de Fer, il n'y en vint nulz, car il n'y en estoit point demouré si pou non, et se qui estoit demouré n'estoit point pour resister à l'encontre de ceulx que monsg^r de Bethencourt auoit ordonné de y aler et demourer. Aussi de la Gomere il ne vint nuls. Au regart de l'ille de Louppes, il n'y demeure personne, il n'y a que bestes que on appelle loups marins, qui vallent biaucoup, comme autres fois i'ay dit. Il luy vint le roi qui estoit sarazin, de l'ille Lancelot, qui demanda à son vrai seigneur et roy du pais, monsg^r de Bethencourt, qu'il lui plaisoit bailler et donner le lieu là où il demouroit, et certaine cantité de terres pour labourer et pour viure. Monsg^r de Bethencourt luy octroia qu'il vouloit bien qu'il eut hostel et mesnage plus que nul autre des Canarieus d'icelle isle, et des terres suffisamment ; mais de forteresse, il n'aroit point [ni] nul du pais. Led. seigneur lui bailla vng hostel qu'il demanda qui estoit au millieu de l'isle, et si lui bailla enuyron trois chens acres que bois que terre autour de son hostel, en faysant le truage [1] que ledit seigneur auoit ordonné, c'est à dire le chincquieme de toutes choses. Led. roy canarien fut fort content : il ne cuidoit iamès auoir si bien ; et à dire voir [2] il eut tout des milleurs terres du pais pour labour ; aussi il congnoissoit bien le lyeu qu'il demandoit. Plusieurs autres y vindrent et de ceulx de Normendie et des Canares de ycelle isle, et chacun fut contenté selon ce qu'il valoit. Les deulx rois qui s'estoient fait batiser de l'ille de Fortauenture vindrent vers led. s' de Bethencourt, et pareillement led. seigneur leur bailla lyeu et plasse, ainsi que aucunement le requeroient et leur bailla à chacun quatre chens acres que bois que terre, et furent fort content dud. seigneur. Led. seigneur loga les gentilz homes de son pais ès fortes plasses, et fit tant que [ils] furent contens ; et les autres parreillement du pais de Normendie furent logez chacun cellon qu'il sembloit estre de raison et de faire. C'estoit bien raison qu'ilz fussent myeulx que les Canariens du pais. Led. seigneur fit tant que chacun fut contant ; il ordonna plusieurs choses qui longues seroient à raconter, et partant ie m'en tais. Et veulx parler de son retour, et come il commanda à

---

[1] Voir la note 1 du chap. LIV.
[2] Vrai.

à tous les gentilz homes qu'il auoit amenés, et ceulx qui estoient en parauant au pais, qu'ilz fussent deulx iours deuant son partement deuers luy ; et aussi que tous les massons et charpentiers y fussent. Et si voulut que les trois roys canariens fussent, et que à ycellui iour ilz leur diroit sa voulenté et leur commenderoit à Dieu.

CHAPITRE LXXXIX.[1]

Coment led. sgr à tous ses amis du pays pour leur dire à Dieu leur donna à diner et les festia.

Le deulx^{me} jour deuant le partement de monsg' de Bethencourt, lequel estoit au chastiau de Rubycon, là où il fit ycelle iournée fort grant chere à tous les gentilz hommes, et à yceulx trois roys les quieulx se [y] trouverent, ainssi qu'il auoit comandé. Et y estoit ycellui Iehan le Masson, et autres massons, charpentiers, et plusieurs autres du pais de Normendie et du pais mesmes, lesquelz tous dinerent et mengerent icellui iour au chastel de Rubicom. Et quant ledit seigneur ot diné il se rassit en vne cherre vng pou hault à celle fin que on l'ouyt plus ayse, car il lui auoit plus de deulx chent personnes. Et là led. seigneur commenssa à parler. « Mais amys et mes freres crestiens, il a pleu à Dieu nostre Createur qu'il a estandu sa grace sur nous

[1] Chap. LXXXII du ms. de la Bibliothèque nationale.

et sur cestuy païs, qui est à ceste heure crestien, et mis à la foy Catolique. Et Dieu, par sa digne grace, le veulle maintenir, et moy doner pouer et à vous tous de se y sauoir si bien conduire, que se soit l'exaltacion et omentacion de toute crestienté. Et pour sauoir pourquoy i'ay voulu que vous soiez si tous en persensse, ie le vous diré. Il est vray que pour vous tenir tous ensemble en amour, ie vous ay assemblés, à celle fin que vous sachiés de par ma bouche se que ie veulx ordonner et ordonneré ; et se que ie ordonneré, ie veulx que ainssi soit fait. Et premierement ie ordonne Maciot de Bethencourt, mon cousyn et mon parent, mon lieutenant et gouuerneur de toutez les ysles, et de toutez mes affaires, soit en guerre, en iustice, en ediffices, reparations, nouuelles ordonnansses, celon que [il] verra qui se poura ou deura faire, et en quelque maniere qu'il le voudra faire ou faire faire, ou deuiser sans y rien reseruer, en tousiours gardant l'onneur premier et proffit de moy, et du païs. Et à vous tous, ie vous prie et charge que vous lui obeissiez comme à ma personne, et que vous n'aiez point d'enuie les vngs sur les autres. I'ay ordonné et si ordonne que v⁰ denier soit à moy et à mon prouffit ; c'est à dire le v⁰ cheure, la v⁰ aignel, le v⁰ boissel de blé, le v⁰ de toutes choses. Et dessus yceulx deniers et deuoirs [1] on prendra iusquez à chincq ans les deulx pars pour faire deulx belles eglises, l'une en l'isle de Fortauenture, l'autre en l'ille Lancelot ; et l'autre part sera aud. Maciot, mon cousin.

[1] Redevances.

Et quant se vendra au bout de chuncq ans, se Dieu plaist, ie feré tout le mieulx que ie pouré. Et quant est de ce que ie laisse aud. Maciot, ie veulx qu'il ait le tiers de la reuenue du pais à tousiours tant qu'il viura. Et au bout de chunc ans, il sera tenu de m'enuoier le seurplus du tiers de la reuenue à mon hostel en Normendie. Et si sera tenu de tous les ans m'enuoier des nouuelles de ce pais. En oultre, ie vous prie et charge que tous vous soiés bons crestiens, et seruez bien Dieu, amés le et le craignés, alés à l'esglise et l'aumentés, et gardés les drois au mieulx que vous sarés et pourés, en attendant que Dieu vous ait donné vng pasteur, c'est à dire vng prelat qui ayt le gouuernement de vos ames. Et se Dieu plaist, ie metray paine qu'il y en ara vng. Et quant ie me partiré d'icy, au plaisir Dieu, ie m'en yré à Romme requerir au pappe que vous ayés, come i'ay dit, vng pasteur, c'est à dire vng euesque qui ara le gouuernement de vos ames. Et Dieu me doint la grace de tant viure de ce faire. Or sa, se dit ledit seigneur, cy lui a quelcun qu'il me veulle dire ou aduiser de quelque chose, ie lui prie que à ceste heure il le dise, et qu'il ne laisse point, soit petit ou grant, et ie l'orré très volentiers ». Il n'y eut nullui qui disit mot. Mais disoient tout ensemble, nous ne sarions que dire, monsg' a si bien dit que l'en ne saroit ne pensser ne dire mieulx. Chacun estoit contant, et si estoient bien ioyeulx que Maciot auoit le gouuernement du pais. Et led. seigneur le fit pour ce qu'il estoit du nom et de la lygnée. Ledit seigneur ordonna ceulx que [il] vouloit auoir auecquez lui à Romme ; mess° Iehan le Verrier, son chappelain, curé de Rubicon, vout aler auecquez led. seigneur, iasoit que le dit seigneur eut bien voulu qu'il fut demouré, mais il pria monsg' qu'il lui tint compagnie. Il print Iehan de Bouille, escuyer, et vj autres de sa maison, et non plus ; l'vn estoit cuisinier, l'autre estoit varlet de chambre, pallefrenier ; chacun auoit son office. Et quant se vint au xv° iour de desembre, led. seigneur se mist en mer en l'vnne de ces barges, et l'autre barge il la laissa à Rubicon, et charga ledit Maciot que le plus tost qu'il pourroit apprès pasquez passées, il renuoiast lad. barge en Normendie à Herfleu, et qu'il la chargast des nouniautez du pais, et qu'il n'y eut point de faute.

CHAPITRE XC. [1]

Coment led. sieur se partit des yales de Canare pour s'en venir en Normendie, et onquez puis n'y retourna.

Apprès que monsg' de Bethencourt ot prins congé de tout ces gens et de tout le pais, et se mist en mer, vous eussiés veu tout le peuple crier et braire, et plus encore les Canariens que ceulx du pais de Normendie ; c'estoit pitié des pleurs et des gemissemens que les vngs et les autres faisoient. Leurs ceurs leur disoient qu'ilz ne le vairoient iamès plus, et qu'il ne vendroit iamès plus au pais. Et il fut vray, car iamès onquez

[1] Chap. LXXXIII du ms. de la Bibliothèque nationale.

plus n'y fut. Sy ne lui estoit par aduis qu'il n'y reuensit, et le plus bref qu'il pourret. Il y en eut aucuns qui se bouterent en la mer iusques aux esselles en tirant à la barge là où monsg' estoit. Il leur faisoit tant de mal que led. seigneur s'en aloit que nul ne saroit pensser. Et disoient ainssi : « Nostre droiturier seigneur, pour quoi nous laissé vous? nous ne vous vairrons iamès ! las! que fera le pais, quant il fault que vng tel seigneur si sage et si prudent, et qui a mis tant de ames en voie de saluacion eternelle, que [il] nous laisse! nous aymyssions bien mieulx qu'il fut autrement, se c'estoit son plaisir : mais puis qu'il lui plaist, il fault qu'il nous plaise; c'est bien raison qu'il fasse son plaisir ». Et se le peuple des dictes ysles leur faisoit mal de son alée, encore faisoit plus mal aud. seigneur de en partir et de les laisser : car le ceur lui disoit bien qu'il n'y vendroit iamès, il auoit le ceur si sarré qu'il ne pouet parler, ne leur pouet dire à Dieu. Ne il ne fut onquez à la puissance dud. seigneur que [il] sceut proferer de la bouche de dire à nul quelconques, tant fut son parent ou amy : à Dieu. Et quant il vouloit dire se mot, il auoit le ceur si très estraint qu'il ne le pouet dire. Or se part ledit seigneur de Bethencourt, et est le voille leué. Dieu par sa grace le veulle garder de mal et d'anconbries. Ledit sg' ot assés bon vent, et arriua en vij iours en Civille, là où on lui fit fort grant chere, et y fut trois ou quatre iours. Il s'enquerut là où estoit le roy d'Espaigne; on lui dist qu'il estoit à Vaildolly,[1] et là s'en

---

[1] Valladolid.

ala vers luy. Lequel roy d'Espaigne lui fit encore plus grant chere qu'il n'auoit onquez fait ; car le dit roy auoit bien ouy parler de sa conqueste, et come il auoit fait tout baptizer, et tout par biaulx et bons moyens. Quant monsgʳ de Bethencourt vint deuers le roy d'Espaigne, et qu'il eut fait la reuerensse, led. roy le receullit fort honestement, et si autrefois il lui auoit fait grant chiere, encore lui fit il plus grant. Le roy lui demanda comment le fait de la conqueste auoit esté, et la maniere et la façon. Et le dit seigneur luy raconta tout le mieulx qu'il peut, et tant que le roy fut si ayse de l'ouyr parler que [il] ne lui anuyait point. Le dit seigneur fut xv iours à la cour du roy d'Espaigne. Le roy luy donna de grans dons assés pour aler au voyage là où il vouloit aler ; et lui donna deulx biaulx jenetz et vne mulle fort bonne et bien belle, qui porta le dit sgʳ iusquez à Romme. Quant il partit de l'ille Lancelot, il donna vne de ces deulx mulles à Maciot de Bethencourt et n'en ramena que l'vne. Et quant led. seigneur eust esté assez longuement à la court du roy d'Espaigne, et qu'il estoit temps qu'il se partit, il voulut prendre congé du roy, et lui dit : « Syre, sy vous plaist, ie vous veulx requerre d'une chose. » — « Or dittes, » se dit le roy. — « Sire, il est bien vray que come ie vous ay raconté la conqueste du pais des isles de Canare, qu'ilz contiennent en tout plus de quarante lieues françoises [1], et y a de bel peuple : il est besoing qu'ilz

---

[1] Cela ne s'entend que des quatre îles qu'il avait conquises. (*Note de Bergeron.*)

soient enhortés et montrés par vng home de grand façon et par vng homme de bien qui soit leur pasteur et leur prelat ; et il me semble qu'il y viura bien, et qu'il y arra assé de quoy pour soy entretenir ; et aussi le pais se vendra, et se fera, et aumentera, se Dieu plaist, tousiours de mieulz en mieulx. Sy vous plaist de vostre grace en rescrire au pappe qu'il y ait vng esuesque, vous serés cause de leur grande perfection et saluacion de leurs ames de ceulx qui y sont à present, et de ceulx qui sont encore aduenir ». — Respondit le roy : « Monsieur de Bethencourt, il ne tendra pas à moy ne à en rescrire, et dittes tresbien, l'en ne saroit mieulx dire, ie le feray tresuolentiers. Et encore ie rescriré pour cellui que vous voudriés qui y fut mis, ce c'est vostre voulenté ». — « Sire, au regart de ce, ie ne sache nulluy plus à l'vn que à l'autre, mais il est besoing qu'ilz ayent vng prelat qui soit bon clerc et qu'il sache la langue du pais, le langage de ce pais approche fort de cellui du pais de Canare ». — « Ce, » dit le roy, « ie vous bailleré vng home de bien auec vous qui vous conduira à Romme, et est vng tresbon clerc, et si parle bien le langage de Canare et les entent bien [1]. Et ie rescripré au pappe vostre fait, et tout ainssi qu'il est, et que vous me l'aués conté, et ie cuide et croy qu'il ne le vous refusera pas, et qu'il vous receura honnestement, car il me semble que ainssi le

---

[1] Ce passage prouve des relations très-fréquentes entre l'Espagne et les Canaries ; malheureusement ces relations avaient uniquement pour but le pillage et la traite des indigènes.

doit il faire ». Le roy rescript les lettres au pappe ainssi qu'il auoit dit, et les bailla aud. seigneur, et icellui clerc que le roy auoit dit, lequel se nome Alure Desecazes, c'est à dire Albert des Maisons. Ainssi le dit seigneur fut prest de s'en aler en son voiage de Romme, et print congé du roy. Et s'en ala led. seigneur à Romme tout par terre lui xj° assé honnestement, car il fit lyurées à tout ses gens drès qu'il arriua en Syuille et du deuant qu'il eut parlé au roy d'Espaigne, et cheuaucha tant qu'il arriua à Romme come vous orrés cy apprès.

CHAPITRE XCI [1]

Come monsg' de Bethencourt vint deuers le pappe lui requerir qu'il eut prelat ès isles de Canare, laquelle chose luy fut octroyée.

Monsg' de Bethencourt arriua à Rome, et là fut l'espace de trois sepmaines. Il se presenta au pappe [2] et luy bailla les lettres que le roy d'Espaigne luy enuoiet ; et quant il les eut fait lire par deulx fois, et il out entendu bien la matiere, il appella monsg' de Bethencourt, lequel lui baisa le pié au pappe, et luy dit : « Vous estez vng de nos enffans, et pour tel ie vous retien ; vous aués fait vng biau fait, vng bian commencement, et serés premier cause, se Dieu plaist, de pre-

---

[1] Chap. LXXXIV du ms. de la Bibliothèque nationale.
[2] Innocent VII.

uenir et faire preuenir à vne plus grant chose. Le roy d'Espaigne ici me rescrit que vous aués conquis sertaines isles, lesquelles sont de present à la foy de Ihesuscrist, et les aués fait tous batizer ; pour quoy ie vous veulx tenir mon enffant, et enfant de l'Esglise, et serés cause et commencement qu'il ly ara d'autres enffans qui conquerront apprès plus grant chose. Car ainssi que i'entens le pais de terre ferme n'est pas loing d'y là ; le pais de Guynee, et le pais de Barbarie ne sont pas à plus de xij leues. Encore me rescrip le roy d'Espaigne que vous aués esté dedens led. pais de Guynée bien x lieues, et que vous aués tué et amené des sarazins d'icellui pais. Vous estes bien homme de quoi on doit tenir conte. Et veulx que vous ne soiés pas mis en oubli, et que vous soiés mis en escript auec les autres roys, en leur dialogue [1]. Et se que vous me demandez que vous ayez vng prelat et esuesque en [ce]

---

[1] Catalogue. — Sur la demande de M. de Lépinois, que la mort vient d'enlever aux lettres, M. Lecoy de la Marche a bien voulu s'enquérir, aux archives du Vatican, du *Catalogue des rois* mentionné par les chapelains de Bethencourt. Au moment où M. Lecoy de la Marche était à Rome, les archives du Vatican étaient plus inabordables que jamais par suite de la mort récente du successeur du P. Theiner. Mais M. de Rossi, qui connaît ces archives, a dit à M. de la Marche que le prétendu *Catalogue des rois* n'existait pas. « Quant à la lettre du roi Henri de Castille au pape Innocent VII, » dit M. de la Marche, « il eût fallu faire, pour la trouver, une recherche dont le moyen manquait absolument ». (*Lettre de M. Lecoy de la Marche à M. de Lépinois, du 14 mai 1873*).

Cette relation officielle de la conquête des Canaries serait du plus grand intérêt. Les hommes d'étude et ceux qui s'intéressent aux gloires normandes regretteront le contre-temps qui nous prive du plaisir de la publier, tout au moins de la comparer avec celle des chapelains.

pais, vostre raison et voulenté est honneste, et cellui que vous voulez qu'il le soit, puis qu'il est home suffisant à l'office, ie le vous octroie ». Monsgʳ de Bethencourt le mercia humblement, et fut fort ioyeulx qu'il faisoit si bien ces besognez. Le pappe arresonna ledit seigneur de plusieurs choses, coment son courage lui mouuoit d'aler si loing come du pais de France. Led. seigneur luy respondoit tellement que le pappe estoit si content, que tant plus il [l'] ouet et plus ayse estoit. Le pappe le fit receullir honnestement en son hostel, et luy eslargit de ses biens. Et quant il eut esté environ xv iours à Romme, il voulut prendre congé du pappe ; les bulles furent faittes ainssi que [il] faloit que [elles] fussent. Et fut mestre Albert des Maisons esuesque de toutes les isles de Canare. Ledit seigneur print congé du pappe, lequel luy donna sa benysson, et luy dist qu'il n'espargnast point chose qui luy peut faire plaisir, et qu'il le feroit voulentiers.

CHAPITRE XCII [1].

Come monsgʳ de Bethencourt print congé du pappe.

Quant monsgʳ de Bethencourt eut prins congé du pappe, il print son chemin à s'en retourner en son pais, iasoit qu'il ne sauoit que faire de retourner en Espaigne auesques son esuesque. Mais il s'en re-

---

[1] Chap. LXXXV du ms. de la Bibliothèque nationale.

tourna en France et en Normendie à son hostel. Son esuesque print congé de lui à Romme, et le dit seigneur rescript au roy d'Espaigne. Et si manda au maistre de la nef qu'il auoit amené de Canare en Syuille, que le plus tost qu'il pourroit trouuer sa charge qu'il amenast son nauire à Herfleu. Et le nauire estoit desia party; on ne peult oncquez sauoir [ce] qu'il deuint, fors que on dit audit seigneur qu'il estoit aduis à aucuns qu'il c'estoit noyé en la mer enprès la Rochelle, et qu'il estoit chargé, et qu'il venoit pardessa : ainssi fut son nauire perdu ; onques on ne [en] ouyt parler plus auant, et fut la barge perdue. Or est venu le esuesque en Espaigne deuers le roy, et lui apporte lettres de monsg^r de Bethencourt, desquelles il fut ioieulx qu'il auoit fait ces besognez. Aussi monsg^r de Bethencourt rescript par icellui esuesque à mess^e Maciot de Bethencourt, lequel se fit faire chlr depuis que monsg^r se partit. Or nous laisserons à parler de monsg^r de Bethencourt et parlerons dud. mess^e Maciot et de l'esuesque qui y est arriué ès isles de Canare.

CHAPITRE XCIII [1].

Come l'esuesque ariua en Canare, là où il fut recueilli ioyeusement.

Maistre Albert des Maisons [2] est arriué ès isles de Canare en l'isle de Fortauenture, là où il a trouué mess⁰ Maciot de Bethencourt, et lui a baillé les lettres que monsg' de Bethencourt lui envoie, desquelles [il] fut fort ioyeulx et tout le païs d'auoir prelat et esuesque au pays ; et tant que tout le peuple le scait, on lui fit fort grant chere, et plus encore pour ce qu'il entendoit le langage du païs. Icellui esuesque ordonna en l'esglise ce qu'il voulut et se qu'il estoit de faire, et se gouuerna si bien et si gracieusement, et si debonayrement, que il eut la grace du peuple, et fut cause de bien grans biens au païs. Il preschoit bien fort souvent, puis en vne isle, puis en vne autre, et n'y auoit point d'orgeul en lui. Et à chacun preschement il faisoit faire priere pour leur roy monsg' de Bethencourt, leur souuerain seigneur, qui estoit la cause de leur vie, c'est à dire la vie eternelle de la saluacion de leurs ames. Aussi au prone de l'esglise tousiours on prioit pour led. seigneur qui les auoit fait crestiens. Ledit esuesque se gouuerna sy bien que nul ne le saroit reprendre [3].

---

[1] Chap. LXXXVI du ms. de la Bibliothèque nationale.

[2] Albert ou Alvaro Casaus ou de las Casas était frère de Guillaume, époux d'Inès de Béthencourt.

[3] Il mourut en 1410. Il avait beaucoup aidé Maciot par ses conseils.

CHAPITRE XCIV.

Des bonnes qualitez et vertus de Maciot de Bethencourt, et du progrés de la foy és isles Canaries. [1]

Quant au regart de mess[e] Macyot, il ne faut point dire qu'il est tout bon; il n'y a ne roy ne prinsse, ne grant, ne petit qui ne dise de grans biens de lui; il ce fait amer à grans et à petis, et principallement à ceulx du pais, et ceulx du pais commencent fort à labourer, planter et ediffier. Ils prennent vng tres-bel commencement : Dieu par sa grace les veille entretenir, qu'ilz puissent faire le prouffit de leurs ames et de leurs corps. Led. mess[e] Massiot fait fort besongner és eglises, dont l'esuesque est mout ioyeulx : il n'y a ne grant ne petit qui ne fasse de tout son pouer bien à l'esglise [2]. Ce n'est pas les Canariens du pais qu'ilz n'en fassent leur deuoir; ils apportent pierres, ils besongnent, et aydent de se qu'ilz sceuent faire, et ont vng grant et bon vouloir, ainssi que l'en peult apperceuoir. Aussi ceulx que monsg[r] y mena dernierement, ils sont bien ayses, et ne voudroient pour rien estre autre part, car ils ne paient nulles sussites [3], ne autres

---

[1] Dans le manuscrit, ce chapitre n'a pas de sommaire. Le commencement en est indiqué par une grande capitale rouge. Nous avons pris le sommaire de l'édition de Bergeron. Le manuscrit 18,629 l'indique comme devant être une continuation du chapitre précédent.

[2] Maciot fit construire Saint-Martial de Rubicon et Sainte-Marie de Béthencourie.

[3] Subsides.

choses, et viuent en vng grant amour enssemble. Nous laisserons à parler de ceste matiere, et parlerons de monsg' de Bethencourt, qui est en chemin de retourner de Rome en son païs en Normendie.

CHAPITRE XCV.[1]

Come led. sg' [de Bethencourt] est arriué à Fleurance.

Monsg' de Bethencourt a tant cheuauché qu'il est arriué à Fleurence, et là a trouué aucuns marchans qui auoient autre fois ouy parler de lui et de ces fais. Quant il vint à la ville de Fleurance, aucuns demanderent quelz sg' s'estoit : il y eut aucuns de ces gens qui dirent que c'estoit le roy de Canare. Il estoit tantost tout comun qu'il estoit arriué vng roy à la ville que on appelloit le *Roy de Canare*, et qu'il estoit logé à la seigne du Cherf, en la grant rue ; et tant que les nouuelles vindrent à l'ostel de la ville. Il y eust vng marchant qui autres fois [auoit] veu monsg' de Bethencourt en Siuille, et auoit bien autrefois ouy parler des ylles de Canare, et que led. sg' de Bethencourt les auoit conquises, et le contoit ycelluy marchant au maire de la ville, qui là estoit en l'ostel de la ville. Et tantost ils enuoierent au logis pour savoir si c'estoit monsg' de Bethencourt, et trouuerent que c'estoit il. Et quant le mere le sceut, on luy enuoia vng bien honneste

[1] Chap. LXXXVII du ms. 18,629.

present de par le mere et seigneurs de la ville; il y
auoit vin et vyande bien honneste, et le vint presenter
ycellui marchant qui le congnoissoit, lequel fit demourer led. sgʳ en la ville de Flourence, et le festoia
si honnestement que on ne vous le saroit dire, et def-
frea led. seigneur de toutes choses. Pour quelque
chose que led. seigneur vousist ou non, il falut que
ainssi fut fait. Aussi c'estoit vng fort riche marchant.
Led. marchant auoit diné auesque lui en son logis en
Siuille, et auo[ie]nt priuette ensemble; et par aucunes
parolles que led. marchant luy dist, monsgʳ de Bethencourt le congnut. Le quatriesme iour que[il] fut en
ycelle ville, il se partit, et le conuoia ycellui marchant
plus de deulx lieues. Et s'en vint led. seigneur, et
cheuaucha tant qu'il arryua à Paris, là où il trouua de
la congnoissance assés, et fut huit iours dedens Paris
pour se rafreschir. Et après les huit iours, il s'en vint
à Bethencourt,[1] et là il trouua madame de Bethencourt, et vescut vng espasse de temps. Il ne fault point
demander la chere que on luy fit. Tous seigneurs et
gentilz homes le venoient voir, et aussi les parens de
ceulx qu'il auoit amené ès ysles de Canare, qui venoient: « Come le fait mon frere? — Come le fait
mon nepueu? mon cousin? » Il venoit gens de toutes
pars. Et quant ledit seigneur eusté[2] vng pou de
temps à Bethencourt, il s'en ala à son hostel de Grainuille la Tainturiere en Caulx, et se loga en son chas-

[1] Le 19 avril 1406.
[2] Eust esté.

tiau. Il ne fault pas demander se on lui fit grant chere, c'il y estoit venu à l'autre fois des gens de bien, il en vint encore plus, vous n'eussiez veu que gens et presens venir et apportés. Et se tint led. seigneur aud. lieu de Grainuille bien fort longuement, et fit venir madame de Bethencourt à Grainuille. Et dedens vne espasse de temps mess° Regnault de Bethencourt reuint de l'ostel du duc Iehan de Bourgongne, icellui qui fut tué à Monteriau faut Yonne [1]. Icellui Regnault, estoit son grant mestre d'ostel pour l'eure, et vint voir sa famme qui estoit à Rounray, laquelle se nommoit dame Marie de Bryauté. Et quant il sceut que monsg^r son frere estoit venu, le plus tost qu'il peut il s'en ala vers lui, et firent grant chere l'un à l'autre, et aussi deuoient ils bien faire, car ils n'estoient que eulx deulx de pere et de mere, issus de mess° Iehan de Bethencourt et [de] dame Marie de Braquemont, et n'auoit monsg^r de Bethencourt, roy de Canare, nulz enffans, si estoit sa feme belle ioune dame, et il estoit ia fort encien. Elle estoit issue de ceulx de Fayel, d'entour Troyes en Champaigne. Il ne demoura guyere que le dit seigneur et Regnault de Bethencourt, son frere, grosse noise ensemble et pour vng nyent, laquelle noyse fit biaucoup de mal à madame de Bethencourt et audit mess° Regnault dit Morellet.

[1] En 1419.

CHAPITRE XCVI.

Des noises qu'il y eut entre monsieur de Bethencourt et messire Regnault son frère. [1]

Avint que à Grainuille la Tainturiere led. Regnault estoit venu veoir son frere, monsg^r de Bethencourt, et fesoient grant chere et ioyeuse. Et madame de Bethencourt, qui estoit ioyne et ioyeuse dame, se iouet à monsg^r de Bethencourt et à mess^e Regnault son frere; auint que elle dit à monsg^r de Bethencourt son mary : « Si eut esté vne chose plus licite et plus propre que ie eusse eu en mariage mess^e Morelet, vostre frere, et vous eussiés eu ma seur, sa femme, car elle est biaucoup plus vieille que ie ne suis et mons^r vostre frere est plus ioune que vous ». Et icelle parolle qu'elle dit, elle ne le disoit que en ioyeuseté. Mais monsg^r de Bethencourt ne le print pas [ainssi]. Et pour ycelle parrolle en auint de bien grans maulx; car tout premierement elle ne fut à l'amour de son mary, et elle s'[en] aparceut bien tost, et aussi fit mess^e Regnault son frere, lequel il falut qu'il s'en allast hors de son hostel et ne vouloit monsg^r de Bethencourt iamès veoir son frere pour ycelles parrolles dont il n'en pouet mès. Il ne luy auoit pas fait dire. Il estoit tout

---

[1] Ce chapitre, omis par Bergeron, et non mentionné dans le ms 18,629, n'a point de sommaire dans le manuscrit de madame de Mont-Ruffet. Nous reproduisons celui donné par M. Major. — (V. la note 1 de la page 42.)

esbahy. Et s'il estoit bien esbahy encore l'estoit plus lad. dame de Bethencourt. Aussi c'estoit vne bien terrible chose à vng home de se coursser si terriblement pour vne ytelle parolle qu'il ne se faisoit que par ioyeuseté. Led. seigneur entra en vne si grant ialouzie de son propre frere de pere et de mere, que toutez les plus belles robbes de lad. dame, dont il y en auoit de dras de soye de plusieurs sortes et de bien riches, il brula au feu tout deuant elle. Vous poués bien pensser qu'il lui deu bien faire mal non par tant pour les robbes seullement mès pour la maniere de faire dud. seigneur. Led. sg^r la fit mener à Bethencourt et là il la mist en vne prison tout amurée et la fesoit passer de boire et menger. Elle eust biaucoup de mal sans l'auoir desseruy, car c'estoit une dame de fort bonne renommée. Led. sg^r n'auoit nulle cause de lui faire si grant tort. Quant au regart de mess^e Morellet, frere dud. seigneur, il n'eut osé vertir autour [de] monsg^r son frere. Vne iournée aduint que madame de Bethencourt enuoia querir mess^e Morellet, lequel vint vers elle à Bethencourt et là la trouua amurée et en prison, dont il fut tout esbahy. Et elle lui a dit : « A ! mon frere, ie seuffre biaucoup de mal et de destresse à cause de vous, dont vous ne moy n'en pouons mès. Ie vous prie mettés y remede ». — « Ma seur », se dist il, « mon frere m'a mandé que iamès ie n'amanderé de chose qu'il ait et qu'il vendra tout pour despit de moy. S'il le fait, il fera mal, car ie ne lui ay pas desseruy. Ie suis tout esbahy de se qu'il a bouté vng ytelle fantazie en sa teste. C'est l'anemy d'enffer qui est marry des biens qu'il a fait. Il est cause d'auoir sauué maintez ames et l'anemy d'enffer en est courssé et mest paine d'auoir la sienne, car si ne se modere et il meurt en se point, il mest son ame en grant danger ». — « Mon frere, » se dit madame, « ie vous prie metés paine de moy mestre hors d'icy et parlés à lui se vous poués ». — « Ma seur », se dit messire Regnault, « ie le feray. Il me menasse, mais ie n'ay pas pour de lui ». Il aduint que vne fois monsg^r de Bethencourt venoit de Grainuille à Bethencourt et mess^e Regnault partoit de Bethencourt et s'en aloit cuidant encontrer monsg^r de Bethencourt, son frere, et aussi fit il. Ilz s'entrencontrerent en vng lieu que on appelle le val de Bethencourt, dedens les bois de Bethencourt, et passerent rès l'un de l'autre. Et quant monsg^r de Bethencourt vint bien près de son frere, led. sg^r de Bethencourt ouurit à deulx mains sa pourtrine et dit à son frere : « Tieng, mon frere, frappe là », et non autre chose lui dist. Il faut bien dire que led. sg^r estoit fort troublé en son esperit quant il dit icelle parolle. Son dit frere passa oultre sans lui mot dire, car il ne seut parler. Il ne faut pas demander se tous deulx estoient bien troublés. Toutes fois led. Regnault de Bethencourt trouua maniere de faire la paix de lui et de madame de Bethencourt, mais se ne fut pas que led. Regnault n'y eut grant dommage, car led. seigneur de Bethencourt engaga et vendit plusieurs de ces terres tant que ledit Regnault de Bethencourt en fut presque tout desherité, et n'amenda de guiere de chose de son frere aysné lequel Regnaut estoit et deuoit estre son propre heritier, car il mourust sans nuls hoiers de son corps. Les noises furent appaisées, car il n'y auoit nulle rayson. Or vescut ledit seigneur de Bethencourt, conquereur des ysles de Canare, vne espasse de temps. Il eut des nouuelles desd. isles [1], et s'atendoient qu'il y retourneroit de bref : mais onquez puis n'y retourna [2]. Il eut des nouuelles que ses deulx bargez estoient perdues en la mer, qui apportoient marchandises et nouuyautez du pais. Il eut eu des nouuelles plus tost qu'il n'a eus de mess° Maciot, se n'eut esté l'auenture desd. barges qui ont esté perdues.

---

[1] En 1406 ou 1407 (Note de Bergeron).

[2] Il retourna cependant en Espagne. « Un acte daté de Valladolid, le 25 juin 1412, nous le montre de nouveau à la cour de Castille, accomplissant la formalité de l'hommage envers le roi Jean II, son suzerain, en présence de la reine-mère, Catherine de Lancastre, régente, et, entre autres témoins, de son parent, Robert de Braquemont ». (M. D'AVEZAC, *les Iles de l'Afrique*, II° part., p. 161.)

CHAPITRE XCVII.[1]

De la maladie, derniers propos et mort (de monsieur de Bethencourt, conquereur des ysles de Canare).

Vng iour aduint qu'il fut malade en son chastiau de Grainuille, et voiet bien qu'il se mouroit. Il enuoia querir plusieurs de ces amis, et especialement son frere, qui estoit son plus prochain et son heritier, et auoit intencion de luy dire biaucoup de choses. Madame de Bethencourt estoit ià piessa trespassée. Il demandoit par plusieurs fois où estoit son frere, [que] il ne venoit point. Quant il vit qu'il ne venoit point, il dit en la presence de ceulx qui y estoient que c'estoit la chose qui plus lui touchoit sa concience que le tort et desplaisir qu'il auoit fait à son frere, et qu'il sauoit bien qu'il ne l'auoit point deseruy. « Ie voy bien que ie ne le verré iamès plus ; mais ie vous charge que vous lui dissiez qu'il voyse à Paris chez vng nommé Iourdain Guerart, et qu'il luy demande vng coffret de lettres que ie luy ay baillé, en ces enseignes qu'il y a dessus escrit : *Ce sont les lettres de Grainuille et de Bethencourt* [2] ». Tantost apprès ces parrolles, il ne fut gueres qu'il ne rendist l'amme. Sond. frere vint ainssi qu'il se mouroit, et ne pouet ià plus parler. Il ne fault point doubter qu'il a eu aussi belle fin que on

---

[1] Ce chapitre, non mentionné par le ms. 18629, devait terminer le chap. xcv. Il n'a point de sommaire dans le ms original. Nous reproduisons celui donné par M. Major.

[2] La famille ignore ce qu'est devenu ce précieux coffret.

saroit dire. Il fit son testament et eut tous ces sacremens. Mess' Iehan le Verrier, son chappellain, qu'il auoit mené et ramené des isles de Canare, escript son testament, et fut à son trespas tout du lonc. Ledit sg' mourut saisi et seigneur de Bethencourt et de Grainuille la Tainturiere, de Saint Sares Soubz le Neuf Chastel, de Lincourt, de Riuille, de Grant Quesnay et Huqueleu, de deulx fiefs qui sont à Gourel en Caux, et baron de Saint Martin le Gaillart, en la conté d'Eu. Il est trespassé et alé de ce ciecle en l'autre; Dieu lui veulle pardoner ses meffaits! Il est enterré à Grainuille la Tainturiere, dedens l'esglise de lad. ville, tout deuant le grant autel. Et trespassa l'an mil cccc xxii.

CEST LIVRE EST A IEHAN DE BETHENCOURT, ESCUIER, SEIGNEUR DE BETHENCOURT[1]

---

[1] Cet explicit qui termine la relation est en rouge et de même écriture que le sommaire des chapitres.

APPENDICE.

I

De Messire Regnauld de Bethencourt, chevalier, regnant en l'an mil IIe IIII^{xx} II, sieur de Bethencourt, est sorty messire Jean de Bethencourt, chevalier, qui fut marié à Madame Isabeau de Saint Martin, dame de Saint Martin le Gaillard, au comté d'Eu.

Duquel mariage est yssu ung filz, nommé Jan, qui demoura soubz la garde noble de la Royne d'Angleterre, et si sont yssus dudit mariage avec ledit Jean plusieurs filles, entre lesquelles fut Janne de Bethencourt, mariée à messire Pierre de Neufville, chevalier, dont elle fut veufve et depuis remariée à messire Eustace d'Erneville, chevalier, sieur du lieu.

De ladicte Jeanne et de son mariage est yssue une fille nommée Philippote d'Erneville, mariée à Phillebert Le Peley, escuier, sieur de Maurepas, dont sont yssues deux filles, l'une nommée Janne et l'autre Denyse, ladite Denyse qui fut mariée à Jean de Bourtanviller, escuier,

Et pour le regard des seurs de ladicte Janne, y a eu une mariée au pais d'Auge dont est sortie madamoiselle d'Espreville et les gentilz hommes surnommez Vipart et autres surnommez Mailloc, la damoiselle femme de Philippes de Beauvais, sieur des Angles, près Buchy, fille de mons^r de

Chaumont, prez Orbec, laquelle est parente de ceulx de Bethencourt, le s⁽ʳ⁾ de Lagone et en ce mesme degrez Madame de Chauvincourt, à cause d'une d'icelles filles.

Ledit Jan, soubzage, de son jeune aage, espousa damoiselle Marie de Braquemont, fille de messire Regnauld de Braquemont, sieur de Travessain en Caux, et fut ledit Jean inhumé en l'église de Sigy comme aprez ledit Messire Regnauld premier nommé.

De ce mariage sont sortis deux filz seullement, l'un fut messire Jean de Bethencourt, chevalier, et l'aultre messire Regnauld de Bethencourt dict Morellet, aussy chevalier, lequel messire Jean conquist les isles de Canarye, soubz l'obeissance du Roy d'Espaigne, et les meist à la foy chrestienne; fut ledit messire Jan marié à Madame Jeane du Fayel, dont il n'eust aucuns enfans, duquel fut heritier ledict messire Regnauld lequel en premieres nopces espousa dame Marie de Breauté, dame de Rouvray, dont ne sont yssus aucuns enfans, et depuis maryé à madame Philippotte de Troye, natifve de Paris, estant veufve.

Ladicte Philippote avoit de son premier mariage troys filles aians esté mariées aux Angloys dont sont venuz les gentilz hommes surnommez Gallet; en est aussi venu la mere de Guillaume de Houdetot et de Verger en Caux, aussi mere de la femme de Nicolas Le Hideux, escuier, s⁽ʳ⁾ de Sommery en Bray, et ung autre gentilhomme surnommé de Rustan, aiant esté maistre d'hostel de mons⁽ʳ⁾ le grand seneschal de Normandie, et autres gentilzhommes du pays de Flandres surnommez Preudhomme et Le Rat.

Du mariage de messire Regnauld et de ladicte de Troye est yssu ung seul filz nommé Jan, qui fu premierement maryé à damoiselle Marye de Bethencourt, fille de Collard de Bethencourt, s⁽ʳ⁾ de Saint Morys, dont il n'eust aucuns enfans et depuis espousa damoiselle Jeanne de Nojon, fille de messire Crespin de Nojon, chevalier, sʳ de Cahengnes au Veulxin, duquel mariage sont yssus quatre filz et deux filles, l'aisné fut Lize de Bethencourt, qui fut sʳ du lieu ; le secoud, nommé Jacques, qui fut docteur en medecine ; et le troisieme, nommé Jean, s'adonna au faict de la maire et traffic de marchandise ; et le ɪɪɪɪᵉ, nommé Anthoine, fut d'église. L'une des filles fut mariée au sʳ de Belleville, gentilhomme verrier, et l'aultre mariée au sieur de Gaucourt, surnommé Passart.

(Copie prise sur une pièce en parchemin en écriture du XVIᵉ siècle appartenant à M. Mario de la Quesnerie).

II

Acte constatant que la seigneurie de Grainville la Teinturière était venue à la famille de Bethencourt par le mariage de Jean de Bethencourt avec Nicole de Grainville. Renonciation par ladite Nicole à ses prétentions au patronage de l'église de Grainville la Teinturière. 1337.

Venerabilibus viris et discretis vicariis reverendi in Christo patris ac domini P., Dei gratia, Rothomagensis archiepiscopi, in spiritualibus et temporalibus generalibus seu eorum alteri Johannes Gale, baillivus Caletensis, salutem cum reverencia et honore. Cum, vacante parrochiali ecclesia Beate Marie de Graynvilla-Tincturaria per obitum magistri Thome de Castellione, novissime rectoris dicte ecclesie, nobilis mulier domina Nicolaa de Graynvilla, relicta domini Johannis de Betencuria, quondam militis, defuncti, juri patronatus dicte ecclesie se opposuisset, asserendo jus patronatus predictum ad eam spectare et pertinere debere, religiosis viris abbate et conventu monasterii Sancti-Wandregisilli in contrarium dicentibus et asserentibus videlicet ad ipsos dictum jus patronatus spectare et pertinere debere, eosque fuisse et esse in possessione et saisina dicti juris patronatus a tanto tempore a quo de contrario hominum memoria non existit et ex bonis titulis, privilegiis, donis, tam ab antecessoribus dicte domine quam aliis, et confirmacionibus principis, et super hoc ipsi religiosi dictam dominam fecissent adjornari coram nobis pro dimittendo dictam opposicionem suam seu eam persequendo, prout esset rationis, et hoc facto, dicta domina dictos religiosos requisivisset ut eidem domine litteras suas, privilegia et dona ac titulos hujusmodi exhiberent, per eam et ejus consilium inspicienda, fuissentque ex parte dictorum religiosorum dicte domine littere, privilegia, tituli et dona predicta exhibita in presencia plurium amicorum ejus et consiliariorum, et super hiis habuissent bonam et magnam deliberacionem, prout hec coram nobis ipsa recognovit et confessa fuit, tandem dicta domina, pro se et heredibus suis, presente *Johanne de Betencuria, primogenito filio suo*, premissa confitente et in hoc consenciente, dicte opposicioni renunciavit penitus et expresse, confitens dictis religiosis jus suum, proprietatem, possessionem et saisinam fuisse et esse in jure patronatus dicte ecclesie predicto, absque eo quod amodo dicta domina aut alii causam habentes ab ipsa vel habituri possent super hoc de cetero in aliquo contraire. Inde est quod vobis, ex parte domini Ducis, significamus quatinus presentatum dictorum religiosorum ad dictam ecclesiam liberaliter admittatis, oppositione dicte domine non obstante. Datum sub sigillo baillivri Caletensis, anno Domini millesimo trecentesimo tricesimo septimo, die jovis post festum sancti Nicolai estivalis.

(Sceau).

Original, aux arch. de la Seine-Inf. F. de S.-Wandrille.
(Communication de M. Ch. de Beaurepaire.)

III

Bail fait de la seigneurie de Grainville la Teinturiere par Jean de Bethencourt à Mathieu de Braquemont, Samedi avant Paques fleuries 1362.

Noble homme Monseigneur Johan de Betencourt, chevalier, baille à ferme à Mahieu de Braquemont, jusques à III. ans de Quasimodo prochain venant, tout ce qu'il a en la parroisse de Grainville-la-Teinturiere, en quel lieu que ce soit, soit en manoir, en terres, en rentes, en moulins, comme en toutes autres choses, excepté les bois, pour II^c florins d'or à l'escu de Johan de ferme chascun an. . . . et paiera ledit preneur les forestiers qui garderont les bois dudit chevalier en ladicte parroisse, et si gardera le manoir et maintendra de toutes choses qui yffaudront bien et deuement, et gardera sans son corps bailler à Regnaud de Betencourt.

Tabellionage de Rouen, Reg 1, 81, v^o.
(Communication de M. Ch. de Beaurepaire.)

IV

Avancement d'hoirie fait à titre onéreux par Aude de Saint-Martin à Jean de Bethencourt et à Jeanne de Saint-Martin, dame de Houdetot. 21 octobre 1363.

Noble dame Madame Aude de Saint-Martin, déguerpie de feu Monseigneur Yon de Garenchieres, jadis chevalier, laquelle congnut noble homme Monseigneur Johan de Betencourt, chevalier, seigneur de Grainville-la-Teinturière, et noble dame Madame Johanne de Saint-Martin, dame de Houdetot, estre ses drois hoirs naturieux et vrais heritiers de toute sa terre que elle a à present et peut avoir et qui lui peut et doit appartenir, tant à cause de l'esquéanche de la baronnerie, terre et chastel, rentes et revenues de Saint-Martin-le-Gaillard que de toutes autres terres, rentes et revenues quelconques..... et dès maintenant ladicte dame voult et accorda que ledit sieur de Betencourt et ladicte dame de Houdetot praignent la saisine d'iceulx heritages et rentes et entrent en la foy et hommage des seigneurs, c'est assavoir pour II^c livres tournois de rente rendues chascun an à ladicte dame Aude, tant comme elle vivra tant seulement et dont ledit chevalier poiera la moitié et ladicte dame de Houdetot l'autre,..... et par ce que ledit chevalier et dame de Houdetot seront tenus rendre et poier au trepassement de ladicte dame Aude C. l. t. dont chascun poiera la moitié, dont elle pourra faire sa volonté.

Tabellionage de Rouen, registre 2, f° 46.
(Communication de M. Ch. de Beaurepaire.)

VI

Fieffe faite par Marie de Braquemont, dame de Grainville, veuve de Jean de Bethencourt, d'une piece de terre sise à Grainville-la-Teinturiere. 1375.

A tous ceulx qui ces lettrez verront et orront le vicomte de Longueville, garde du seel as obligacions de la comté dudit lieu, salut. Sachiés que, par devant Jehan Le Franches, clerc à ce commis pour Guillaume Beaucousin, clerc tabellion juré des lettres de baillie en ladicte viconté eu siége de Grainville, si comme il nous a raporté par son serement, auquel nous adjouxtons foy, fu presente noble dame madame Marie de Braquemont, dame de Bethencourt et de Grainville, déguerpie de feu monsr Jehan de Bethencourt, jadis chevalier, à present femme de Roger Suhart, escuier, seigneur de Moneffreville, laquelle dame, tant pour elle que comme procuratrice de son dit mary et au profit de *Johan de Bethencourt*, son filx et son hoir, reconnut avoir baillé, fieffé à fin de heritage perpetuel et du tout en tout delessié à Guillaume de Vaux une piece de terre en masure vuide assise en la parroisse de Grainville. ...Ce fu fait l'an de grace mil trois cens soixante quinze, le vendredi neufyesme jour de novembre.

Signé : Biaucousin ,   Franchès.

(*Collection de M. C. Lormier.*)

V

Jehan de Bethencourt donne en franc mariage à sa sœur Jehanne, dame de Neuville, une rente de 50 l. t. 1362. — Jehan, fils du précédent, reconnaît cette rente au profit de la fille de sa tante. 1380.

A tous ceuls qui ces lettres verront, Symon Morhier, chevalier, seigneur de Villiers, conseiller du Roy notre sire, et garde de la prevosté de Paris, salut. Savoir faisons que nous, l'an de grace mil cccc et trente, le lundi xiiie jour de novembre, veismes et leusmes mot à mot deux lettres seellées, c'est assavoir la premiere d'icelles, comme il apparoit, du seel des obligacions de la chastellerie [de la Ferté] en Bray, soubz Madame Blanche, lors royne de France, et les secondes d'icelles lettres qui estoient et sont annexées parmy les precedentes seellées, comme il apparoit, du seel des obligacions de la chastellerie de Gisors, contenans ces formes et teneurs. A tous ceulx qui ces lettres verront et orront, Nicolas Petefroy, garde du seel de l'escriptoire de l'obligacion de la chastellerie de la Ferté en Bray soubz Madame Blanche, royne de France, salut. Comme jà piecà pour le temps que noble homme et puissant Monsr Pierre de Neuville, chevalier, estoit en vie, au traictié du mariage faisant entre icellui messire Pierre d'une part et damoiselle Jehanne de Bethencourt, fille de feu Monsr Jehan de Betencourt, d'autre, Mons. Jehan de Bethencourt, chevalier, frere de la dicte damoiselle, eust donné à la dicte sa seur en franc mariage, pour elle et pour ses hoirs, cinquante livres tournois de rente à estre pris, cueillis et receus par chacun an sur toute la terre de Betencourt, feust en rentes, en deniers secz, en oyseaulx, en bois, en terres à camp, en moulins et autrement et les promist à faire valoir bien et loyaument en toute sa terre de Betencourt ou cas que il ne suffiroit, saichent tous que, en l'an de grace mil ccc. LXII, le mardi prochain après Noel, par devant nous fu present ledit Monsr de Bethencourt, lequel promist et enconvenança fermement et loyaument et par la foy de son corps à faire enteriner et acomplir bien et loyauement les dictes cinquante livres de terre ou cas que il ne pourroit monstrer et enseigner par lettres seellées dudit messire Pierre de Neuville ou par chevaliers, escuiers et gens dignes de foy que pour ladicte assiette l'eust quictié et à ce faire et parfaire se obliga en biens meubles et heritages, promectant à paier coustz, frées, mises et despens que l'en auroit eu en deffault des choses dessus dictes non estre acomplies, dont le porteur de ces lettres seroit creu par son simple serement sans autre preuve faire ne sans autre taux ou moderacion de justice actendre, et fu present ad ce noble homme et puissant messire Eustace de Neuville, chevalier, lequel quant à present a espousé ladicte Jehanne, et promist par sa foy que, ou cas où ledit sire de Betencourt pourroit monstrer et enseigner deuement les choses dessus dictes estre vrayes à icelles se accorda sans jamais aler encontre. En tesmoing de ce, sauf tous drois, nous avons mis à ces lettres le seel des dictes obligacions, qui furent faictes en l'an et jour dessus dis. Ainsi signé N. Pef. Au dessoubz duquel signet estoit escript ce qui s'ensuit, en la marge basse desdictes premieres lettres : Je Jehan, seigneur de Betencourt, ay veu et examiné le dessus escript et sur cheu, consideré tout, je vueil et acorde que des cinquante livres dessus dictes damoiselle Pilippote de Neuville, à present femme de Philebert de Maurepast et heritiere de cheu joisse tout en la forme que les lettres le contiennent. En tesmoing de cheu j'ai seellé de mon seel et signé de ma main ceste presente l'an ccc. IIII^{xx}, le xe de juing. Ainsi signé : Betencourt....

(Collection de M. C. Lormier.)

Nous nous abstenons de reproduire le second acte comme ne présentant aucun intérêt pour l'histoire de Bethencourt.

VII

Regnault et Jehan de Bethencourt vendent à Baudouin Eude la terre de Gourrel. 1381.

A tous ceulx qui ces lettres verront ou orront, Jehan Blancbaston, recepveur et garde du seel des obligacions de la ville de Dieppe, salut. Comme au jour d'uy Monseigneur Jehan de Bethencourt, chevalier, seigneur dudit lieu et de Grainville, se soit obligié en la compaignie de Monseigneur Regnault de Bethencourt, son frere, et semblablement chevalier, envers Baudouin Eude, escuier et bourgois de ladicte ville de Dieppe, de garantir audit Baudouin la terre. fleu et seigneurie de Gourrel vendue par icellui Monseigneur Regnault audit Baudouin par quarante livres tournois de rente à heritage par chascun an pour toutes rentes et icelle terre en doit cinquante six et aussi se soit semblablement obligié en la compagnie dudit monseigneur Regnault audit Baudouin que, se aucun se clame dudit Baudouin pour avoir icellui marchié de la dicte vendue terre, fleu et seigneurie de Gourrel, à quelque tiltre que ce soit, et il ne rende, paye et baille audit Baudouin toute et telle somme d'argent ou d'or par lui baillié d'icelle terre fieu et seigneurie de Gourrel, que icellui Mons. Jehan de Bethencourt luy rendroit, payeroit et bailleroit le surplus de ce qui se deffauldroit que le clamant ne bailleroit audit Baudouin, et mesmement se fust icelui Mons. Jehan de Bethencourt obligié audit Baudouin de luy garantir la dicte terre, fieu et seigneurie par les dictes quarante livres de rente pour toutes rentes et charges qui, comme dit est, en doit cinquante solz et que la vendue d'icelle terre faicte par icellui Mons. Regnault estoit et est sceure et la povoit faire, comme toutes ces choses puevent plus epplain apparoir par les lettres de la vendue sur ce faictez et passées; Savoir faisons que par devant Pierre Galopin, clerc tabellion juré des lectres obligatoires dudit lieu, si comme il nous a tesmoigné, fu present en sa personne ledit monseigneur Regnault de Bethencourt dit Morelet, frere dudit Monsr Jehan Bethencourt, lequel voult, consenti et acorda que ledit Monsr de Bethencourt ait, cuelle et lieve par chacun an sur ladicte terre, fieu et seigneurie de Gourrel, laquelle lui est demourée, sa vie durant, la somme de cinquante six livres tournois de rente, que ilz disoient que la dicte terre devoit, et icelle somme paye, baille et delivre aux personnes à qui ils sont deues, et de ce prengne quictance et descharge, et d'icelle face apparoir de deux ans en deux ans audit Baudouin, ainsy que tenus y sont; et aussi se soubmist et obliga ledit mons. Regnault audit mons. Jehan son frere que, se aucun se clame de luy pour avoir ladicte terre, à quelque tiltre que ce soit, que il ne traitera, appointera ne delessera ledit marchié en aucune maniere que ce soit, en l'absence dudit mons. Jehan, affin que de l'argent que payeroit et bailleroit celuy qui de luy se clameroit lui payast et rendist audit Baudouin la somme d'or ou d'argent par lui baillié audit mons. Regnault de

ladicte terre, ainsy que tenus et obligiés y sont, et generalment ledit mons. Regnault de Bethencourt se submist et obliga delivrer et desdommager ledit mons. Jehan de Bethencourt, et son frere, de tous les dépens, dommages et interés que icellui mons. Jehan pourroit avoir et soustenir pour le temps advenir à cause et pour raison de ce que ledit mons. Jehan s'est aujourd'uy obligié audit Baudouin tant à la garantie de la dicte terre en la maniere que dit est que de rendre ledit argent en cas dessus dit que de toutes autres choses quelconques generalment en quoy icelluy mons. Jehan de Bethencourt pourroit encourir comme plege; et pour tout ce que dessus est dit et devisé tenir, garder, enterigner et fermement accomplir de point en point sans aucun deffault et sans jamais aller ou venir ne faire aller ou venir à l'encontre en aucune maniere, ledit mons. Regnault de Bethencourt en obliga tous ses biens et ceuls de ses hoirs, meubles et heritages presens et avenir pour prendre... et despendre par toutes justices, soubz quelle juridicion qu'ilz soient ou pourroient estre trouvez, et pour rendre et payer tous coustz, frais et dommages et interestz qui, par deffault de ce que dit est non estre tenu, seroient faiz ou soubstenus, dont le porteur de ces lettres sera creu par son serement sans autre preuve faire, et sy jura ledit mons. Regnault de Bethencourt aux sains euvangilles de Dieu que jamaiz contre la teneur de ces presentes ne yra, aler ne venir ne fera par luy ne par autre, en aucune maniere, maiz renoncha generalment à toutes choses par quoy aller ou venir y pourroit. En tesmoing de ce nous, à la relacion dudit tabellion, avons mis à ces lettres le seel des dictes obligacions. Ce fu fait l'an de grace mil cccc^e vingt et ung, le mardi dix neufiesme jour d'aoust. Signé GALOPIN. *(Collect. de M. C. Lormier.)*

VIII

Licencia fortificandi quandam domum nominatam Granville in Caleto Johanni de Bethancourt datam.

Charles par la grace de Dieu roy de France... savoir faisons à tous presens et avenir que comme nous avons donné et octroyé à nostre amé escuyer et panetier Jehan, seigneur de Bethancourt et de Granville, sur le fait de la fortiffication et emparement de sa maison d'icellui lieu de Granville noz lettres en las de soye et cire vert desqueles la teneur s'ensuit : Charles par la grace de Dieu roy de France, savoir faisons à tous presens et avenir à nous avoir esté donné à entendre par Jehan, seigneur de Bethancourt, escuyer et nostre panetier, disant que comme une certaine place assisse ou baillage de Caux nommée Granville la Tainturiere, qui jadiz fu forte et à ses predecesseurs, et laquele est de present venue en sa main, soit telement demolie et desemparée que il et ceulx qui sont ses hommes tenant de lui en fief et en arrierefief ne puent en icelle place seurement avoir retraict ou refuge pour eulx et leurs biens ja soit ce que pour pou de chose, consideré le lieu où la dicte place est assise, ycelle place seroit tantost fortiffiée ou très grant grief, prejudice et dommage de nostre dit panetier et de ses diz hommes, se par nous ne luy est sur ce nostre grace impartie, si comme il dit, en nous humblement requerant icelle, nous inclinans à sa supplication, consideré ce que dit est, actenduz aussi les bons et agreables services qu'il nous a faiz ou temps passé, fait chascun jour et esperons que encores face ou temps avenir tant en son dit office comme autrement, et afin qu'il et ses diz hommes aient mieulx et plus prez qu'ailleurs où retraire eulx et leurs biens, en cas de besongne, à nostre dit panetier avons ottroiez et ottroions de grace especial par ces presentes ladite place de Grainville la Tainturiere il puisse faire fortiffier et emparer à ses fraiz, missions et despens et icelle fortiffiée tenir, pour lui, ses hoirs et successeurs, comme forteresse, et aussi qu'il puisse faire contraindre par nostre bailli de Caux ou son lieutenant par toutes voies deues et raisonnables tous ceulx qui avoient acoustumé, au temps que ladite forteresse estoit en estat, et qu'ilz avoient ou poient avoir et qu'ilz pourront avoir, icelle mise en estat convenable, plus aise et promptement refuge que autre part, à venir faire guet et garde en icelle forteresse, ainsi et par la maniere que acoustume de faire ès autres chasteaux du pais, pourveu toutesvoiez que ce ne tourne en aucune maniere [à] prejudice de noz chasteaulx royaulx. Si donnons en mandement au bailli de Caux et à tous noz justiciers ou à leurs lieutenans presens et avenir et à chascun d'eulx, si comme à lui appartiendra, que de nostre presente grace et octroy facent sueffrent et laissent nostre dit panetier joir et user plainnement et paisiblement senz le molester ne souffrir estre molesté ores ne ou temps avenir aucunement au contraire; et pour ce que ce soit chose ferme et estable à tousjours, nous avons fait mectre nostre seel à ces presentes, sauf en autres choses nostre droit et l'autrui en toutes.

Donné au Bois de Vincennes le xie jour d'avril après Pasques l'an de grace mil ccc iiii^{xx} et sept et le septiesme de nostre regne.

Lesqueles lettres nostre dict panetier eust presentées au bailli de Caux ou à son lieutenant requerant l'effect et accomplissement d'icelles, desqueles acomplir ledit bailli ou son lieutenant ayt esté delaiant, disant icelles estre subreptices ou obreptices en certains poins et articles contenus et declairez en unes autres letres patentes depuis par nous octroyée audit escuier contenant cette forme : Charles, par la grace de Dieu, roy de France, au bailli de Caux ou à son lieutenant, salut. Receue avons humble supplication de nostre amé escuier et panetier Jehan, segneur de Bethencourt contenant que comme naguaire nous lui avons octroié nos letres en las de soye et cire vert desqueles la teneur s'ensuit : Charles, par la grace de Dieu, roy de France, savoir faisons à tous presens et avenir à nous avoir esté donné à entendre par Jehan seigneur de Bethencourt, escuier et nostre panetier, disant que comme une certaine place assise au baillage de Caux nommée Granville la Tainturière, qui jadis fu forte et à ses predecesseurs et laquelle est de present venue en sa main, soit tellement demolie et desemparée que il et ceulx qui sont les hommes tenant de lui en fief et en contrefief ne puent en icelle place seurement avoir retrait ou refuge pour eulx et leurs biens jà soit ce que pour pou de chose, consideré le lieu où ladite place est assise, ycelle place seroit tantost fortiffiée ou très grand grief et prejudice et dommage de nostre dit panetier et de ses diz hommes, se par nous ne lui est sur ce nostre grace impartie, si comme il dit, en nous humblement requerant icelle, nous, inclinans à sa supplication, consideré ce que dit est, actendu aussi les bons et agreables services qu'il nous a faiz ou temps passé, fait chascun jour et esperons que encore fera ou temps avenir tant en son dit office comme autrement, et affin qu'il et ses diz hommes aient mieulz et plus prez qu'ailleurs où retraire eulx et leurs biens en cas de besongne, à nostre dit panetier avons octroié et octroions de grace especial par ces presentes ladite place de Granville la Tainturiere il puisse faire fortiffier et emparer à ses frais, missions et despens et icelle fortiffiée tenir pour lui, ses hoirs et successeurs comme forteresse, et aussi qu'il puisse faire contraindre, par nostre bailli de Caux ou son lieutenant, par toutes voies deues et raisonnables, tous ceulx qui avoient acoustumé au temps que ladicte forteresse estoit en estat et qu'ilz avoient ou poient avoir et qu'ilz porront avoir, icelle mise en estat, convenable, plus aisé et plus promptement refuge que autre part à venir faire guet et garde en icelle forteresse, ainsi et par la maniere que est acoustumé de faire ès autres chasteaux du pais, pourveu toutevoiez que ce ne tourne en aucune maniere à prejudice de nos chasteaulx royaulx.

Si donnons en mandement à nostre bailli de Caux et à tous nos justiciers ou à leurs lieux tenans presens et avenir et à chascun d'eulx, si comme à lui appartiendra, que de nostre presente grace et octroy facent, sueffrent et laissent nostre dit panetier joir et user plainnement et paisiblement senz le molester ne souffrir estre molesté ores ne ou temps avenir aucunement, au contraire. Et pour ce que ce soit chose ferme et estable à tousjours, nous avons fait mectre nostre seel à ces presentes, sauf en autres choses nostre droit et l'autrui en toutes.

Donné au Bois de Vincennes, le xi jour d'avril après Pasques, l'an de grace mil ccc.iiii^{xx} et sept, le septiesme de nostre regne.

Ainsi signé : par le roy, present monseigneur le duc de Bourbonnois. G de la Fons visa.

Et ce nonobstant, pour ce que icelle maison fu jà pieça ou temps du pere d'icellui suppliant et lui estant soubz aage, prise et tenue contre nous par aucun navarrois en laquelle ilz se bouterent senz le sceu et coulpe de son dit pere lequel et ses autres predecesseurs ont toujours esté noz bons et loyaulx subjectz, et depuis le pere *le pere* (sic) d'icellui suppliant recouvra ladicte maison et forteresse et la tint depuis comme et en estat de forteresse en nostre bonne obeissance jusques à ce que après le trespassement de son dit pere il feust ordonné par nostre très chier seigneur et pere, que Dieu absoille! et mandé à nos officiers du bailliage de Caux que tous les chasteaulx et forteresses d'icellui pais qui ne seroient tenables ou que ceulx à qui ilz seroient ne les vouldroient garder à leurs perilz et despens feussent demoliz et desemparez, laquele chose ledit suppliant qui estoit pour lors soub aage de II ans et en nostre garde ne povoit bonnement faire et pour ce par la dite ordonnance fut desemparée, demolie et abatue icelle forteresse, pour lesqueles choses et que aucune mencion n'en estoit faicte ès lettres dessus transcriptes, vous bailli, vostre lieutenant et autres noz officiers dudit bailliage avez esté et estes reffusans et deslaians d'accomplir le contenu en noz dittes lettres, et de fait voulez soubz umbre de ce empescher le dit suppliant de sa dicte maison et forteresse reemparer et fortiffier en son grant grief et prejudice, si comme il dit, se par nous ne lui est sur ce pourveu de nostre remede requerant icellui. Pour ce est-il que nous considerées les choses dessus dictes et que ledit suppliant et ses predecesseurs ont tousjours esté noz bons et loyaulx subgiez et tenu nostre parti, nous ont tousjours bien et loyaulment servi en noz guerres et ailleurs ès queles ayeul et pere de nostre dit escuier sont alez de vie à trespassement et que à nous appartient la congnoissance et interpretacion de toutes les forteresses et chasteaulx fais et estans en nostre royaume et non à autre, vous mandons que, non obstant les choses dessus dictes et que

aucune mencion ne soit faicte en noz lettres dessus
transcriptes, vous procedez à l'accomplissement et enterinement d'icelles et l'en faictes, souffrez et laissiez joir, user
paisiblement selon leur forme et teneur, en faisant inhibicion et deffenses à nostre procureur et à tous autres qui,
pour cause de ce que dit est, lui vouldront donner empeschement aucun, et que ilz s'en sueffrent et desistent, car
ainsi nous plaist il estre fait et audit nostre panetier l'avons octroyé et octroyons par ces presentes de grace especial se mestier est.

Donné à Paris le xviii jour de juillet l'an de grace
mil ccc iiii^{xx} et huict, de nostre regne le huictiesme. Lesqueles il eust de rechief presentées audit bailli ou son
lieutenant requerant avoir l'acomplissement d'icelles et
que, nonobstant les dictes subrepcions et obrepcions imposées contre nos dictes premieres lettres, il peust ycelle
maison fortiffier et emparer et la tenir comme forteresse
pour le temps avenir, ainsi que en noz dictes premieres lettres est contenu, sur le contenu ès queles lettres et pour
icelles plus seurement acomplir Rogier Ravin, lieutenant
dudit bailli, se feust transporté audit lieu et maison de
Grantville et sur tout le contenu ès dictes lettres faicte informacion, appellé à ce nostre procureur oudit bailliage.
Et depuis par vertu de noz autres lettres de mandement
adrecées audit bailli ou à son lieutenant desquelles la
teneur est tele :

Charles, par la grace de Dieu, roy de France, au bailli
de Caux ou à son lieutenant, salut. Comme nous eussions
données et octroiées noz lettres à notre amé panetier Jehan
de Bethencourt à vous adreçans faisans mencion de certaine forteresse appellée Grantville la tainturiere assise en
vostre dit bailliage, laquelle nous lui avons donné congiéde

icelle fortiffier et emparer, si comme contenu est en nos
dictes lettres, et sur ce avez fait certaines informacions aux
gens du pais, si comme l'en dit, nous vous mandons et
commandons que ladicte informacion enclose soubz vostre
seel nous envoiez par devers nostre chancellier ou les
gens de requeste de nostre hostel afin de en ordener
selon ce qu'il appartiendra. Donné à Paris le xxi° jour
de juillet l'an de grace mill ccc iiii^{xx} et huit et de nostre regne le huitiesme; le dit lieutenant ait envoié ladicte
informacion soubz son seel par devers nostre amé et feal
chancellier pour ordonner et faire au seurplus ce qu'il
appartiendroit de raison. Laquele informacion ait esté ouverte e^t examinée par nostre dit chancellier et autres plusieurs de nostre conseil par laquelle est apparu estre vray
le contenu èsdictes lettres par les deposicions de plusieurs
personnes notables dignes de foy, nobles et autres, et que
d'icelle place fortiffier et emparer de nouvel, ainsi comme
ottroié luy avons, ne s'en puit ensuir dommage ne inconve-
nient à nous, maiz sera le proffit et utilité du pais et des
hommes et subgiez dudit lieu et d'environ de proceder à
la fortiffication et emparement de ladicte place. Et pource que nous a ledit escuier humblement supplié que sur ce,
en ampliant nostre dicte grace, lui veuillons pourveoir de
remede convenable nous, considerans les choses dessus
dictes et les bons et agreables services que nous a fait nostre dit escuier et ses prédessesseurs ou temps passé en
noz guerres ès queles ses ayeul et pere ont esté mors
et esperons que ledit escuier nous face ou temps avenir, à
nostre dit escuier avons octroyé et octroyons par ces
presentes, de grace especial et auctorité royal, que sa dicte
place et maison il puisse emparer et fortiffier et icelle do-
resnavant lui et ses successeurs et aians cause tenir et

posseder comme forteresse, tout en la forme et maniere qu'il est contenu en nos dictes premieres lettres dessus transcriptes et comme ses predecesseurs l'ont tenue et possedée ou temps passé par avant ledit demolissement ou abatement. Si donnons en mandement par ces presentes audit bailli de Caux et à tous noz autres justiciers presens et avenir ou à leurs lieuxtenans et à chascun d'eulx, si comme à lui appartiendra, que de nostre presente grace sueffrent et laissent joir et user nostre dit escuier senz l'empescher ou souffrir estre empeschié en aucune maniere, au contraire. Et pource que ce soit chose ferme et estable à tousjours nous avons fait mettre nostre seel à ces presentes lettres, sauf en aultres choses nostre droit et l'autruy en toutes.

Donné à Paris au mois de janvier l'an de grace mil CCC IIII^{xx} et huit, et de nostre regne le IXe

Par le roy à la relacion du conseil
MAULOUE.

Archives nationales, JJ. 135, n° 35.

Nous devons la copie de cette importante pièce à l'obligeance de M. Siméon Luce.

IX

Lettre de Charles VI, du 3 septembre 1389, par laquelle il ordonne au vicomte de Caudebec d'informer contre Béthencourt, accusé d'avoir gravement outragé deux clercs.

Charles, par la grace de Dieu, roy de france, au vicomte de Caudebec ou à son lieutenant, salut. De la partie de nostre amé et feal conseiller Guillaume de Vienne, archevesque de Rouen, estant en nostre protection et sauvegarde especial, ensamble tous ses biens, possessions et droits quelsconques, nous a esté exposé en soy griefment complaignant que, comme à cause de son dit archeuesché, il ait droit et soit ou ait esté en possession et saisine de avoir et exercer toute juridiction et justice hautte, moyenne et basse seul et pour le tout en la maison de Jehan du Clos *alias* dit Galopin, tavernier, assise en la paroisse de Riville ou doyenné de Valemont, en la diocese de Rouen, laquelle maison est lieu d'omosne croisie de si longtemps qu'il n'est memoire du contraire et aussi ait droit et soit et ait esté, tant par lui que par ses predecesseurs archevesques de Rouen, en saisine et possession de avoir la prise, cognoissance, pugnicion et correction seul et pour le tout de tous les clers qui delinquent ou font ou comettent crimes, delis ou excès, en la diocese de Rouen et des choses dessus dites a joy, usé et exploités tant par lui come par ses diz predecesseurs, ses gens ou officiers, de tel et si long temps qu'il n'est memore du contraire, sans ce que nostre amé et feal chambellan Jehan de Bethencourt, seigneur de Grainville la Tainturiere, chevalier, ne ses officiers aient que veoir ne que congnoistre en la dite maison ne ès choses devant dites. Neantmoins Thierry Lenfant, Henry et Guill⁰ dit les Flamens, Jehan de Lourme, Guill⁰ Fortin, eulx disans sergens et forestiers des bois du dit chlr et Jehan de Riville, bastart, escuier, naguaires vindrent à la dite maison du dit Galopin en la quelle buvoient Vincent Basire, de la paroisse de Tiergeville, et Jehan le Royer, de la paroisse de Tisterville, clers, en habit et en tonsure de clerc, et plusieurs autres, lesquieulx sergens, forestiers et bastart crierent et demanderent que l'on leur ouvrist luis de la dite maison, disans qu'ilz vouloient avoir larrons qui estoient en icelle maison, auxquelx sergenz et forestiers ledit Galopin et sa feme, pour ce qu'il estoit bien matin et sur le jour, et ne savoient qui ilz estoient, reffuserent à ouvrir l'uys d'icelle maison, et pour ce et incontinent, les dessus dis forestiers et sergens rompirent les fenestres de la dicte maison et y entrerent à eschelles et sercherent la maison et les huches d'icelle contre la volonté du dit Galopin et de sa feme et là trouuerent les dis Jehan Vincent et Jehan qui s'estoient retrais en un solier, lesquelz par la contrainte des dessuz dis se rendirent au dit bastart et incontinent furent pris et liés de cordes par les mains et battus par les dessuz dits forestiers, sergens et bastart jusques à grant effusion de sanc, et ainsi furent menés en prison ou chastel de la dite ville de Grainville et après à certains jours de marché les diz Vincent et Royer, clers, ainsi liés, come dit est, furent mis hors du dit chastel, leurs testes nues et leurs couronnes apparanz, et en icelle ville, à jour de marchié et en plain marchié d'icelle ville, deuant tout le peuple, furent mis ès ceps par deux jours et là detenus grant piece de temps, chascun d'iceulx clercs ayant deux connins pendus au col, lesquelles choses sont et ont esté faictes par les dessus dits sergens, forestiers et bastart, du commandement et consentement du dit chlr, et les a eues et a pour agreables ; et encor a dit iceluy chlr à plusieurs, qui lui parloient de la prise des dits clers, que s'il eust esté à Riville quant ils furent pris il eust avant bouté le feu en la maison, que les dits clercs n'eussent esté pris et feussent prestres, et à iceulx clercs le dit chlr, en sa presence et absence, fit faire plusieurs griefs et les fist gehenner et depuis les fist jurer que jamais ne feroient plainte des choses dessus dites, et en outre les fist obliger en certaine somme d'argent. Lesquelles choses sont et ont esté faites ou grant grief, domage, vitupere et injure de notre dit conseiller et de sa juridiction ecclesiastique, en encourant sentence d'excomeniement et en enfraignant folement notre dicte sauvegarde, si come il dit. Suppliant que par nous luy soit sur ce pourveu de remede gracieux et convenable. Pourquoy nous, consideré ce que dit est, te mandons et commettons que de et sur les choses dessus dittes tu te informes bien diligeaument et secretement et ceux que par la dite information, fame publique ou autres vehementes presomptionz tu en trouveras coupables ou vehementement souspeçonnés pour ce que notre dit chambellan est si fort et si puissant au pais que bonnement nostre dit conseillier ne pourroit avoir justice [ne] raison de lui au pais, et aussi que, à cause de son office, ses causes personnelles sont commises à nos amés et feaulx conseilliers les gens tenans les Requestes en notre palais à Paris, et que notre dit chambellan et notre dit conseillier ont conseil et procureurs à pension en notre dit palais et y sera la cause mieulx, plus briesvement et plus seurement ventilée et determinée, et y fineront les parties mieux de bon conseil que ailleurs; adiourne ou fay adiourner à comparoir personelment et de main mise ou autrement selon ce que le cas requerra à certain jour compettent par devant noz dites gens desdites requestes pour respondre à notre dit procureur, et à notre dit conseillier et aussi aux dits clercs, s'ils s'en veulent feire partie, sur les choses dessuz dictes, circonstances et dependences d'icelles, proceder et aler avant en oultre, si comme de raison sera ; et du dit adjournement et de tout ce que tu auras sur ce fait certiffie souffissamment au dit jour, noz dictes gens tenant les dictes requestes, en eulx renvoyant à icellui jour la dicte, information feablement enclose soubz ton seel, auxquelz nous mandons et pour consideracion des choses dessus dictes commettons que ceux dictes parties, icelles oyes sur les choses dessus dictes, facent bon et brief acomplissement de justice. Car ainsi nous plaist il estre fait et à notre dit conseiller l'avons ottroyé et ottroyons de grace especial par ces presentes, non obstant quelzconquez lettres subreptices empetrées ou à empetrer au contraire. Donné à Paris le iij⁰ jour de septembre l'an de grace mil ccc iiij^xx et quinze et de notre regne le quinziesme.

    Par le Roy à la relation
        du Conseil
          DE LA MOTE.

    Archives de la Seine-Inférieure.
    (Communication de M. Ch. de Beaurepaire.)

X

Congé donné par le Roi Charles VI à Morelet de Bethencourt et son frère Jean de Bethencourt et à Robert de la Heuse, pour s'en aller hors de cour, sans amende. 1401.

Es assises de Neufchastel tenues par nous Jehan, sire de Saint-Sauflieu et d'Erquery, chevalier, conseillier et chambellan du Roy notre seigneur et son baili de Caux, l'an mil iiii^c et deux, le mardi continué du lundi précédent, xviiie jour de decembre, sur ce que nagaires procez estoit pendant ès assises de Gournay entre nobles personnes Monsr Jehan de Bethencourt, Monsr Morelet de Bethencourt et Monsr Robert de la Heuse, chevaliers, ès quelles assises les dictes parties ou procureur pour eulz avoient presenté unes lettres du Roy notre dit seigneur, veriffiées par les trésoriers d'icelui seigneur, et requis l'effet et l'accomplissement d'icelles, desquelles la teneur ensuit: Charles, par la grace de Dieu, Roy de France, à nos amez et feaulx tresoriers à Paris et au baili de Caux ou à son lieutenant, salut et dilection. Comme par nos autres lettres patentes et pour les causes contenues en icelles, données à Paris le vi° jour de septembre derrain passé, verifiées par vous nos trésoriers, le second jour de décembre après ensuivant, faisant mencion de notre amé et feal chevalier et chambellan de nous et de notre très-cher et très-amé oncle le duc de Bourgoigne, Morelet de Bethencourt, de Jehan de Bethencourt, son frere aisné, et de Robert de la Heuse, chevalier, nous ayons à iceulx freres et Robert donné et octroyé congié et licence de accorder et paciffier ensemble de certaine cause meue et pendant entr'eulx par devant vous baili et de eulx départir de court, sans pour ce nous faire ou paier aucune amende, non obstant que par l'un desdis freres ou par le dit Robert, en fin de cause, selon la coustume du pais de Normendie, elle nous peust estre deue, et vous ayons mandé par icelles que de ce les feissiez et souffrissiez joir et user plainement et paisiblement, de laquelle chose faire vous bailli, non obstant la verifficacion de nos dis trésoriers, soubs umbre de certaine continuacion et delay prins en ladite cause, avez différé et différez encores à entériner et acomplir l'effet et teneur de nos dictes lettres, et par ainsy l'octroy et grace que sur ce faicte avons à iceulx freres et Robert leur seroit inutile et de nule valeur, se sur ce ne leur estoit par nous pourveu de notre grace et remede, supplians humblement icelui. Nous, ces choses considérées, voulant l'effet et teneur de nos dictes autres lettres avoir et sortir leur plain effet, voulons et vous mandons de rechief et à chascun de vous, si comme à luy appartiendra, que icelles parties vous souffrez et lessiez acorder et paciffier ensemble et eulx departir de court, sans pour ce nous faire ou paier aucune amende, car ainsi nous plaist il et voulons estre fait et aus dis supplians l'avons octroyé et octroyons de grace especial par ces presentes, non obstant la dicte continuacion et delay prins en ladicte cause et que à la dicte continuacion du délay ledit Morelet se fust ou soit aucunement chargié du fait ou cause dudit Robert et quelconques lettres subreptices empetrées ou à empetrer à ce contraire. Donné à Paris, le xv° jour de mars l'an de grace mil iiii° et ung et de notre regne le xxij°. Et estoient icelles lettres ainsi signées: par le Roy, à la relacion du Conseil, Chaligant. Item : les tresoriers du Roy notre sire à Paris au bailli de Caux ou à son lieutenant. salut. Veues les lettres dudit seigneur, cy attachées soubz l'un de noz signez, impetrées par Messire Morelet et Messire Jehan de Bethencourt, chevaliers, freres, et Robert de la Heuse, chevalier, nous, par la délibéracion des gens des comptes dudit seigneur et pour consideracion de la fraternité desdis impetrans, nous consentons que vous enterignez et acomplissez lesdictes lettres royaux en la fourme et maniere que ledit seigneur le mande. Donné à Paris, le xiiii° jour d'avril l'an m. cccc et deux, et estoient icelles lettres ainsi signées : E. Milerac. — Et pour ce que les conseulx et procureur du Roy estoient plus souvent eu siége de ces assises esquelles la requeste d'icelle partie a esté longuement differée, tant pour notre absence que pour l'absence des dis conseulx et procureur, en ces assises se presenterent Nicolas Pepin, procureur dudit messire Jehan de Bethencourt, et Jehan Blondel, procureur dudit Mons' Morelet, chargié du fait dudit de la Heuse, requerans, comme autreffois, congié de court, ausquelx, après ce que nous eusmes eu advis et deliberacion à Jaques Le Renvoisie, viconte du Neufchastel, à Jehan Morelet et Jehan de Ribeuf, conseillers, et Gille Estienne, procureur du Roy notredit seigneur, et à autres sages personnes, nous en acomplissant les dictes lettres transcriptes, donnasmes congié de court, sans amende, aux dictes parties, et confesserent iceulx procureurs que leurs dis maistres avoient mis les despens dudit messire Jehan en l'ordenance de Mons' Robin de Braquemont et le ratiffierent, en tant que mestier estoit. Donné comme dessus.

Signé : LE LIEVRE.

(Sceau perdu)

(Collection de M. C. Lormier).

XI

Accord passé devant le lieutenant de Jehan Huvé, vicomte de Caudebec, entre Mgr Jean de Bethencourt, seigneur de Grainville la Teinturière, et Gilles de Riville, au sujet de la vente faite en 1399 par ledit de Riville audit de Béthencourt du fief et seigneurie de Riville et de deux vavassories. — 25 novembre 1408.

(Collection de M. C. Lormier).

XII

Aveu baillé au Roi par Jean de Bethencourt, pour les seigneuries de Béthencourt, Grainville la Teinturiere et le Parc. 1421.

Du Roy, notre souverain seigneur, Je Jehan de Bethencourt tiens et advoue à tenir un fieu de haubert entier nommé le fieu de Bethencourt, seant en la parroisse de

Segy, et s'estent ès parroisses du Boscasselin, de Rouveroy, de la Ferté Saint Sanxon et ès parties d'environ eu bailliage de Caux en la viconté du Neufchastel, et dont le chef mois est assiz en la dicte parroisse de Segy, par raison duquel fleu me appartient le patronnage dudit lieu du Boscasselin, touttefois que le cas eschiet, et se revient icelle terre en boiz, prez, moulin, terres et autres rentes seiques, de grains et oyseaulx, corvées de gens et de bestes et avecques ce en ay court et usage, xiii$^\text{e}$ et aides, forffaictures et toutes aultres seigneuries generalment comment à fieu noble de haubert appartient en basse justice, selon l'usage et coustume de Normendie, duquel fleu est deu au Roy notre sire, quant le cas le requiert, l'ommage de bouche et de main, le droit de la garde, quant le cas se offre, avec cent souls tournois de taille par an au terme de la Saint Jehan Baptiste, laquelle taille se paie par ma main et se lieve sur mes hommes dudit fleu.

Item je tien du Roy notre dit seigneur, à cause de sa conté de Longueville, un autre fleu de haubert entier nommé et appellé Grainville la Tainturiere, et s'estent ès parroisses dudit lieu de Grainville, Hanearp, Borville et Mauteville, Saint-Jouyn et Vaudreville et ès parties d'environ eu bailliage de Caux, en la dite conté de Longueville et en la viconté de Caudebec, dont le chief mois est le chastel dudit lieu de Grainville, auquel fleu me appartient plusieurs patronnages d'eglizes, c'est assavoir : Borville, Hanearp et la cure dudit lieu de la Ma[ladrerie] de Grainville, touteffois que le cas eschiet, et se revient icelle terre en boiz, prez, moulins, terres labourables et autres rentes en deniers de grains et oyseaulx et garenne en toute ma dicte terre de connins, lievres et autres bestes et oyseaulx, et semblablement de poissons, et avec ce me appartient la visitacion, detempicion, correpcion et pugnicion de toutes manieres de denrées et marchandises tant d'icelle ville comme frequentans en icelles, comme de boullengiers, foullons, telliers, drappiers, cordouenniers, bouchers, taverniers, taneurs et tous autres ouvriers, de quelque estat ou condition que ilz soient, avec la court et usage en moienne et basse justice, xiii^{es}, reliefs, aides, forfaitures et toutes autres telles seigneuries generalment comme à fieu noble de haubert appartient, comme dessus est dit, duquel fieu est deu au Roy notre dit seigneur, quant le cas le requiert, l'ommage de bouche et de main, reliefs, xiii^{es}, le droit de la garde, quant le cas s'offre; et avec ce en doys, une foiz en ma vie tant seulement, en temps de guerre, aidier à garder la porte du chastel de Longueville par l'espace de quarante jours à advenant semonce, par ainsi que mes hommes nobles tenans dudit fieu me doivent aidier à ce faire en ma descharge, selon ce que chacun est tenant. Item je tiens du Roy notre dit seigneur une franche vavassorie appelée le Parc, maniere de flefferme assise en ladite parroisse de Grainville dont il est deu au Roy notre sire par an xxv l. t. de rente.

(*Collection de M. C. Lormier*).

XIII

Accord entre Regnault de Béthencourt et les époux de Rouville touchant la succession de Iean de Béthencourt. 16 avril 1426, après Pasques.

Comme discord feust meu ou esperé à mouvoir entre nobles personnes Messire Pierre de Rouville et Madame Aldonsse de Braquemont, sa femme, d'une part, et noble homme Monseigneur Regnaut de Betancourt, dit Moreau, chevalier, sur ce que les dits sieurs de Rouville et sa femme disoient et maintenoient les propriété et saisine des terres et seigneuries de Grainville la Tainturiere et dudit lieu de Betancourt à eulx appartenir tant par vendicion et transport pieça fais par deffunt noble homme Messire Jehan de Betancourt, en son vivant, seigneur des dictes terres, à deffunt noble homme Monseigneur Robert de Braquemont, jadis chevalier, pere de la dicte dame de Rouville par certains pris plus à plain desclairés ès lettres de vendicions et transpors dessus sur ce fais que par don et octroy fait par le Roy, notre souverain seigneur, aux dis de Rouville et sa dicte femme et leurs hoirs... et aussi pour VI^c livres de rente à vie et les arrerages depuis la dabte des lettres de l'obligation dudit feu Messire Jehan que demandoient... iceulx mariés sur les biens et heritages dudit deffunt de Betancourt... et aulx tiltres devant dis eussent eu intencion les dits chevalier et dame de apprehender et prendre les possession et saisine des dictes terres et seigneuries des dis lieux de Grainville et de Betencourt, des chastel et forteresse d'icelui lieu de Grainville et des fleux et revenus d'icelles terres et seigneuries... et mesme ladicte rente à vie et arreraiges sur les autres biens et heritages appartenans audit deffunt dont ils demandoient x^m III^c livres tournois d'arrerages et le dit Messire Regnaud de Betencourt eust eue intencion et volenté de prendre et aprehender la possession et saisine d'icelles terres et seigneuries, chastel, forteresse et autres appartenances et appendences à tiltre d'oerie et comme frere legitime dudit deffunt de Betencourt, disant à lui appartenir ou au mains avoir droit proprietaire en ladicte seigneurie de Betencourt par racquit ou autrement et sur ladicte seigneurie de Grainville ıı^m livres de reste lui estre deubz pour le parpaiement et residu de la somme de vıı^m livres tournois que la proprieté de la dicte seigneurie de Grainville avoit esté vendue par son dit feu frere audit messire Robert de Braquemont et en quoy il disoit ledit Messire Robert estre tenu et obligé pour ledit reste vers son dit feu frere, sur les quelles choses les dits de Rouville et sa dicte femme et mesmes ledit de Betencourt eussent recueillies plusieurs journées et assemblées derrainement aux Augustins à Rouen, lesdits sieur de Rouville et la dicte dame sa femme... et ledit Messire Regnaud de Betencourt... ledit Messire Moreau apres ce que apparu lui fut des lettres de vendicion et transport de ladite terre et seigneurie de Grainville et aussi de la quictance desdits ıı^m livres dudit reste de ladite vendicion, laquelle quictance fut passée l'an mil cccc et xij, le xij^e jour d'avril à Tolecte[1], et le paiement avoir esté fait l'an mil cccc et cinq, comme par icelle quictance apparoit, se desista et departi du tout de la proprieté, possession et saisine des chastel, terre, seigneuries et revenues dudit lieu de Grainville, et aussi quicta bonnement et à tousjours ledit de Rouville, sa dicte femme et tous autres à leur droit de toutes choses generalement quelconques dont il leur eust peu faire accion et demande pour raison du louage de ladicte terre de Grainville que ledit Messire Robert de Braquemont avoit tenue à louage dudit feu Messire Jehan par certain temps passé, pour ce que il lui est apparu deuement par comptes et quictances des paiemens et solucions de ce fais tant en Espaigne, à Tollecte que ailleurs, et par ce aussi que lesdits sieur de Rouville et sa dite femme quicterent ledit messire Moreau de tout ce que

[1] **Tolède.**

ils pourroient demander audit Messire Moreau pour argent receu en Espaigne ou aillieurs des revenues des tentes et benefices d'Espaignes, de barges, gallées, abillemens de guerre ou autrement eu devant du jour d'uy, et par cest traictié les dits sieur de Rouville, et sa dicte femme consentirent et acorderent que la dite terre de Betencourt en proprieté, possession et saisine soit et demeure audit Messire Regnaud paisiblement desobligée et desypothequée vers les ditz mariez desdiz vi^c livres de rente à vie et des arrerages à son regard... et aussi pour l'affinité de lingnage et amour naturelle qui est entre ledit Messire Regnaud et ladite dame de Rouville iceulz sieur et dame de Rouville luy donnent et promectent paier la somme de v^c livres tournois à prendre et avoir sur les fruis et revenues de la dicte terre de Grainville.

Tabellionnage de Rouen, reg. 22 f° 116 v°.

(Communication de M. Ch. de Beaurepaire.)

XIV

Extrait d'un cahier manuscrit du Canarien, écriture des premières années du xvie siècle.

Or se partit Monsr de Bethencourt de Harfleu le ixe jour de may mil cccc. et cinq, et singla tant qu'il descendit en l'isle Lancelot et en l'isle de Forteaventure. Et commencerent à sonner trompestes, clerons, tabours, herpes, menestrelz, rebebes, busines et toutes manieres de instrumens, tant qu'on ne eust pas ouy Dieu tonner de la grant melodie que ilz faisoient, et tant que ceulx d'Erbenne et de Lancelot en furent tous esbahis, especialement les Canariens, non obstant que ledit seigneur ne cuidoit point avoir amené auec luy tant de instrumens comme il y auoit ; mais il y auoit beaucoup de jeunes gens, de quoy ledit seigneur ne se guetoit point, qui jouayent et auoient aporté leurs instrumens avec eulx, aussi Massiot de Bethencourt qui empartant avoit la charge de s'enquerir quelz compaignons s'estoient et conseilloit ledit seigneur de les prendre aussi qu'il luy sembloit qui estoient propres et habilles. Baniere et estandars estoient desployez et estenduz, et estoient tous les compaignons en leurs abillemens, quant ledit s^r descendit à terre. Ilz estoient assez honnestement abillez. Monseigneur de Bethencourt leur auoyt donné à chascun ung hocqueton, et à six gentilz hommes qui estoient avecques luy six argentez que ledit seigneur paya, non obstant qu'il y en auoit beaucoup d'autres qui estoient argentez ; mais ceulx qui les portoient les avoient paiez, et estoient tous fort honnestes. Oncques Monsr de Bethencourt n'y alla si honnestement. Et quant le nauire fut à demye lieue près de terre, les gens de l'isle Lancelot virent et aperceurent bien que c'estoit leur roy et leur seigneur. Vous eussez veu de la nef les Canariens, femmes et enfans, qui venoient au riuage au deuant dudit seigneur et disoient et crioient en leurs langages : Vecy notre roy venir ! et en estoient tous si joyeulx qui sailloient et s'entreboutoient de joye et aussi s'entr'acolloient. Et sembloit bien clerement qu'ilz auoient grant joye de la venue de leur roy. Aussi il ne fault point doubter que ceulx que Monsr de Bethencourt auoit laissez ès dictes isles de Lancelot et Forteaventure qu'ilz n'auoient pas moins de joye. Et comment j'ay dit, les instrumens qui estoient ès barges faisoient si grant melodie que c'estoyt belle chose à ouir. Et les Canariens en estoient tous esbahis, et leur plaisoit terriblement. Et quant Monsr fut arriué à terre, il ne fault pas demander se tout le peuple luy fist grand chiere. Les Canariens si se couchoient à terre en lui cuidant faire le plus grant honneur qu'ilz pouoient. C'estoit à dire, qu'ilz se couchoient, que corps et biens estoient à luy. Ledit seigneur les recueilly, et leur fist la plus grant chiere qu'il peult et par especial au roy qui s'estoit fait crestien. Ceulx de l'isle de Forteauenture sceurent bien que leur roy et seigneur estoit venu et arriué en l'isle de Lancelot. Jehan Le Courtoys, lieutenant dudit seigneur, print ung batel et six compaignons avecques luy dont Hanibal en estoit ung et ung nommé de la Boissiere et quatre autres, et vindrent en l'isle de Lancelot deuers leur dit seigneur et luy firent la reuerence, ainsi qu'il apartenoit. Adonc Monseigneur de Bethencourt demanda à Jehan le Courtoys comment tout se portoit, et le dit le Courtoys lui respondy : « Monseigneur, tout se porte bien et tous jours de myeulx en myeulx et cuide et croy que tous vos subgectz seront bons chretiens, car ilz ont beau commencement, et sont si joyeux de votre venue que jamais nulles gens ne pourroient plus estre. Les deux roys crestiens vouloient eulx en venir demourer auec moy, mais je leur ay dit que vous viendriez bien tost et que je ne retourneroye point que se ne fust avecques vous ». « Aussi ne ferés vous, ce dit le dit seigneur, je yray demain, se Dieu plaist ». Le dit seigneur fut logié à Rubicon au chasteau, et la plupart. Il ne fault point demander se les gens que ledit seigneur auoit amenez derrainement de Normandie estoient esbahis de veoir le pais et les Canariens ainsi abillez qu'ilz estoient. Car comme j'ay dit cy devant, ilz ne sont vestuz que par derriere et de cuir de chieure et les femmes sont vestues de houpelandes de cuir jusques à terre· Ilz estoient bien joyeux de veoir le pais, et fort leur plaisoit ; tant plus lē regardoient et myeulx leur plaisoit. Ilz mengoient des dactes et des fruis du pais, qui leur sembloit fort bons, et riens ne leur faisoit mal : mais estoient fort joyeulx de eulx y trouuer, et leur sembloit qu'ilz viuroyent bien au pais. Je ne vous sçairoye que dire fors que ilz estoient fort contens, et encorre le seront ilz plus, quant ilz verront l'isle d'Erbenne dicte Forteaventure. Monseigneur demanda à Hanibal comme il le faisoit et qu'il lui sembloit de sa compagnie. « Monseigneur, se dit Hanibal, il me semble que se du premier on y fust venu par telle maniere, les choses n'eussent pas duré si longuement qu'ilz ont fait, et si on fust encorre plus auant que l'en est [auec] une fort belle compagnye et bien honnneste, et quant les autres Canares des aultres isles, qui ne sont point crestiens, verront si belle compagnie en si belle ordonnance, ilz s'esbahiront plus qu'ilz n'ont fait ». — « C'est bien mon intencion, ce dist Monseigneur de Bethencourt, d'aller veoir la grant Canarre et de leur en bailler une touche ».

(Collection de M. C. Lormier.)

Entre ce manuscrit. dont il ne reste malheureusement que quelques cahiers, et celui de Madame de Mont-Ruffet, il y a seulement de petites différences de forme et d'orthographe. Il n'était pas disposé comme l'autre pour recevoir des dessins, mais il est plus correct. On s'en convaincra par la simple comparaison du passage cité avec notre chapitre LXXXIII. (pp. 162-165) qu'il reproduit.

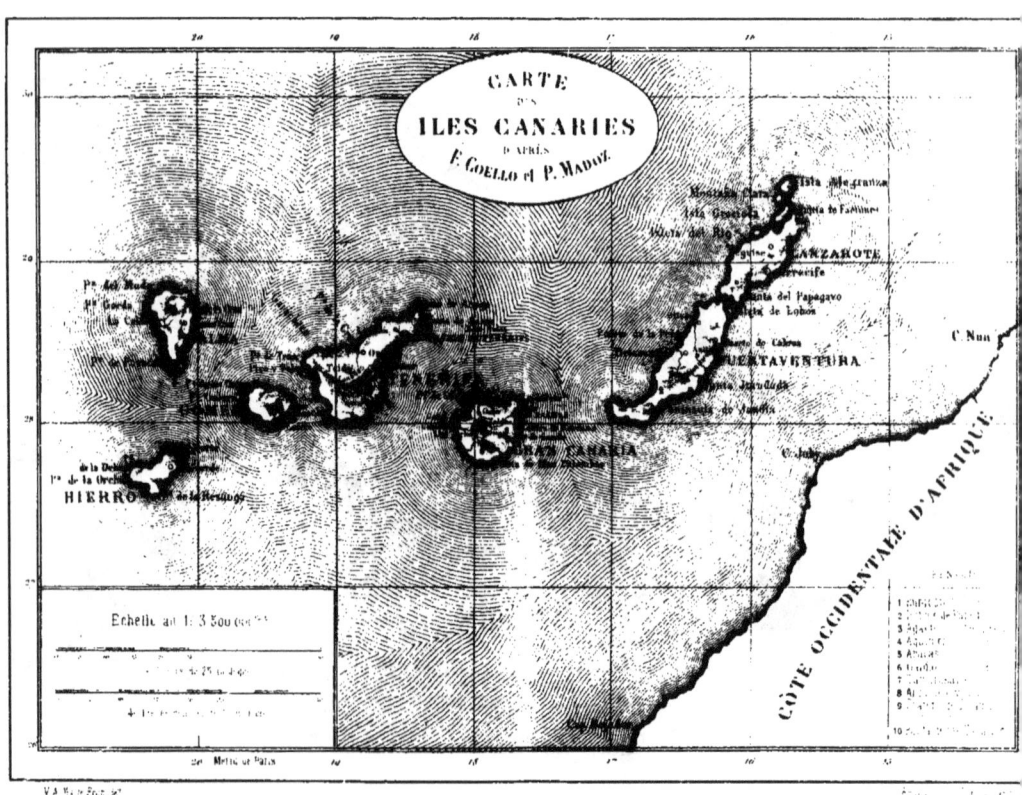

TABLE GÉNÉRALE.

Abach (cap de), LXXXII.

Abenguarème, district de Palma, 119, 120.

Abou-el-Faragj, 91.

Abreu de Galindo (Juan de). *Voir* Galindo.

Accara, comptoir normand des côtes de Guinée, XV, XVI, XXVII, XXVIII.

Acero, district de Palma, 119.

Addomey, roi nègre, XXI.

Agaete, district et ville de Gran Canaria, 109.

Aguimez, district et ville de Gran Canaria, 109.

Aguitagny, village du Commendo, XXI.

Akara. *Voy.* Accara.

Albanie. *Voy.* Fortaventure.

Albanne. *Voy.* Fortaventure.

Alboc, montagne vue par le Frère Mendiant, 97.

Alby ou Maby, hab. de Lancelote, 48.

Alfonce Martin, Canarien, truchement de Béthencourt, 22, 47, 145, 153.

Alfonse, nom de baptême de l'un des rois de Fortaventure, 154.

Alexandre III, pape, reçoit des nouvelles du Prêtre Jean, 91.

Allegranza, petite île des Canaries, 9.

Allemaigne (Guillaume d'), compagnon de Béthencourt, 31, 34, 171.

Alphonse IV, roi de Portugal, envoie aux Canaries, IV. — Prié par le pape Clément VI d'aider Louis de la Cerda. — Revendique son droit de priorité à la conquête des Canaries, VII.

Alphonse XI, roi de Castille, prié par le pape Clément VI d'aider Louis de la Cerda, VII. — Promet et fait tout le contraire, VIII.

Amalahuije, roi de Gomère, sa générosité envers les Espagnols, XXXII.

Amoisy, roi de Commendo, donne aux Français le village d'Aguitagny, XXI.

Anaf. *Voy.* Nyfflet.

Andamana (reine), fait la conquête de Gran Canaria, 109.

André de Sicile, prié par le pape Clément VI d'aider Louis de la Cerda, VII.

Angiolino del Tegghia de Corbizzi, explore toutes les Canaries, IV.

Anglais (marchands), accusent Béthencourt de piraterie, 7.

Anselme, XXXVII, XXXVIII, XLII, XLIX, L.

Antilia (île), I.

Anville (d'), 99.

Anonyme (chroniqueur dieppois), XVIII, XXIX.

Añaza, baie de Ténérife, 104.

Aquexada, district et ville de Gran Canaria, 109.

Arabes, ont connu les Canaries, I. — Et visité le golfe d'Arguin, 100.

Arecife, port de Lancelote, 47.

Argonnez ou Argones, ville de Gran Canaria, 63, 129.

Arguin (golfe d'), visité par les Arabes, 100.

Arguineguy, village de Gran Canaria, 109, 129, 170.

Aridane, district de Palma, 119.

Armiche, prince de l'île de Fer, fait prisonnier, 172.

Artamy. *Voy.* Artemi Semidan.

Artebirgo, district et ville de Gran Canaria, 109.

Artemi Semidan, guanartème de Gran Canaria. — Fait visiter les Normands par son fils, 109. — Repousse les Espagnols, 110. — Parlemente avec Béthencourt, 170.

Artiacar, district et ville de Gran Canaria, 109.

Arucas, district et ville de Gran Canaria, 109.

Asafi ou Saffi, ville des côtes occ. du Maroc, 89.

Asche, parent du roi Guadarfia. — Veut être roi de Lancelote, 45. — Traite avec Gadiffer de la livraison de son parent, 46. — Trahit aussi les Normands, 47. — Livre Guadarfia, 48. — Se pare des insignes de la royauté, 49. — Attaque les Normands; — mis à mort par Guadarfia, 51.

Asseline (David), XVII, XXIX.

Asyfy, roi de Commendo, XXI.

Atlantica, nom donné par Clément VI à l'une des Canaries, VI.

Atlas (monts), 85, 88, 95, 97, 98.

Atlas catalan de 1375, II, VIII, 2, 9, 11, 13, 85, 88, 93, 94, 95.

Auberbosc (Guillaume d'), va du cap Bojador à Gran Canaria; — sa mort, 170.

Augeron, truchement, 172.

Auzouville (Gieffroy, Gieffre ou Gieffrey d'), combat à Fortaventure, 62. — Envoyé par Gadiffer à Béthencourt, 72. — Sa mort, 171.

Avago, Lancelotain, prisonnier de Berneval, 23.

Avendaño (Martin-Ruiz de), aborde à Lancelote, XXX. — Séduit la reine Fayna, XXX, 10, 45.

Avezac (d'), II, III, IV, VI, IX, XIV, XVI, XXV, XXIX, XXXIV, LI, LII, LXII, LXIII, LXIV, LXV, LXXIII, LXXIX, LXXXIII, 2, 8, 12, 47, 58, 66, 69, 91, 93, 100, 104, 119, 121, 158, 168, 169, 198.

Avisse (Jehan), colon normand, 160.

Azamor, ville de la côte occ. du Maroc, 89.

Azurara, 68, 120, 122, 168.

Bachelet, LXXXIII.

Baie de France, au cap Vert, XXV.

Bacqueville (Hector de), seigneur normand, voisin de Béthencourt, 156.

Baignart (Françoise), femme de Louis Ier de Béthencourt, LXX.

Baltharays, forteresse de Fortaventure, 137, 145, 168, 173.

Baqueville ou Basqueville, compagnon de Guillaume le bâtard, XXXVI.

Barabé, XLI.

Barba (Pedro), seigneur de Castro-Fuerte. — Envoyé par la cour d'Espagne pour enlever à Maciot de Béthencourt l'administration des Canaries, LXIII.

Barker-Webb et Sabin Berthelot, V, VII, XXXII, LXI, 2, 12, 47, 49,

59, 61, 64, 84, 103, 109, 119, 120, 122, 123, 126, 128, 133, 140, 152.

Barre (Olivier de), complice de Berneval, 22, 43.

Barros (Joao de), 9, 90, 168.

Basire (Vincent), clerc, maltraité par Béthencourt, XLVI, 221.

Baslieu (Phelipot de), complice de Berneval, 22, 43.

Batterie française au château de la Mine, XIV, XX.

Baudonin (Eude), achéte de Jean IV et de Regnault II de Béthencourt la terre de Gourrel, XLIII, 210.

Beaurepaire (Charles de), XVI, XXXVI, XXXIX, XLVI, XLVII, L, LXXXIII, 156, 157, 158, 159, 169, 205, 206, 224, 232.

Becerra (Alvaro), envoyé aux Canaries par la cour d'Espagne, XXXIV.

Behaim (Martin), 1.

Belleville (sieur de), époux d'une fille de Jean V de Béthencourt, 203.

Bencomo, mencey de Ténérife, 124.

Bernaldez, 124.

Bernart de Castelnary, complice de Berneval, 19.

Berneval (Berthin de). — Décourage les compagnons de Béthencourt, 9. — Reste à Lancelote comme lieutenant de Béthencourt, 11, 14, 15. — Se fait des partisans parmi les hommes de Béthencourt; — hait Gadiffer; — fait perdre à son chef environ 200 hommes, 16. — Laissé comme lieutenant au château de Rubicon, 17. — Propose au patron d'une nef espagnole de lui livrer 40 esclaves canariens, 18. — Séduit une partie des hommes sous ses ordres, 19. — Décide le patron de la nef Tranchemar à le transporter en Espagne, 20. — Trompe les habitants de Lancelote qui se fiaient à la loyauté des Normands, 21. — Fait 23 prisonniers, 22. — Les transporte à la nef Tranchemar, 23. — Enlève le bateau de Gadiffer, 24. — Enlève les vivres qui se trouvaient à Rubicon, 25. — Gaspille les vivres qu'il ne peut emporter et fait violer, par les Espagnols, les femmes des Français, 27. — Enlève les vivres et les armes de Rubicon, 28, 29. — Gadiffer est étonné de la trahison de Berneval, 30. — Berneval enlève des effets appartenant à Béthencourt, 31. — Trahit ses complices, 33. — Accusé par ses complices, 34. — Arrive à Cadix avec sa proie, 36. — Est arrêté par Courtille, trompette de Gadiffer, 37. — Béthencourt est étonné de la trahison de Berneval, 41. — Noms des complices de Berneval, 43. — Berneval est méprisé dans son pays, 157.

Berneval, village des environs de Dieppe, 43.

Berthelot. *Voy.* Barker-Webb et Sabin Berthelot.

Béthencourt (Anthoine de), fils de Jean V, 203.

Béthencourt (Collard de), 202.

Béthencourt (Collenet de), LXVIII.

Béthencourt (dame de). *Voy.* Fayel (Jeanne du).

Béthencourt (Florence de), fille de Galien II, femme de Jean de Laudasse de Francamp, LXXI.

Béthencourt (Galien Ier), fils de Jean VII. — Hérite du manuscrit *Le Canarien*, LXXI. — Prépare l'impression du manuscrit, LXXIII. — Fait graver le portrait de Jean IV, 49.

Béthencourt (Galien II de), fils de Galien Ier.

Béthencourt (Inès de), femme de Guillem de Las Casas, XLIX, LIV, 190.

Béthencourt (Jacqueline de), LXX.

Béthencourt (Jacques Ier de), LXXI, 203.

Béthencourt (Jean Ier de), fils de Regnault Ier. — Epouse Nicole de Grainville, XXXVI. — Mort avant 1337, 203.

Béthencourt (Jean II de). — Epouse Isabeau de Saint-Martin-le-Gaillard, XXXVI, LXVIII, 201. — Meurt à Harfleur au service du roi, XXXVII, XLI, LXVIII. — Assiste à l'acte par lequel sa mère renonce au patronage de l'église de Grainville-la-Teinturière, 204. — Charles VI rappelle sa loyauté et sa mort au service de l'État, 217, 219.

Béthencourt (Jean III de), sous la garde noble de la reine d'Angleterre, XXXVIII, 201. — Donne en franc mariage, à sa sœur Jeanne, une rente de 50 l. t., XXXVIII, 208. — Epouse Marie de Braquemont, XXXVIII, 202. — Loue à Mathieu de Braquemont sa seigneurie de Grainville, XXXIX, 156, 205. — Reçoit par avancement d'hoirie, de la dame Aude de Saint-Martin, la baronnie de Saint-Martin-le-Gaillard, XXXIX, 206. — Répond à l'appel de du Guesclin, XL. — Assiste au conseil tenu la veille de Cocherel par du Guesclin, XLI. — Reprend sa seigneurie de Grainville sur les Navarrais, XLIII, 217. — Tué à Cocherel, XLI, LXVIII. — N'eut que deux fils de Marie de Braquemont, 194. — Sa veuve donne à fief une pièce de terre sise à Grainville, 207. — Charles VI rappelle sa loyauté et sa mort au service de l'État, XLI, 217, 219.

Béthencourt (Jean IV de). — Trouve pour évêque un prêtre parlant la langue des Guanches, XXXIV. — Eut connaissance de voyages faits par les Espagnols aux Canaries, XXXIV. — C'est à lui que revient l'honneur de la conquête de ces îles, XXXV, 1. — Reconnaît le don de franc mariage fait par Jean III à Jeanne de Bethencourt, XXXVIII, 209. — Epouse Jeanne du Fayel, XLI, LXIX. — Qualifié chambellan des rois Charles V et VI; — Vend à Hue de Donquerre une maison sise à Paris, XLI, LI. — Sa mère donne à fief une pièce de terre sise à Grainville, XLII, 207. — Baille aveu au roi d'Angleterre pour Bethencourt, Grainville-la-Teinturière et le Parc, XLII, 227. — Ses autres fiefs, XLIII. — Est autorisé par Charles VI à relever les fortifications de Grainville, XLIII. — Est accusé d'avoir maltraité deux clercs, XLV, 221. — Achète les biens du bâtard de Riville, XLV, 227. — Est accusé de piraterie par les Anglais, XLVII. — Demande à Robert de Braquemont des fonds pour faire la conquête des Canaries, XLIX. — Donne à Robert de Braquemont, en garantie d'une somme de 7,000 l. t., la seigneurie de Grainville, L. — Autorisé par Charles VI à régler à l'amiable une action engagée contre Regnault II de Béthencourt et Robert de la Heuse, LII, 224. — Instructions concernant Béthencourt données par Charles VI aux plénipotentiaires de Leulinghen, LI. — Se rend à la Rochelle, où il rencontre Gadifer, LII, 4, 232. — Part de la Rochelle pour les Canaries, LII, 4. — Trahi par Berthin de Berneval, LIII. — Fait hommage des îles au roi de Castille, LIII. — Se querelle avec Gadifer; — se sépare de lui; — vient à Grainville; — achète une barge de Braquemont et repart pour les îles avec des colons, LIII. — Quitte les Canaries pour ne plus y revenir; — nomme Maciot de Béthencourt lieutenant-gouverneur des îles, LIV, LX. — Fait nommer Las Casas à l'évêché des Canaries, LIV, 192. — Son portrait par Viera y Clavijo LIV. — Résultat de sa conquête, LV. — Double le cap Bojador; — ses pertes, LVI. — Jaloux, chasse son frère et met sa femme en prison, LVI, LXIX, 195. — Renouvelle, aux mains de Juan II, son serment de vassalité, LVII, 198. — Sa mort, LVII, 199. — Pierre élevé à sa mémoire; — son épitaphe, LIX. — Voit détruire le château de Saint-Martin-le-Gaillard, LXII. — Autorise l'aliénation des îles; — est déchu de ses droits par le roi d'Espagne, LXIII. —

Fils de Jean III et frère de Regnault II, LXVIII. — Son écu et sa devise, LXXV. — Contestations avec des Anglais, 5. — Accusé de piraterie par des Génois, des Plaisantins, des Anglais, 7. — Conduit prisonnier à Séville ; — abandonné d'une partie de sa troupe, 8. — Part de Cadix, arrive à Graciosa, passe à Lancelote, puis à Allegranza, 9. — Fait un traité avec le roi de Lancelote et construit Rubicon, 10. — Laisse une partie de ses hommes à Lancelote et passe à Fortaventure, 11. — Va chercher du secours et des vivres en Espagne, 14, 17. — Donne des instructions secrètes à Jehan le Verrier et à Jehan le Courtois, 15. — Le patron de la nef Morelle refuse d'enlever les hommes laissés à Lancelote par Bethencourt, 18. — Avait amené d'Europe deux truchements canariens, 22, 46. — Est dépouillé par Berneval de vivres qu'il avait laissés à Lancelote, 26, 31. — Avait cru Berneval un loyal gentilhomme, 30. — Berneval espère faire sa paix avec Bethencourt, 32, 33. — Les complices de Berneval, par crainte de Béthencourt, prennent la fuite et se noient sur les côtes du Maroc, 34, 36. — Béthencourt fait emprisonner à Cadix plusieurs mutins et perd une nef à San-Lucar-de-Barrameda, 35. — Se rend à Séville auprès du roi, 36. — Est informé des méfaits de Berneval et perd une seconde nef, 37. — Fait hommage des îles au roi de Castille, 38, 57. — Reçoit du roi 20,000 maravédis d'or et des vivres, le quint des marchandises importées des Canaries et le droit de battre monnaie, 39. — Enguerrand de la Boissière gaspille l'argent reçu par Béthencourt du roi de Castille ; — Béthencourt reçoit encore du roi une nef, 80 hommes et des vivres, 40. — Revient aux Canaries, 41, 72. — Renvoie sa femme en France, 42. — Prend le titre de roi des Canaries, orne de coquillages sa toque de baron ; — son portrait, 49. — S'il pouvait être aidé de quelque prince, il ferait de grandes conquêtes, 52, 83. — Envoie du secours aux îles, 53. — Les habitants de Lancelote se rendent à Béthencourt et lui demandent le baptême, 73, 74. — Projette une excursion au cap Bojador et au fleuve de l'Or, 86. — Une de ses barques fait des prisonniers au cap Bojador, 99. — Son intention est d'ouvrir le chemin du fleuve de l'Or, 101. — Manque de vivres et de vêtements, 102. — Est vainqueur des insulaires et les fait baptiser, 103. — Se querelle avec Gadiffer, 104, 108, 112. — Passe de Lancelote à Fortaventure, 106. — Envoie à Lancelote des prisonniers qu'il a faits à Fortaventure ; — se fortifie dans Fortaventure, 107. — Visite les côtes de Gran Canaria, 108, 129. — Reçoit de Castille un un navire de vivres, 111. — Gadiffer médit de lui, 112. — Part pour l'Espagne avec Gadiffer, 113, 114. — Ne trouva que 300 personnes à Lancelote, et les conquit à grand' peine, 134. — En Espagne avec Gadiffer ; — renouvelle au roi de Castille l'hommage des Canaries, 136. — Revient à Fortaventure, 137. — Rétablit dans les îles son autorité compromise par plusieurs défaites infligées à ses hommes pendant son absence, 138, 139. — Défend de tuer un Canarien géant, 142. — Les hommes du parti de Gadiffer jalousent Béthencourt, 143. — Béthencourt envoie Jehan le Courtois à Baltharays, 145. — Dissimule son ressentiment contre Dandrac et Hannibal, 147. — Est bon pour les insulaires qui se soumettent, 151. — Les rois de Fortaventure lui demandent la paix et le baptême, 153. — Fait baptiser à Baltharays les rois et les habitants de Fortaventure, 154. — Va en France ; — emmène une Canarienne et trois Canariens pour leur montrer le pays, 155, 156. — Engage des Normands pour les Canaries,

16

158, 160. — Achète une nef de R. de Braquemont; — part de Grainville pour les Canaries, 161. — Son arrivée aux îles, 162. — Se loge à Rubicon avec la plupart de ses nouveaux compagnons, 164. — Passe à Fortaventure, 165. — Est appelé roi par les Canariens; — projette d'aller à Gran Canaria; — fait souper avec lui les rois de Fortaventure, 166. — Parrain d'un nouveau-né canarien; — aborde au cap Bojador, 168. — Passe à la Gran Canaria, 170. — Passe de Gran Canaria à Palma, 171. — Passe de Palma à l'île de Fer; — y fait 111 esclaves, 172. — Fait le partage des terres de Lancelote, Fortaventure et Fer, 173. — Établit l'impôt du quint; — désire un évêque pour les Canaries; — ses recommandations à Maciot, 174. — Visite les îles conquises, 176. — Revient à Rubicon; — donne des terres au roi de Lancelote, 177. — Tient une cour plénière à Rubicon, 179. — Confirme l'impôt du quint, 180. — Ses instructions à Maciot; — annonce de nouveau qu'il demandera au pape un évêque pour les îles, 181. — Son départ des îles, 182. — Arrive à Séville, 183. — Va trouver le roi à Valladolid, 184. — Obtient des lettres du roi pour le pape, 185. — Son séjour à Rome; — est reçu par le pape, 186. — Perd encore un navire; — écrit à Maciot, 189. — Son séjour à Florence, 192. — Son séjour à Paris, 193. — Arrive à Grainville, 194. — Par jalousie il chasse son frère et met sa femme en prison, 195. — Fait la paix avec son frère et sa femme, 197. — Perd deux barges; — reçoit des nouvelles des Canaries; — retourne en Castille, 198. — Ses derniers moments et sa mort, 199. — Fut placé pendant sa minorité sous la garde de Charles VI, 217.

Béthencourt (Jean V de), LXVIII, LXIX, 200. — Épouse Marie, fille de Collard de Béthencourt, 202. — Épouse Jeanne de Noyon, 203.

Béthencourt (Jean VI de), LXX, 203.

Béthencourt (Jean VII de), LXXI.

Béthencourt (Jeanne de), dame de Neuville, puis d'Erneville, reçoit de Jean III un don de franc mariage de 50 l. t., XXXVIII, 201, 208.

Béthencourt (Jeanne de), fille de Collenet, épouse Jean V, LXVIII, LXIX.

Béthencourt (Lize de), 203.

Béthencourt (Louis Ier de), LXX.

Béthencourt (Maciot de), épouse Téguise, fille de Guadarfia, LXI. — Gouverneur des îles; — bâtit Saint-Martial-de-Rubicon et Sainte-Marie-de-Béthencourie; — fonde Téguise, LXI, 11. — Accusé par Biezma, LXII. — Vend Fortaventure et Fer au comte de Niebla et Lancelote au prince Henri, LXIII. — Est peut-être cousin germain de Jean IV de Béthencourt, LXVIII. — S'engage avec plusieurs de ses frères à partir avec Béthencourt, 159, 160. — Choisit les colons qui doivent passer aux Canaries, 162, 233. — Béthencourt se propose de le laisser aux Canaries, 167. — Parcourt les îles avec Béthencourt, 176. — Nommé gouverneur des îles, 180. — Son revenu comme lieutenant-gouverneur, 181. — Est chargé d'envoyer à Béthencourt des produits des îles, 182. — Se fait armer chevalier, 189. — Reçoit Las Casas, 190. — Son administration, 191. — Envoie à Béthencourt des nouvelles des îles, 198.

Béthencourt (Mathieu de), LXX, LXXI.

Béthencourt (Philippe de), inhumé dans l'église du prieuré de Sigy, XXXV, LXVII.

Béthencourt (Regnault Ier de), vivait en 1282, XXXVI, LXVII, 201.

TABLE GÉNÉRALE.

Béthencourt (Regnault II, dit Morelet), fils de Jean III. — Vend le Gourrel à Baudouin Eude, XLIII, 210. — Par arrangement avec les époux de Rouville, Regnault conserve Béthencourt et reçoit 500 l. t., L, 229. — Reçoit de Henri V, roi d'Angleterre, la seigneurie de Beuzemouchel, confisquée sur la dame de Bellengues, I.. — Autorisé par Charles VI à régler à l'amiable une action qu'il soutient avec Robert de la Heuse contre Jean IV de Béthencourt, LI, 224. — Chassé et déshérité par son frère, LVII, LXIX, LXVIII, 195. — Vient voir son frère de retour des Canaries, 158, 160. — Etait grand-maître d'hôtel du duc de Bourgogne, 194. — Va voir sa belle-sœur prisonnière à Béthencourt, 196. — Rentre avec sa belle-sœur dans les bonnes grâces de son frère, 197.

Béthencourt (Robert de), LXX.

Béthencourt (seigneurie de). — Béthencourt baille aveu au roi d'Angleterre pour cette seigneurie, XLII, 227. — Est située près de Sigy, LXVII. — Autre seigneurie du même nom appartenant à la même famille, LXVII. — Béthencourt baille en gage à R. de Braquemont sa terre de Béthencourt, 156. — Figure encore parmi les fiefs qu'il possédait à sa mort, 200. — Est revendiquée par les époux de Rouville, 230. — Reste à Regnault II de Béthencourt, 232.

Bergeron, XXXV, XXXVI, XXXVII, LXVI, LXXI, LXXIII, LXXVI, 2, 19, 21, 36, 39, 42, 49, 83, 85, 88, 90, 114, 151, 184, 198.

Beuzeville, village normand, fournit des colons à Béthencourt, 160.

Biezma, dénonce Maciot à la cour d'Espagne, LXII.

Blaeu (Guillaume et Jean), XVI.

Bianco (Andrea), 93, 97.

Blessi (Guillaume, bâtard de), complice de Berneval, 22, 24, 25, 43.

Boccace, V, 109.

Boissière (Enguerrand de la). — Gaspille une somme donnée par le roi d'Espagne à Béthencourt, 39. — S'appropria le prix d'une barque appartenant à Béthencourt, 40. — Reconduit Mme de Béthencourt à Grainville, 42.

Bojador (cap), à 150 lieues françaises du fleuve de l'Or, X, 100. — Doublé par Béthencourt, XXIX, 168. — Figure sur les anciennes cartes, LXXXII. — Sa distance des Canaries, 120. — Port situé au sud du cap Bojador, 169.

Bontier (Pierre), chapelain et domestique de Béthencourt, LXXIV. — Moine de Saint-Jouyn de Marnes; 2. — Tente une démarche auprès de Béthencourt, 31. — Fait avec Le Verrier une instruction pour les Canariens, 75. — Béthencourt le laisse aux Canaries, 155.

Bordenière (Gillet de la), complice de Berneval, 43.

Borghero (carte de), 98.

Bory de Saint-Vincent, VII, 12, 57, 60, 64, 66, 67, 115, 117, 118, 121, 122, 125, 127, 128, 131, 133, 138.

Bouet-Willaumez (carte de), 99.

Bouhereau (Françoise), femme de Laudasse de Francamp, LXXII.

Boulombel (Sierra-Leone), fréquenté par les Normands, XXV.

Boville (Jehan de), gentilhomme normand, 159, 160, 182.

Boville (village), fournit des colons à Béthencourt, 160.

Braquehais (l'abbé), déplace la pierre commémorative élevée par l'abbé Cochet, LX.

Braquemont (Aldonce), femme de Pierre de Rouville, L, 229.

Braquemont (Marie de), épouse Jean III de Bethencourt, XXXVIII, LXVIII, 194, 202. — Veuve, fieffe à Guillaume de Vaux une pièce de terre sise à Grainville, XLII, 207. — Mère de Jean IV; — épouse en secondes noces Roger Suhart, XLII.

Braquemont (Mathieu de), prend à ferme, de Jean III de Béthencourt, la terre de Grainville, XXXIX, 205.

Braquemont (Regnault de), père de Marie, femme de Jean III de Béthencourt, XXXIX, 202.

Braquemont (Robert de), amiral de France. — Sa position en Espagne, XLIX. — Donne 7,000 l. t. à Béthencourt contre la seigneurie de Grainville, L, 156, 230. — Vend une barge à Béthencourt, LIII, 161.

Braquemont (sire de), épouse la veuve de Jean II de Béthencourt, XXXVIII.

Braun (Samuel), XV, XXIX.

Bréauté (Marie de), épouse Regnault II de Béthencourt, LXIX, 194, 202.

Brument (Robin), patron d'une nef de Gadiffer, 13.

Brument (Colin), matelot sur une nef de Gadiffer, 13.

Brun (Jehan), complice de Berneval, 43.

Bugeder (cap). *Voy.* Bojador (cap).

Buttecourt, compagnon de Guillaume le bâtard, XXXV.

Buttencourt, compagnon de Guillaume le bâtard, XXXV.

Bydouville (Jehan de), complice de Berneval, 19, 43.

Byville (Marie de), femme de Jean VI de Béthencourt, LXX.

Caable (île), vue par le Frère Mendiant, 96.

Cadix, port d'Espagne, 7.

Caire (ville du), vue par le Frère Mendiant, 94.

Calve (Francisque), patron de la nef Morelle, 18, 36.

Canaria, nom donné par Clément VI à l'une des Canaries, VI.

Canarien. — Pourquoi ce nom est donné au livre de la conquête, 2.

Canaries, connues des anciens, I. — Leurs habitants, 2, 66. — Leur salubrité, 84.

Canell (Robert), compagnon de Béthencourt, XLVII.

Capraria, nom donné par Clément VI à l'une des Canaries, VI.

Cap Corse, fréquenté par les Normands, XXVII.

Cap Vert, fréquenté par les Normands, XXV, XXVI.

Castelnau (Bernart de), complice de Berneval, 43.

Castillo (Garcia del), 122.

Castillo (Pedro del), XXXI, XXXII, 66, 67.

Castro (Fernando de), XXXII.

Catelina de Lancastre, LVII, LXIII.

Caux (villages de), fournissent des colons à Béthencourt, 160.

Cavallero de Facaracas (la cueva del), grotte de la reine Andamana, 110.

Cerda (Louis de la). — Obtient de Clément VI l'investiture des Canaries, VI. — Reçoit la couronne et prend le nom de prince de la Fortune, VII. — Appelé aux armes par Philippe de Valois, VIII. — Tentative attribuée, par quelques auteurs, au prince de la Fortune, X.

Cerent (Vincent), compagnon de Gadiffer, 13.

Cernent, nom donné par Clément VI à l'une des Canaries, VI.

Chappelier (Guillemette), femme de Jacques Ier de Béthencourt, LXXI.

Charles V, fait démolir les fortifications de Grainville-la-Teinturière, 217.

Charles VI, fait l'éloge de Jean II et de Jean III de Béthencourt,

XLI, 217, 219. — Autorise la reconstruction des fortifications de Grainville-la-Teinturière, XLIV, 213. — Ordonne une enquête contre Jean IV de Béthencourt accusé d'avoir maltraité deux clercs, XLV, 220. — Ses instructions aux plénipotentiaires de Leulinghen concernant Béthencourt, LI. — Autorise Jean IV et Regnault II de Béthencourt et Robert de la Heuse à régler à l'amiable un procès engagé entre eux, LI, 224.

Charles VII, reçoit des nouvelles du Prêtre Jean, 93.

Charrière, XLI.

Charton (Edouard), LXIV, LXXVII, 19, 34, 36, 42, 49, 59, 84, 96, 103, 116, 118, 130, 140.

Chauvincourt (Mme de), parente des Béthencourt, 202.

Chevalier (Jehan le), compagnon de Béthencourt, 29. — Sa mort, 171.

Ciampi (Sébastien), v.

Ciot de Lartigue, complice de Berneval, 43.

Claire (monts de) ou Atlas. *Voy.* Atlas.

Clément VI, pape, donne les Canaries à Louis de la Cerda, VI. — Écrit à plusieurs souverains en faveur de ce prince, VII.

Clos (Jehan du), dit Galopin, tavernier à Riville, XLV, 221.

Cochet (l'abbé), XVII, XIX, LV, LVII, LX.

Codine, X, 90, 94, 96, 97, 99, 100.

Coello, LXXVIII.

Colbert, XIX, XXII.

Colomb (Christophe), part de la Gomère pour la découverte de l'Amérique, 121.

Commendo, province de Guinée fréquentée par les Normands, XXI. — Villault de Bellefond y trouve les ruines d'une construction française, XXIV.

Conrange ou Courage (Morelet de), complice de Berneval, 19, 43.

Cordeyro, 104, 134.

Cormentin, ville du golfe de Guinée fréquentée par les Normands, XVI, XXVII.

Coronelli, XVI, XXIX.

Cortambert (Eugène), VII, LXXIX, LXXXIII.

Côte des Dents, province de Guinée fréquentée par les Normands, XXVI.

Côte d'Or, province de Guinée fréquentée par les Normands, XXVI, XXVII, XXVIII.

Courtenay (Pierre de), accuse Béthencourt de piraterie, XLVII.

Courtille, trompette de Gadifer, livre à la justice Bertin de Berneval, 37.

Courtois (Jehan le). — Conversation avec Béthencourt, LX. — — Béthencourt lui fait certaines recommandations secrètes et lui confie la garde de Rubicon, 15. — Sauve Dandrac des mains de Asche, 50, 51. — Envoyé avec Dandrac contre les habitants de Fortaventure, 141, 142, 143. — Enleve de Baltharays les prisonniers que gardaient Dandrac et Hannibal; — grosse querelle et plaintes de Courtois à Béthencourt, 145. — Enleve de Baltharays les femmes canariennes gardées par Dandrac et Hannibal, 148. — Désigné pour remplir les fonctions de lieutenant pendant un voyage de Béthencourt en France, 155. — Vient recevoir Béthencourt à Lancelote, 163, 234. — Est d'avis d'aller à Gran Canaria, 166. — Désigné pour revenir en France avec Béthencourt, 167. — Passe au cap Bojador et du cap Bojador à Gran Canaria, 170. — Est tué dans une rencontre avec les Canariens, 171.

Coutumier d'Harfleur et de Leure, XVI.

Coutumier de la Vicomté de l'Eau de Rouen, XVI.

Croisé, XVIII, XXIX.

Cuvellier, trouvère, XLI.

Damiette (ville de), vue par le Frère Mendiant, 94.

Dandrac (Guillaume), compagnon de Gadiffer. — Est traîtreusement attaqué par Asche, 50, 51. — Envoyé avec le Courtois contre les habitants de Fortaventure, 141, 144. — Vives explications avec le Courtois, qui lui enlève ses prisonniers, 145. — Nouvelles explications avec le Courtois, qui lui enlève les femmes canariennes qu'il détenait à Baltharays, 148. — Béthencourt le laisse aux îles, 155. — Passe de Fortaventure au cap Bojador et du cap Bojador à Gran Canaria, 170.

Daniou, complice de Berneval, 43.

Dapper, xiv, xxix.

Delyens (Pierre), complice de Berneval, 19.

Diaz (Juan), 95.

Dieppe (archives de), xxxi.

Dieppe (marchands de), envoient aux côtes de Guinée, xii. — S'associent avec les marchands de Rouen, xxvi.

Dieppe (marins de), xxviii.

Dongala, roi, visité par le Frère Mendiant, 90.

Dongale (royaume de), visité par le Frère Mendiant, 92.

Doramas, héros canarien, 125.

Doria (Tedisio), marin génois, iv.

Douet-d'Arc, lvii.

Dragonnier, 64.

Du Cange, xxxvii, 171.

Ducasse (Gabriel). — Visite les côtes de Guinée, xx. — Reçoit du roi Amoysy, au nom du roi de France, le village d'Aguitagny, xxi.

Duchesne, xxxv, xxxvi, xxxvii.

Du Guesclin, appelle aux armes la noblesse de Normandie ; — invite Jean III de Béthencourt à prendre part au conseil tenu la veille de la journée de Cocherel, xl.

Dumont d'Urville, 64.

Duverrier (Henri), x.

Echentive, prince harouarythe, 119.

Edrisi, ix.

Egypte, vue par le Frère Mendiant, 94.

Embronea, nom donné par le pape Clément VI à l'une des Canaries, vi.

Enfer (île d'). *Voy.* Ténérife.

Enrique III, roi de Castille, reçoit de Béthencourt l'hommage des Canaries, liii, 38, 136. — On accuse devant lui Béthencourt, 7. — Reçoit Béthencourt à Séville, 38. — Lui donne de l'argent, des vivres, le quint des marchandises importées des Canaries en Espagne, le droit de battre monnaie, 39. — Lui donne une nef et 80 hommes, 40, 42. — Défend d'aller aux Canaries sans l'autorisation de Béthencourt, 57. — Envoie deux flottilles pour pirater aux Canaries, 134. — Reçoit Béthencourt à Valladolid, 184. — Désigne Las Casas pour premier évêque des Canaries, 185. — Ecrit au pape en faveur de Béthencourt, 186.

Erbanie ou Erbanne. *Voy.* Fortaventure.

Erneville (Eustache, Eustace ou Ystace d'), épouse Jeanne de Béthencourt, veuve de Pierre de Neuville, xxxviii, 201.

Erneville (Eustache d'), demande à suivre Béthencourt aux Canaries, liii, 158.

Erneville (Philippote d'), femme du sieur de Maurepas. — Jean IV la reconnaît héritière du don de franc mariage fait à Jeanne de Béthencourt par Jean III, xxxviii, 201, 203.

Espinosa, 2, 124.

Estancelin, xxv, xxix.

Eugène III, pape, reçoit des nouvelles du Prêtre Jean, 91, 92.

Euphrate ou Eufrate, non donné par le Frère Mendiant à l'un des fleuves de l'Afrique, IX, 97.

Fantin, visitée par les Normands, XXVII.

Farfus, tribu chrétienne du Maroc, 85.

Fayel (Jeanne du), épouse Jean IV de Béthencourt, XLI, LXIX, 202. — Dit un mot indiscret pour lequel son mari la fait mettre en prison, LVI, 195. — Il la fait reconduire de Cadix à Grainville, 42, 55. — La fait venir de Béthencourt à Grainville, 158, 194. — Son entrevue avec Regnault II, 196. — Réconciliée avec son mari, 197. — Précéda son mari dans la tombe, 199.

Fayna, reine de Lancelote, séduite par Martin-Ruiz de Avendano, XXXI, 10, 45.

Fer (île de), conquise par Béthencourt, LIV. — Est la plus petite île des Canaries ; — visitée par les Normands, 69. — Description, origine du nom, 115. — Distribuée par Béthencourt aux Normands, 173.

Fer (habitants de l'île de). *Voy.* Herrenos.

Ferer ou Ferrer (Jacques), marin catalan, va au fleuve de l'Or, VII, LXXXI.

Ferrant Dordogne ou Dordongues, patron de la nef Tranchemare, 18, 37.

Flamens (Henry et Guillaume), serviteurs de Jean IV de Béthencourt, 221.

Fleury (l'abbé), VII.

Fleuve de l'Or, visité par Jacques Ferrer, VIII, LXXXI, LXXXII. — Vu par le Frère Mendiant, 94. — Sa distance du cap Bojador, 100. — Figure sur une carte que possédait Béthencourt, 169.

Folieta (Uberti), IV.

Fortaventure ou île de Fuertaventura, conquise par Béthencourt,

LIV. — Nommée aussi Albanne, Erbanne, Erbanie, Fortuite, 11. — Divisée en deux districts ; — sa capitale, 12. — Sa description, 130. — Distribuée par Béthencourt aux Normands, 173.

Fortaventure (habitants de). — Une femme étrangle son enfant, 61. — Grands et forts ; — plusieurs sont emmenés en servitude par Béthencourt, 107. — Leur nourriture, 132. — Leurs mœurs et coutumes ; — battent les Normands, 138. — Détruisent Richeroque, 139. — Leurs rois demandent le baptême, 151. — Leur joie au retour de Béthencourt, 163, 165, 233. — Viennent voir Béthencourt à Rubicon, 177. — Reçoivent des terres de Béthencourt, 178.

Fortin (Guillaume), serviteur de Jean IV de Béthencourt, 221.

Fortuite. *Voy.* Fortaventure.

Fourmis qui tirent de l'or, 95.

Franciscains de Gran Canaria, XII.

Francisco Lopez, fait naufrage sur les côtes de Gran Canaria, XXXI.

Frère (Edouard), LXXXIII.

Frère Mendiant, ses voyages, XI, 87, 89.

Freisengen (Othon de), a connaissance du Prêtre Jean, 92.

Freville (Ernest de), XXII, XXIII, XXV, XXIX, XLVIII, LII, 17.

Gabala (évêque de), signale au pape Eugène III l'existence du Prêtre Jean, 91.

Gadiffer de la Salle. — Trouve le testament des aventuriers espagnols mis à mort par les Canariens, XXXII, 66. — Cité par Charles VI dans les instructions données aux plénipotentiaires de Leulinghen, LI. — Est rencontré à la Rochelle par Béthencourt ; — passe pour descendant de Waïfer, LII. — Se querelle avec Béthencourt et revient en France, LIII. — Part avec

Béthencourt pour les Canaries, 4. — Arrive à Lancelote, 9. — Passe à Fortaventure, 11. — Ses hommes lui refusent l'accès de sa propre nef, 13. — Est laissé aux îles par Béthencourt, 14, 37. — Est attaqué par les complices de Berneval, 16. — Envoie Berneval à une nef arrivée à l'île de Loupes, 17. — Berneval détourne de lui une partie de la troupe, 19. — Gadiffer passe dans l'île de Loupes, 20. — Revient à Lancelote, 21. — Berneval lui prend un bateau, 24. — Berneval enlève les vivres laissées à Rubicon pour les hommes de Gadiffer, 26. — Gadiffer est menacé par Berneval, 27. — Est ramené par Calve à Lancelote, 29. — Son séjour à l'île de Loupes, 30. — Est dépouillé par Berneval, 31. — Les complices de Berneval font demander grâce à Gadiffer, 34. — Perte d'une nef appartenant à Gadiffer, 35. — Le roi d'Espagne donne pour lui des vivres, 39. — Béthencourt lui écrit, 40, 54. — Gadiffer n'est pas content que Béthencourt ait fait hommage des îles au roi d'Espagne, 41, 54. — Noms de ceux qui le trahirent, 43. — Gadiffer fait clameur de haro contre les Lancelotains, 44. — Demande aux Lancelotains ses prisonniers, 45. — Reçoit Asche qui offre de lui livrer Guadarfia, 46. — Fait Guadarfia prisonnier, 47. — Laisse Asche prendre le titre de roi, 49. — Emmagasine des vivres dans le vieux château de Lancelot Maloisel, 50. — Projette de tuer tous les hommes de défense de Lancelote, 52. — Reçoit des vivres de Castille, 54. — Un bateau pris par les complices de Berneval est ramené par les vents à l'île Gracieuse, 55. — Gadiffer commence la visite des îles, 56. — Prend terre à Fortaventure, 58. — Fait quelques prisonniers, 61. — Rencontre avec les insulaires, 62. — Passe à Gran Canaria, 63. — Trafique avec les Canariens et leur fait la chasse, 65. — Passe à l'île de Gomera, 68. — Passe à l'île de Fer après avoir manqué l'île de Palma, 69. — Passe à l'île de Palma, 70. — Revient à Lancelote après une absence de trois mois et trouve à Rubicon plus de 100 prisonniers, 71. — Va recevoir Béthencourt de retour d'Espagne, 72. — Sa joie de la conversion de Guadarfia, 73. — A visité toutes les Canaries, ainsi que la côte d'Afrique, 83. — Se querelle avec Béthencourt, 103. — Vend des prisonniers, 106. — Echange des menaces avec Béthencourt; — passe à Gran Canaria, 108, 129. — Sa conversation avec le patron d'une barge espagnole, 112. — Nouvelle querelle avec Béthencourt, 113. — Part avec Béthencourt pour l'Espagne; — passe en France, 114. — Laisse aux îles son bâtard Hannibal et plusieurs de ses anciens compagnons, 136. — A fermé les fontaines de Fortaventure, 139.

Galdar, ville et district de Gran Canaria, 109.

Galindo (Juan Abreu de), xi, xii, xxxi, xxxii, xxxiii, xxxiv, lxi, 11, 49, 67, 116, 117, 119, 134, 138, 172.

Gallet, gentilhomme anglais, descendant de Philippote de Troyes, 202.

Gamaches (seigneur de), démolit le château de Saint-Martin-le-Gaillard, lvii.

Gando, baie de Gran Canaria, x.

Garoé, arbre merveilleux de l'île de Fer, 117.

Gaucourt (sieur de), surnommé Passart, époux d'une fille de Jean V, 203.

Gauleta, nom donné par le pape Clément VI à l'une des Canaries, vi.

Gautier de Saint-Martin, père d'Isabeau, xxxvi.

Gazola, Godala, Guzzula, ancienne Gétulie, vue par le Frère Mendiant, 89, 94.

Gênes (doge de), prié par Clément VI de prêter son concours à Louis de la Cerda, VII.

Génois (marchands), accusent Béthencourt de piraterie, 7.

Gil Eannez, double le cap Bojador, LVI, 168.

Ginnamar, gouffre de Gran Canaria, XI.

Gion, fleuve d'Ethiopie, IV.

Girat (Pierre), colon, 160.

Giustiniano (Agostino), IV.

Glas (George), VII, XII, XIII, XXIX, XXXI, XXXII, XXXIII, XXXIV, LXI, 11, 49, 66, 69, 110, 122, 126, 127, 128, 134, 138.

Gomara, LXII, LXIII, 134.

Gomera. — Arrivée des Normands, 68. — Description, 121.

Gomerytes. — Légende sur leur langage ; — leur costume, leurs mœurs, leur courage, 121. — Ne visitent pas Béthencourt qui n'a pu les soumettre, 177.

Gonnor, femme de Richard Ier, mère de Richard II, XXXVI.

Gorgonas, nom donné par Clément VI à des îles des Canaries, VI.

Gotome ou Gottome, royaume vu par le Frère Mendiant, 97, 98.

Gourrel (seigneurie de), vendue par Jean IV et Regnault II de Béthencourt, XLIII, 210.

Graberg de Hemso, IV, IX.

Graciosa (île). — Arrivée des Normands, 9. — Berneval y va voir le patron de la nef Tranchemar, 20.

Grainville (Nicole de), apporte à Jean Ier de Béthencourt la seigneurie de Grainville ; — renonce au patronage de l'église de ce lieu, XXXVI, LXVIII, 203.

Grainville (seigneurie de), apportée par Nicole dans la maison de Béthencourt, XXXVI, 203. — Objet d'un aveu de Jean IV de Béthencourt au roi d'Angleterre, XLII, 228. — Charles V en fait démolir les fortifications, XLIII. — Fortifiée à nouveau par Jean IV, XLIV, 213. — Donnée à ferme par Jean III à Mathieu de Braquemont, 156, 205. — Jean IV est enterré dans l'église de Grainville, 200. — Vendue à Robert de Braquemont, L, 230. — Passe aux époux de Rouville, 231.

Grecs, connurent les Canaries, I.

Gran Canaria. — Abordée par les Espagnols, XXXI. — Etymologie du mot Canaries, 2. — Visitée par Gadiffer, 99, 108, 129. — Description de l'île, 127.

Gran Canaria (habitants de). — Leur noblesse, 67. — Chassent les Normands, 110. — Leurs castes, 127. — Leurs vêtements, leur bravoure, leur respect des des femmes, 128.

Grand-Quesnay, fief de Béthencourt, XLIII, 200.

Grand-Sestre ou Petit-Paris, sur les côtes de Guinée, visité par les Normands, XVI, XXIV, XXVI, XXVII, XXVIII.

Grant-Aldée, village de Lancelote, 22.

Grozons (Williaume), accuse Béthencourt de piraterie, XLVII.

Guachargua, princesse harouarythe, 119.

Guadarfia, roi de Lancelote. — Marie sa fille à Maciot de Béthencourt, LXI. — Traite avec Béthencourt ; — sa destinée, 10. — Fait prisonnier par Berneval ; — se délivre ; — son opinion sur les Européens, 23. — Trahi par Asche, 45. — Fait prisonnier par Gadiffer, 48, 49. — Se sauve en emportant ses chaînes, 50. — Fait brûler Asche, 51. — Se fait baptiser, 74. — Demande des terres à Béthencourt, 177.

Gualhegueya, héros gomeryte, 122.

Guanarême, roi de Lancelote, fait prisonnier par les Espagnols, 134.

Guéran (Marie de), femme de Laudasse de Blondmanoir, LXXI.

Guérillon, XVII.

Guibert, XIX, XX, XXIX.

Guillaume Martel, frère de Gautier de Saint-Martin, XXXVI.

Guimidafe, roi de Gran Canaria, 110.

Guiniguada (baranco de), à Gran Canaria, 66.

Guinaguada, ravin de Gran Canaria, XXXI.

Guinée (côtes de), vues par Doria et les frères Vivaldi, IV. — Fréquentées par les Dieppois, XII. — Vues par le Frère Mendiant, 90.

Gulpis (île de), vue par le Frère Mendiant, 96.

Guyard de Berville, XL.

Handia, district de Fortaventure, 12, 152.

Hannequin d'Auberbosc, compagnon de Béthencourt, 58, 62.

Hannibal, bâtard de Gadifer. — Revient à Lancelote avec son père, 14. — Attaqué avec son père par les complices de Berneval, 16. — Vient faire la révérence à Béthencourt, 137, 234. — Occupe le fort de Baltharays, 138. — Battu par les habitants de Fortaventure, 142. — Indisposé contre Béthencourt, 143. — Fait la chasse aux habitants de Fortaventure, 144. — Jehan le Courtois lui enlève ses prisonniers, 145. — Lui enlève aussi ses prisonnières, 148. — Béthencourt le laisse à Fortaventure, 155. — Vient faire la révérence à Béthencourt, 164. — Se propose d'aller à Gran Canaria, 167. — Va du cap Bojador à Gran Canaria, 170. — Est tué par les Canariens, 171.

Hanouart (village normand), fournit des colons à Béthencourt, 160.

Hardy (Michel), XVII, LXXIII, 43.

Harfleur. — Béthencourt y débarque en 1405, 156. — Il s'y rembarque pour retourner aux îles, 161.

Harouarythes, habitants de Palma, 119.

Hellet, 56.

Hely (sire de), rencontré à la Corogne par Béthencourt, 5. — Ses conversations avec Béthencourt, 6.

Helye (Michelet), compagnon de Béthencourt, 148.

Herreños (habitants de l'île de Fer). — Se révoltent contre Maciot de Béthencourt, LXI. — Leurs mœurs, coutumes, chants, danses, vêtements, habitations, 69, 116. — Plusieurs fois décimés par les corsaires, 115. — Aident à la soumission des autres îles, 119.

Herrera, conquistador, 11, 12.

Hersaud (fille de), femme de Guillaume de Bacqueville, XXXVI.

Hersaud, frère de la duchesse Gonnor, XXXVI.

Hesperida, nom donné par Clément VI à l'une des Canaries, VI.

Heuse (Robert de la), plaide contre Béthencourt, LI, 224. — Vient voir à Grainville le conquérant des Canaries, 157.

Heylin, VII.

Hideux (le), sieur de Sommery, descendant de Philippe de Troye, 202.

Hodgson, 96.

Hornay (Bidaut de) ou Bidault d'Hourneau, complice de Berneval, 19, 43.

Houdetot (Guillaume de), descendant de Philippe de Troye, 202.

Houdetot (Jehanne de Saint-Martin, dame de), héritière d'Aude de Saint-Martin, XXXIX.

Hue de Donquerre, achète de Jean IV de Béthencourt une maison sise à Paris, LXI, LI.

Huet, xiii.

Humbert, dauphin, sollicité par Clément VI de prêter son concours à Louis de la Cerda, vii.

Humboldt, 64, 98.

Huqueleu, xliii.

Ico, fille de Fayna, 10. — Soumise au supplice de la fumée, 45.

Innocent VII, pape, reçoit Béthencourt, 186.

Instructions ou Introduction donnée par les chapelains de Béthencourt aux Canariens, 75.

Irlandais (moines), connurent les Canaries, i.

Isabel (canarienne), détenue par Berneval, 22. — Est jetée à la mer par Berneval, 32.

Isidore de Séville, 2.

Jacques Cœur, sa devise, xxiv.

Jamet de Barège, compagnon de Gadiffer, 58.

Jaquet, le boulengier, complice de Berneval, 22, 43.

Jardins, port de Fortaventure, 139.

Javyn (André), lii.

Jeanne de Sicile, vii.

Jehan le Cousturier, complice de Berneval, 43.

Joinville (sire de), sur le Prêtre Jean, 91.

Jourdain Guérart, dépositaire de papiers appartenant à Jean IV de Béthencourt, 199.

Juan II, roi de Castille. — Reçoit le serment de vassalité de Jean IV de Béthencourt, lvii. — Autorise la vente des îles au comte de Niebla, lxiii.

Junonia, nom donné par le pape Clément VI à l'une des Canaries, vi.

Kong. *Voy.* Atlas.

Labat, xii.

Laborde (vicomte de), lxxxiii.

Lacatif ou Arrecife, port de Lancelote, 47.

Lagone (sieur de), parent des Béthencourt, 202.

Laleu (Jehan de), complice de Berneval, 43.

Lancelote (habitants de). — Font la guerre aux Normands, 44. — Leur joie quand Béthencourt revient d'Espagne, 73. — Beauté et vêtement des femmes, 135. — Prennent part à la guerre contre Fortaventure, 140, 142, 144. — Leur joie quand Béthencourt revint de France, 163, 233. — Viennent voir Béthencourt à Rubicon, 177. — Pleurent à son départ, 182.

Lancelote (île). — Sur les anciennes cartes elle est aux armes de Gênes, iii. — Dépeuplée par les Espagnols, xxxiii, 134. — Conquise par Béthencourt, liv. — Arrivée de Béthencourt, 9. — Sa population, son étendue, sa richesse, 9, 71. — Sa description, 133. — Partagée par Béthencourt entre les aventuriers normands, 173.

Lancelot Maloisel. Construisit à Lancelote un château qui garda son nom, ii, 50. — Sa famille, iii.

Las Casas (Alvaro de). — Nommé évêque des Canaries, lix, 186, 188. — Sa mort, lxi, 190. — Son arrivée à Fortaventure; — sa conduite, 190.

Las Casas (Barthélemy), 103.

Las Casas (Guillaume), époux d'Inès de Béthencourt, 190.

Las Casas ou Lesecases (Jean de), 40.

Lastic (Jean de). — Sur le Prêtre Jean, 93.

Laudasse de Francamp (Antoinette-Charlotte), fille de Nicolas-Jean-Jacques-Bernard, femme d'Adrien-Jacques-Nicolas Guérard de la Quesnerie, lxii.

Laudasse (Jean Iᵉʳ), sieur de Blondmanoir, LXXI.

Laudasse de Francamp (Jacques-Joseph), fils de Jean III et de Françoise Bouhereau, LXXII.

Laudasse de Francamp (Jean II), époux de Florence de Béthencourt, LXXII.

Laudasse de Francamp (Jean III), fils de Florence de Béthencourt, LXXII.

Laudasse de Francamp (Nicolas-Jean-Jacques-Bernard), fils de Jacques-Joseph.

La Vierge, navire dieppois, XXVII.

Le Baillif (Marie-Rose), femme de Jacques-Joseph de Laudasse de Francamp, LXXII.

Leclerc (Marie), femme de Jean VII de Béthencourt, LXXI.

Lecoy de la Marche, 187.

Leland, XXIV.

Le Maçon (Jehan), va chercher Gadiffer à l'île de Lobos, 29. — Construit la chapelle de Notre-Dame-de-Béthencourie, 168. — Désigné par Béthencourt pour bâtir des églises, 175. — Accompagne Béthencourt dans sa dernière visite des îles, 176. — Assiste à la cour plénière tenue par Béthencourt, 179.

Lemaire, 52.

Lemaout, 60.

Le Moyne (Guillaume), compagnon de Béthencourt, 29.

Lenfant, serviteur de Jean IV de Béthencourt, 221.

Léon l'Africain, 89.

Lépinois (de), 187.

Le Prevost (Marguerite-Jeanne), femme d'Amable-Guillaume de la Quesnerie, LXXII.

Le Rat, descendant de Philippote de Troye, 202.

Le Saint-Nicolas, navire dieppois, XXVII.

L'Espérance, navire dieppois, XXVII.

Letestu, XVIII.

Letrome, 98.

Lincourt (fief de), XLIII, 200.

Lobos, de Loupes ou des Loups (île de). — Origine de son nom; — visitée par Gadiffer, 13, 18, 24, 25. — Sa description, 133, 177.

Lopez (Francisco), marin espagnol, 66.

Lormier (Charles), XXXVIII, XLII, XLIII, L, LI, LXXIII, 207, 210, 212, 227, 229, 235.

Los Canarios (pointe), île de Gomera, 121.

Louis, nom de baptême de l'un des rois de Fortaventure, 154.

Louppes. *Voy.* Lobos.

Lourme (Jehan de), serviteur de Béthencourt, 221.

Lowe (le Rév.), 130.

Loysel (Pierre), colon normand, 160.

Luce (Siméon), XXXVII, XLVIII, LXXIII, 220.

Lune (monts de la). *Voy.* Atlas.

Lugo (Alonzo de), conquistador, 104, 124, 125.

Lyens (Pierre des), complice de Berneval, 19, 21, 43.

Maby. *Voy.* Alby.

Madoz, LXXVIII.

Mailloc, fils de Jeanne de Maurepas, 201.

Major, III, V, IX, X, XVI, XXII, XXV, XXIX, LII, LXIV, LXXVII, 9, 39, 40, 42, 53, 58, 83, 85, 89, 90, 94, 96, 102, 115, 130, 158, 171, 195, 199.

Malaguette, nom d'une partie de la mer de Guinée; — provenance et importation de la Malaguette, XVI. — Nom donné au poivre par les nègres, XXIV. — Importée à Dieppe, XXVI. — Origine du mot, XXX.

Maloisel. *Voy.* Lancelot Maloisel.

Malte-Brun, xxxvii, lxxviii, lxxxiii.

Mandeville (Jean de). — Sur le Prêtre Jean, 92.

Marchais (des), 99.

Marco Polo. — Sur le Prêtre Jean, 91.

Mardoché (le rabbin), x.

Margry (Pierre), ix, xxii, xxv, xxix.

Maroc (ville de), vue par le Frère Mendiant, 88, 94.

Masson (Jehan le). *Voy.* Le Maçon.

Matthieu Paris. — Sur le Prêtre Jean, 91.

Mauléon (Bernart de), dit Lecoqc, complice de Berneval, 19, 43.

Maurepas (Denyse de), femme de Jean de Bourtanviller, 201.

Maurepas (Jeanne de), dame d'Espreville. 201.

Maurepas (Phillebert Le Peley, sieur de), 201, 209.

Maures, 34.

Maury (Alfred), lxxxiii.

Maxorata, district de Fortaventure, 12, 130, 152.

Mayantigo, prince de Palma, 119.

Mecia de Viladestes (carte de), ii, iv, viii, xxxiii, lxxix, lxxxii.

Melée, cap. du Prêtre Jean d'Ethiopie, 98.

Meli. *Voy.* Melée.

Ménage, 14, 53, 86.

Mercator, 93.

Mesurado (cap), xxx.

Michelet, complice de Berneval, 22, 43.

Micheli, 56.

Mine, château, xiv. — Comptoir fondé par les Français, xv. — Fort; — nègres, xx. — Ancienne église bâtie par les Français, xxiv. — Les Normands transportent des matériaux pour la construction d'un comptoir, xxvii.

Mogador, vue par le Frère Mendiant, 89.

Moncornet, 49.

Montauban (Bernart de), complice de Berneval, 19, 21, 43.

Monstrelet, lvii.

Mont-Ruffet (Mme de), lxxii, lxxxiii, 49, 195, 235.

Monts d'Or. *Voy.* Atlas.

Morelle (nef), 29.

Moulé (cap), fréquenté par les Normands, xxvi.

Muiratte (Jeanne-Charlotte), femme de Nicolas-Jean-Jacques-Bernard de Laudasse, xxxii.

Mungo Park, 98.

Murillo, xiii.

Naos, port de Lancelote, 47.

Nau (Guillaume de), complice de Berneval, 19, 43.

Navarrete, xiii, xxix.

Nénédan, poésie de Ténérife, 125.

Neuville (Philippote), hérite du don de franc mariage fait par Jean III de Béthencourt à sa sœur Jeanne, xxxviii, 209.

Neuville (Pierre de), épouse Jeanne de Béthencourt, xxxviii, 201, 208.

Niccoloso de Recco, pilote d'Angiolino del Tegghia de Corbizzi, v.

Niebla (Henri de Guzman, comte de), obtient la cession des îles conquises par Béthencourt, lxiii.

Nil, vu par le Frère Mendiant, 92, 94.

Ningraria, nom donné par Clément VI à l'une des Canaries, vi.

Non ou Noun (cap), vu par le Frère Mendiant, 90, 95.

Normands, sur les côtes d'Afrique, xii.

Notre-Dame-de-Béthencourt (chapelle), 168.

Notre-Dame-de-Bon-Voyage, navire rouennais, XXVII.

Notre-Dame de la Peña (vierge miraculeuse de), 60.

Noyon (Jeanne de), femme de Jean V de Béthencourt, LXIX, LXXI.

Nyflet (Anafe ou Anaf, ancien dar-el-beida), vu par le Frère Mendiant, 89.

Oberlender, 93.
Oderic de Frioul. — Sur le Prêtre Jean, 92.
Ogerot de Montignac, complice de Berneval, 19, 43.
Oliva, district de Fortaventure, 139.
Ordericus Vitalis, XXXVII.
Ormel (Fernando), comte d'Ureña, prend terre à Gomera, XXXII.
Orseille, plante tinctoriale, 56.
Ortelius, 93.

Palma (île de). — Arrivée des Normands, 70. — Description, 118.
Palmier, 60.
Paloye (île du fleuve de l'Or), vue par le Frère Mendiant, 97.
Parc (vavassorie du), figure dans un aveu de Jean IV de Béthencourt au roi d'Angleterre, XLIII, 229.
Pared, isthme de Fortaventure, 152.
Paris, nom donné par les Normands au Grand-Sestre, XXXVI.
Paul III, pape. — Bulle en faveur des Indiens, 1.
Pedro IV, roi d'Aragon. — Clément VI lui demande aide pour Louis de la Cerda, VII. — Arme des navires en faveur de Louis de la Cerda, VIII. — Expédition aragonaise aux Canaries, X.
Pegolotti (Balducci), XVI.
Peraza (Guillen), battu par les Harouarythes, 119.

Peraza (Martel), pirate espagnol, XXXIII.
Pezazza (Gonzalve), pirate espagnol, 134.
Peña (Nunez de la), 61.
Peña, port de Fortaventure, 59.
Pernet ou Perrenet, complice de Berneval, 22, 43.
Perrin, complice de Berneval, 43.
Petit-Dieppe, comptoir normand des côtes de Guinée, XVI, XXVI.
Pétrarque, III, VII.
Phéniciens, connurent les Canaries, I.
Philippe de Valois. — Clément VI lui demande son concours en faveur de Louis de la Cerda, VII. — Appelle aux armes Louis de la Cerda, VIII.
Picy (paroisse de), fournit des colons pour les Canaries, 160.
Pierre le Canare, fait à Fortaventure des esclaves pour les Normands, 61. — Envoyé par Gadifer auprès des Canariens, 65, 109.
Pizzigani (carte des), VI.
Plaisantins, accusent Béthencourt de piraterie, 7.
Planchon (Catherine), femme de Galien II de Béthencourt, LXXI.
Planchon (Michel), compose des poésies pour l'édition du manuscrit préparée par Galien Ier de Béthencourt, LXXVI.
Plan de Carpin. — Sur le Prêtre Jean, 91.
Plessis (Pierre du), compagnon de Béthencourt, 31.
Plessis (Jehan du), part avec sa femme pour les Canaries, 159, 160.
Pline, 2.
Pluviaria, nom donné par Clément VI à l'une des Canaries, VI.
Prêtre Jean, IV 85, 91, 96.
Preudhomme, descendant de Philippe de Troye, 202.

Quesada de Molina (Pedro), 118.

Quesnerie (Adrien-Jacques-Nicolas Guérard de la), LXXII.

Quesnerie (Amable - Guillaume Guérard de la), LXXII.

Quesnerie (Emmeline Guérard de la, dame Aronssohn), LXXIII.

Quesnerie (Paul Guérard de la), LXXIII.

Quesnerie (Mme Paul Guérard de la), LXXIII.

Quesnerie (Mario Guérard de la), XXXVI, XXXVIII, XXXIX, LXXIII, LXXVI, 203.

Quevilly (Pierre de), compose des poésies pour l'édition préparée par Galien Ier de Béthencourt; — donne des renseignements sur Gadiffer, LII.

Ramusio, 89, 90.

Rasse de Renty, rencontre Béthencourt à la Corogne, 5. — A des difficultés avec lui, 6.

Raynaldus (Odericus), VII.

Remonnet de Lenedem. — Berneval se sert de son nom pour augmenter le nombre de ses complices, 19. — Passe à l'île de Louppes avec Gadiffer, 20. — Veut empêcher les complices de Berneval de s'emparer du bateau de Gadiffer, 25. — Passe à Fortaventure avec Gadiffer, 58, 59, 62.

Renard (C.-L.), XIX.

Renard (Léon), LXXXIII.

Ribeiro dos Santos, XIII, XXIX.

Richart (Thomas), compagnon de Béthencourt, 29.

Richard (de Grainville), colon, 159.

Richeroque (fort de), construit par Béthencourt dans Fortaventure, 107, 139. — Pris par les insulaires, 107. — Béthencourt y revient, 137. — Le fait réparer, 141. — Très-bien réparé par Jehan le Courtois, 166.

Ricold de Monte-Croce. — Sur le Prêtre Jean, 91.

Rieul (Pierre de), compagnon de Gadiffer, 58.

Rio do Ouro, vu par Jacques Ferrer, VIII, LXXXI. — Présenté par le Frère Mendiant comme une branche du Nil, 94. — Marqué sur une carte que possédait Béthencourt, 169.

Rio Fresca, fréquenté par les Normands, XXIII, XXV.

Rio Palma (vallée de), dans l'île de Fortaventure, 60.

Rio Sexto, près du Petit-Dieppe, XXVI.

Riville (seigneurie de). — Appartient à Béthencourt, XLIII, 200. — Vendue par Jean de Riville à Jean IV de Béthencourt, XLV, 227.

Riville (Jehan, bâtard de), arrête et maltraite deux clercs; — vend à Béthencourt la nue-propriété de la seigneurie de Riville, XLV. — Serviteur de Béthencourt, 221.

Robert Denis, fournit des vers pour l'édition du manuscrit préparée par Galien Ier de Béthencourt, LXXVI.

Romains, connurent les Canaries, I.

Rosny (Lucien de), XXII.

Rouen. — Marchands, XII, XXVI. — Archives, XXXI.

Roulin, 96.

Rouville (Pierre de), conserve Grainville et laisse à Regnault II la seigneurie de Béthencourt, L, 229.

Royer (Jehan le), clerc, maltraité par Jean IV, XLVI, 221.

Rubicon (château de Lancelote). Construit par Béthencourt, 10. — Béthencourt part de Rubicon pour aller en Espagne, 14, 17. — Confié à Berneval, 17. — Gadiffer en part pour aller à l'île de Louppes, 20. — Les hommes de Gadiffer qui s'y trouvent ne peuvent empêcher Berneval de s'emparer d'un bateau, 25. — Ravage par Berneval, 26. — Berneval fait violer par les Espagnols les Françaises qui s'y trouvent, 27. — Béthencourt s'y loge à son retour de France, 164, 234. — Béthencourt y reçoit les indigènes et les colons, 177. — Il y tient une cour plénière, 179.

Rubruk. — Sur le Prêtre Jean, 91, 92.

Ruissel de Palmes, rivière de Fortaventure, 58.

Rustan (de), descendant de Philippote de Troye, 202.

Sabon, visité par un navire dieppois, xxviii.

Saffy ou Asafy, vue par le Frère Mendiant, 89.

Saint-Martial de Rubicon, construite par Maciot de Béthencourt, lxi, 11, 191.

Saint-Martin (Aude de), donne par avancement d'hoirie, à Jean III de Bethencourt et à la dame de Houdetot, la baronnie de Saint-Martin-le-Gaillard, xxxix, 206.

Saint-Martin-le-Gaillard (baronnie de), donnée par Aude de Saint-Martin à Jean III de Béthencourt, xxxix, 206. — Passe à Jean IV de Béthencourt, xliii. — Probablement aliénée par Jean IV, li. — Le seigneur de Gamaches en démolit les fortifications, lvii. — Béthencourt (Jean IV) en porte le titre, 200.

Saint-Martin (Isabeau de), épouse Jean II de Béthencourt; — ses ancêtres, xxxvi, lxviii, 201. — Épouse en secondes noces le sire de Braquemont, xxxviii.

Saint-Martin (Johanne de), dame de Houdetot, xxxix, 206.

Saint-Vincent-du-Rouvray, seigneurie de Philippe de Béthencourt, xxxv.

Saint-Nicolas, chapelle de Gran Canaria, xii.

Saint-Sares ou Saint-Sere, fief de Jean IV de Béthencourt, xliii, 200.

Saint-Thomas, île découverte par les Portugais, xxx.

Sainte-Catherine, chapelle de Gran Canaria, xii.

Salerne dit Labat (Guillaume de), complice de Berneval, 19, 43.

Samor. Voy. Azamor.

San Cristoval, pointe de l'île de Gomère, 121.

San Lucar de Barrameda, 35.

San Sebastian, port de la Gomère, 121.

Santa Maria de Betancuria, église bâtie par Maciot de Béthencourt, lxi, 191. — Capitale de Fortaventure, 12.

Sang-de-dragon, 64.

Santarem, xxv.

Sarette, peut-être Zera, port vu par le Frère Mendiant, 94.

Sariche, tabellion de Séville, 136.

Saubrun, port vu par le Frère Mendiant, 90.

Sauvage (l'abbé), xvii.

Seguirgal, compagnon de Béthencourt, 171.

Sem, cap nommé par le Frère Mendiant Samateve, 90.

Sénèque, 97.

Septe citad, i.

Séville, 8.

Sierra-Leone, fréquentée par les Normands, xii, xiii, xxv, 97.

Sigy (prieuré de). — Les premiers Bethencourt y sont inhumés, xxxv.

Silva (Diego de), pirate espagnol, éprouve la générosité de Tenesor Semidan, xxxiii.

Simon de Saint-Quentin. — Sur le Prêtre Jean, 91.

Siot de Lartigue, complice de Berneval, 19, 35.

Sombray (Girard de), compagnon de Béthencourt, 171.

Symaine, marinier de la nef *la Morelle*. — Refuse de participer à la trahison de Berneval, 18. — Va chercher Gadifer à l'île de Loupes, 29.

Syon (Nicolas), accuse Béthencourt de piraterie. XLVII.

Tamarasayte, district et ville de Gran Canaria, 109.

Tamonanto, devineresse de Fortaventure, 133.

Tanausu, prince de Palma, 119.

Téguise, capitale de Lancelote, LXI.

Téguise, fille de Guadarfia, femme de Maciot de Béthencourt, LXI.

Telde, village de Gran Canaria, 63, 129. — District de Gran Canaria, 109.

Telde (habitants de), XI.

Telde (pic de), 123.

Ténérife (île de), XXXIII, 104, 123.

Ténériffe (habitants de l'île de). — Ont horreur de l'esclavage, 61. — Costume et beauté des femmes ; — belle réponse du mencey Bencomo aux Espagnols ; — valeur des Guanches de Ténérife ; — leurs poésies, 124, 125, 126.

Tenesor Semidan, guanartème de Galdar, XXXII.

Texeda, district et ville de Gran Canaria, 109.

Tibabrin, devineresse de Fortaventure, 133.

Tigalate, district de Palma, 119.

Tinguataya, reine de Lancelote, 134.

Tranchemar (nef), 20, 23, 25, 26, 27, 29.

Trois-Fontaines (Albéric de). — Sur le Prêtre Jean, 91, 92.

Troye (Philippote de), femme de Regnault II de Béthencourt, LXIX, 202.

Tulp (Nicolas), XVI, XXIX.

Tytheroygatra, nom indigène de Lancelote, 134.

Usodimare (Antoniotto), IV.

Vall de Darrha, passage des caravanes à travers l'Atlas, 95.

Vasco da Gama, XX.

Vaux (Guillaume de), prend à fief, de Marie de Braquemont, une pièce de terre sise à Grainville, XLII, 207.

Vedamel, nom du fleuve de l'Or, XI.

Vera (Pedro de), conquistador, 125.

Verrier (Jehan le). — Assiste à la mort de Béthencourt, LVIII. — Rédacteur du *Canarien*, LXXIV, 2. — Reçoit des instructions secrètes de Béthencourt, 15. — Se rend à la nef Tranchemar, 31. — Reçoit la confession des complices de Berneval, 34. — Fait avec Pierre Bontier une instruction pour les Canariens, 74. — Béthencourt désire qu'il reste aux Canaries pour prêcher la foi, 155. — Place son nom parmi ceux des colons amenés de Normandie par Béthencourt, 160. — Curé de Notre-Dame de Béthencourt, 168. — Accompagne Béthencourt en France, 182. — Reçoit le testament et le dernier soupir de Béthencourt, 200.

Viana (Antonio de), poète canarien, XXXIV.

Vienne (Guillaume de), porte plainte à Charles VI contre Béthencourt, XLV, 220.

Viera y Clavijo, XI, XII, XXXII, LV, LXI, 24, 46, 49, 60, 61, 66, 67, 104, 116, 119, 128, 133, 172.

Viladestes. *Voy.* Mecia de Viladestes.

Villanueva (Joaquin-Lorenzo), LXXIX.

Villault de Bellefond, XVII, XXII, XXIII, XXIV, XXV, XXIX.

Vincent de Beauvais. — Sur le Prêtre Jean, 91.

Vipart, fils de Jeanne de Maurepas, 201.

Vitet, XXV, XXIX.

Vitry (Jacques de). — Sur le Prêtre Jean, 91, 92.

Vivaldo (Ugolino), marin génois, IV.

Vivero, port d'Espagne, 5.

Vivien de Saint-Martin, XXV, XXIX.

Vossius, 14.

Vyen de Palmes, rivière de Fortaventure, 13.

Wace (Robert), XXXVI.

Walkenbourg, général hollandais, XXIV.

Weltheim, 96.

Willelmus Gemmeticus, XXXVII.

Xaban-Arraez, dévaste la chapelle de Notre-Dame de Béthencourt, 168.

Yaysa, district de Lancelote, 11.

Ygou (Marie), femme de Galien Ier de Béthencourt, LXXI.

Zera, port vu par le Frère Mendiant, 94.

Zonzamas, roi de Lancelote, reçoit Martin-Ruiz de Avendaño, XXX, 10.

Zonzanas, château indigène de Fortaventure, 152.

Zorahaya, poésie de Fortaventure, 125.

Zurara. *Voy.* Azurara.

www.ingramcontent.com/pod-product-compliance
Lightning Source LLC
Chambersburg PA
CBHW060456170426
43199CB00011B/1226